The Cross-Border E-Commerce

跨境电商运营与管理

阿里巴巴速卖通宝典

速卖通大学 编著

电子工业出版社
Publishing House of Electronics Industry
北京·BEIJING

内 容 简 介

"阿里巴巴速卖通宝典"系列自 2015 年陆续出版以来,累计销量已近 20 万册,受到了跨境电商从业者、高等院校师生的高度好评。此次"阿里巴巴速卖通宝典"是在 2016 年 1 月出版的第二版基础上的升级和补充,新增了《跨境电商 SNS 营销与商机》、《跨境电商视觉呈现》和《跨境电商运营与管理》3 种图书。

本书从"跨境电商运营"这一课题所要探讨的四大要素——产品策略、营销策略、服务质量运维、财务体系入手,探讨了跨境电商"运营"概念的"内涵"与"外延",进而从产品线与品牌的打造到营销策略的制定,从服务质量运维体系的建立到最终抽离出所有数据,形成客观且直观的财务报表,最终形成"跨境电商运营"的一个完整闭环。

在全书的最后,当"跨境电商运营"这一课题从内涵到外延已趋完整,我们即可抽离出"人"这一运营全流程中最核心的要素,针对人的组织与管理进行深入探究。在本书的最后一章中,我们将从团队分工设计入手,结合跨境电商运营全流程的操作思路,从岗位设置、考核评定及团队建设的变革等方面来探讨跨境电商团队的组织与管理之道。

希望在阅读本书的过程中,读者可以和我们一道为跨境电商运营与管理之路做出更多的思考。

未经许可,不得以任何方式复制或抄袭本书之部分或全部内容。
版权所有,侵权必究。

图书在版编目(CIP)数据

跨境电商运营与管理 / 速卖通大学编著. —北京:电子工业出版社,2017.10
(阿里巴巴速卖通宝典)
ISBN 978-7-121-32582-3

Ⅰ.①跨… Ⅱ.①速… Ⅲ.①电子商务—商业经营 Ⅳ.①F713.365.2

中国版本图书馆 CIP 数据核字(2017)第 209689 号

责任编辑:张彦红
特约编辑:赵树刚
印　　刷:三河市双峰印刷装订有限公司
装　　订:三河市双峰印刷装订有限公司
出版发行:电子工业出版社
　　　　　北京市海淀区万寿路 173 信箱　　邮编:100036
开　　本:720×1000　1/16　　印张:16.75　　字数:282 千字
版　　次:2017 年 10 月第 1 版
印　　次:2021 年 9 月第11次印刷
印　　数:13401~14900 册　　　　定价:59.00 元

凡所购买电子工业出版社图书有缺损问题,请向购买书店调换。若书店售缺,请与本社发行部联系,联系及邮购电话:(010)88254888,88258888。
质量投诉请发邮件至 zlts@phei.com.cn,盗版侵权举报请发邮件到 dbqq@phei.com.cn。
本书咨询联系方式:010-51260888-819,faq@phei.com.cn。

序言一

在聊这套书之前,我想借用钱穆老先生的一句话来形容当下的外贸形势——过去未去,未来已来。

未去的是,受困于买卖信息不对称、依靠汗水驱动的传统外贸,凛冬仍在持续。已来的是,以全球速卖通为代表,受益于互联网技术在全球的澎湃发展,基于大数据形成的精准式外贸已成趋势。特别是在"一带一路"倡议和EWTP获得全球强烈响应的背景下,全球速卖通秉承的"中国品牌出海"春天已来。

拉长人类的文明史我们会发现,早在汉唐时期,我们就通过丝绸之路把优质的商品分享到各个文明,中国也因此光耀东方。我坚信这份属于我们的DNA,虽历经千年,但从未褪色。能参与到祖国复兴的伟大历史进程中,是我们的荣幸与责任,也是阿里人的义务。

为了保证优质的中国商品走出去,18年来,阿里不但建设了遍布全球的物流、支付、云计算等电商基础设施,而且在全球收获了数以亿计的海外客户。

这是任何一个以中国品牌出海为核心目的的电商平台都不曾达到的高度。

面对机遇我们从不讳言困难,让中国中小企业扬帆出海,规避全球化交易中的暗流、礁石和风暴是我们的责任,也是我们出版这套书的初衷。

"阿里巴巴速卖通宝典"就是跨境电商领域的航海图和罗盘,也是一本攻略和实操手册。它从不同的维度系统地阐述了我们对跨境电商全链路的理解。同时,它又不局限于讲述跨境电商,而是系统梳理了整个跨境交易的根目录,并给出了基于实战经验的独特观察和思考。书中有我们的经验、教训和成长感悟,所以也像一封我们写给客户的长长战报。

作为服务中小企业国际贸易的智能协同网络平台,阿里巴巴 B2B 旗下各大事业部将通过整合阿里巴巴集团所有资源,为广大中小企业赋能,推动跨境电商国际标准和规则的建立,打造公平公正、适合中小企业发展的国际贸易新秩序。

唯有变化,方能进化。我坚信,阿里成长的底层逻辑是重新梳理了平台与客户之间的商业关系。两者之间从来都不是收割模式,而是麦田与麦子之间的相互依偎。我们相信,客户强则阿里强。

阿里巴巴创始人、合伙人、集团资深副总裁　戴珊

2017 年 10 月 10 日

序言二

  2017年4月是阿里巴巴速卖通平台7周岁的生日，同时也迎来了第1亿个海外买家，至此正式开启亿级消费群体新时代。我很荣幸在2012年加入速卖通，5年的时间里亲历了平台从C2C、B2C到品牌化的发展过程，也很高兴看到身边一批优秀的卖家朋友与平台一同成长，逐步发展起自己的品牌，使全球1亿消费者近距离感受"中国制造"的独特魅力。

  作为负责卖家成长和培训的部门，速卖通大学从2015年7月开始出版阿里巴巴速卖通宝典——跨境电商系列丛书，至今已经是第三版。此次是在2016年1月第二版基础上的升级和补充，在第二版一套5册包含跨境电商物流、客服、美工、营销、数据化管理的基础上新增了《跨境电商SNS营销与商机》，在"中国品牌出海"的大背景下推出了升级版的《跨境电商视觉呈现》《跨境电商运营与管理》，助力"中国制造"的转型升级。

  本书的编纂工作集结了速卖通大学优秀的师资力量，没有他们的辛勤付出，就没有此书的问世，在此一并感谢！

  由于电子商务时时刻刻都在高速进化，本书的内容只对应截稿日的页面、规则、数据和经验之谈。另外，由于水平有限、时间仓促，书中难免有不足之处，请各位同行及读者不吝提出宝贵意见和建议。

  最后，愿此书能帮助所有从事跨境电商的朋友取得更好的业绩！

速卖通大学　依娜

2017年9月5日

前言

2016年下旬，随着跨境电商行业的发展与阿里巴巴速卖通平台的不断进化、转型，我们所处的行业环境不断发生变化。跨境电商从业者对行业的理论研究与方法总结的需求提升到一个新的高度。

而随着行业发展的深入，速卖通大学的研究课题也从几年前以电商实践"方法论"为核心，逐渐开枝散叶，增加了针对企业级卖家的跨境电商实践研讨。《跨境电商运营与管理——阿里巴巴速卖通宝典》一书的规划就此展开。

包括笔者在内的近10位跨境电商行业从业者有幸被邀请，组成本书的撰写组。小组成立初期，虽然各位作者均已有5~10年的行业实践经验，但大家对"运营"这一概念的内涵与外延并未如预期的那样迅速达成一致。市场上对"跨境电商运营"这一概念的理解也五花八门。既有人把"运营"与"电商营销"等同，又有人把"运营"理解为开店、拍照、上架、推广、发货等日常电商操作的总和。各种理解不一而足。

但我们的作者坚持了做这件事情的初心。作为一本希望能够给企业级卖家带来有效参考，或者能够帮助有志于品牌化、公司化发展的创业团队从战略层面构架跨境电商业务的参考书，首先需要明晰"跨境电商运营"这一概念，然后从一个较高的、至少能帮助企业规划未来3年业务发展的角度去进行筹备。

简言之，这应当是一本针对企业级卖家的"策略之书"。

经过多次旷日持久的争论，各位作者的想法在碰撞与融合中逐渐达成一致。我们发现"运营"这件事是如此值得研究与玩味。它在规划层面上可以理解为一整套的"策略"。简言之，有效而能够长远发展的"运营"行为应该是一种系统而有远见的安排。这种安排更多的是一种管理思维的贯彻过程，涉及业务发展的方方面面，并最终将各项零散的工作串联起来，组成一个有序的整体。

基于这样一种整体化的思路，我们把"跨境电商运营"这一概念通过明确4个主题来进行框定，包括"产品策略"、"营销策略"、"服务质量运维策略"与"财务体系建设策略"。这4个基本策略构成了针对企业级卖家"跨境电商运营"这一概念的"外延"。

而当"跨境电商运营"这一课题从内涵到外延已趋完整时，我们即可抽离出"人"这一在运营全流程中的核心要素，针对人的组织与管理进行深入探究，也就构成了本书压轴的一章"跨境电商团队管理"。至此形成了跨境电商运营与管理的一个完整闭环。

速卖通大学里的众多优秀讲师参与了本书的撰写，其中，郑雅乾负责"跨境电商运营与管理概述"与"跨境电商财务体系建设策略"两章，欧阳莲英负责"跨境电商消费需求及购买行为分析"，闻雨生负责"跨境电商运营的计划与控制"，汪星负责"跨境电商产品策略"，赵芳芳负责"跨境电商营销策略"，秦朗负责"跨境电商服务质量运维策略"，卢传胜、张何文、周舟、龙芳、唐霞共同撰写了"跨境电商团队管理"部分。

此外，阿里巴巴速卖通团队的多位客服为本书的审核校订提供了诸多有益的建议，张皖、许洪美两位讲师也对"跨境电商产品策略"一章提供了很多优秀的写作意见，在此一并致谢！

本书的作者群体抱着极大的热忱与交流学习的心态做出了一系列有益的探讨。虽然由于作者经验有限，难免存在不足之处，但"引玉之砖，一得之见"也自有其意义，如能引起广大卖家对跨境电商运营与管理进行更多的思考，从这一工作中挖掘出更大的价值，也就实现了作者写作本书的初心。

预祝各位读者与卖家在跨境电商这条路上走得更远！

参与本书编写的人员有赵芳芳、欧阳莲英、闻雨生、汪星、秦朗、郑雅乾、卢传胜、张何文、唐霞、周舟、龙芳，在此一并表示感谢。

速卖通大学讲师团　郑雅乾

目录

第1章 跨境电商运营与管理概述 1
  1.1 当我们谈论运营时，我们在谈论什么 2
    1.1.1 "跨境电商运营"的内涵和外延 2
    1.1.2 "跨境电商运营"的四大要素 3
  1.2 全书概览与构架 5

第2章 跨境电商消费需求及购买行为分析 7
  2.1 跨境电商消费需求及购买行为概述 8
  2.2 跨境电商消费需求分析 9
    2.2.1 消费需求 9
    2.2.2 马斯洛需求层次理论 11
  2.3 跨境电商购买行为分析 13
    2.3.1 影响因素 13
    2.3.2 购买动机的分类 17
    2.3.3 购买行为分析的基本框架 19
  2.4 速卖通 TOP5 交易国跨境电商消费需求 20
    2.4.1 俄罗斯 21
    2.4.2 美国 25
    2.4.3 西班牙 27
    2.4.4 法国 30
    2.4.5 英国 33

目录

第3章 跨境电商运营的计划与控制 ... 36
- 3.1 运营计划 ... 37
  - 3.1.1 时间+销售额+团队规模 ... 37
  - 3.1.2 时间+盈利额+团队规模 ... 39
  - 3.1.3 团队各部门发展雏形 ... 40
  - 3.1.4 资金配套计划 ... 41
  - 3.1.5 服务供应商配套计划 ... 43
- 3.2 计划执行 ... 43
  - 3.2.1 计划谁去执行 ... 43
  - 3.2.2 如何考核计划执行 ... 44
  - 3.2.3 备选执行方案 ... 45
- 3.3 团队运维控制 ... 45
  - 3.3.1 团队没人怎么办 ... 45
  - 3.3.2 团队没钱怎么办 ... 47
  - 3.3.3 店铺没流量怎么办 ... 47
  - 3.3.4 店铺推广怎么办 ... 48
  - 3.3.5 店铺服务怎么办 ... 49
  - 3.3.6 突发新问题怎么办 ... 49

第4章 跨境电商产品策略 ... 52
- 4.1 跨境电商初期选品 ... 53
- 4.2 跨境电商中期产品线建立 ... 58
  - 4.2.1 产品上架 ... 60
  - 4.2.2 站内流量 ... 63
  - 4.2.3 平台流量 ... 65
  - 4.2.4 站外流量 ... 65
- 4.3 跨境电商品牌长期培养 ... 68

第 5 章　跨境电商营销策略 73

5.1　站内营销工具使用策略 74
5.1.1　限时限量折扣 74
5.1.2　全店铺打折 75
5.1.3　店铺满立减 76
5.1.4　优惠券 76

5.2　直通车营销 77
5.2.1　快捷推广计划 78
5.2.2　重点推广计划 80

5.3　联盟营销 82
5.3.1　联盟营销简介 82
5.3.2　联盟营销使用规则 82

5.4　平台活动推广策略 84
5.4.1　平台举办一场活动的维度 84
5.4.2　平台活动的终端化 84
5.4.3　平台活动介绍 85

5.5　SNS 等站外营销 91
5.5.1　各大站外营销渠道介绍 91
5.5.2　如何建立与粉丝（客户）的互动 94
5.5.3　如何宣扬潮流信息 94
5.5.4　如何让粉丝认知店长 95

第 6 章　跨境电商服务质量运维策略 96

6.1　跨境电商物流体系构建 97
6.1.1　国际物流对跨境电商的重要意义 97
6.1.2　国际物流的特点 97
6.1.3　国际物流渠道种类及优/劣势对比 98
6.1.4　线上线下发货对比 111
6.1.5　国际物流选用原则 114
6.1.6　运费模板制作 118

6.2 客户服务规范与体系 122
6.2.1 跨境电商客服体系的构建 122
6.2.2 客服工作目标 125
6.2.3 平台规则与卖家服务等级 128
6.2.4 纠纷原因及解决方案 132
6.3 包装设计与开箱体验 134
6.3.1 包装设计 134
6.3.2 开箱体验 139

第 7 章 跨境电商财务体系建设策略 143
7.1 财务数据的记录与来源 149
7.1.1 跨境电商产品销售的预算方法 149
7.1.2 数据记录的基本思路 156
7.1.3 数据记录的基础方法 159
7.1.4 速卖通平台财务数据下载与整理 162
7.1.5 通过 ERP 系统实现财务数据的准确记录与整理 168
7.2 财务数据的整理与分析 171
7.2.1 销售与毛利核算表整理与分析 173
7.2.2 费用明细表整理与分析 175
7.2.3 固定资产折旧表整理与分析 176
7.2.4 待摊费用明细表整理与分析 176
7.2.5 汇总的损益表整理与分析 177
7.2.6 销售及库存报表整理与分析 181
7.3 小结 182

第 8 章 跨境电商团队管理 184
8.1 读懂跨境电商团队管理 185
8.1.1 客服岗位设置与规划 186
8.1.2 岗位职责界定与招聘 188
8.1.3 团队培训与考核定岗 190

		8.1.4 团队管理	191
		8.1.5 团队建设与管理的变革和创新	194
		8.1.6 跨境电商客服人才需求趋势预测与思考	197
		8.1.7 小结	198
	8.2	管理者的修炼	198
		8.2.1 选人——招聘优秀的电商人才	199
		8.2.2 育人——培养企业的人才梯队	220
	8.3	管理的团队文化	226
		8.3.1 军队文化	226
		8.3.2 学校文化	230
		8.3.3 家庭文化	232
	8.4	团队管理	233
		8.4.1 心态管理	233
		8.4.2 时间管理	236
		8.4.3 目标管理	238
		8.4.4 沟通管理	239
		8.4.5 会议管理	239
		8.4.6 90后新生代员工管理	241
	8.5	管理工具	244
		8.5.1 订单类工具	244
		8.5.2 物流类工具	247
		8.5.3 商品类工具的作用	249
		8.5.4 营销类工具	251
		8.5.5 图片类工具	252
		8.5.6 ERP工具	252
		8.5.7 店铺装修工具	255

第 1 章

跨境电商运营与管理概述

本章要点：

- 当我们谈论运营时，我们在谈论什么
- 全书概览与构架

1.1 当我们谈论运营时,我们在谈论什么

1.1.1 "跨境电商运营"的内涵和外延

一个行业发展的有趣之处在于,原本不存在的许多事物会随着行业的发展而诞生,原本不存在的概念会随着人们对行业认识的逐步深入而达成共识,进而成为一种被大多数人认可的方法论。

我们将要在本书中讨论的课题就是这样一个新生概念。"运营"这一概念是远在"跨境电商"这一行业实际产生并发展多年后才被人逐渐熟知和提及的。在此之前——诸如笔者与一起撰写本书的人——在多年前开始涉足这一行业时,更多使用的是"经营"这一词汇。被"经营"的可以是一家实体的豆腐店,也可以是一家虚拟的在线店铺——总之是一笔生意,一门可以养活一人到多人的生计。在原始状态下,保证一笔生意的生存与发展,获取源源不断的利润,就是"经营"的所有内涵和外延。

而当一笔生意逐渐做大,涉及的人越来越多、牵扯的事情越来越复杂时,这笔生意的各个环节就如同有生命的有机体一样逐渐演化出不同分工的各个组织器官。在这种情况下,"经营"这一词汇所能涉及的广度就难免显得捉襟见肘,"运营"这一词汇便应运而生,被人频频提及。

在现在的行业发展阶段下,对于一支从事跨境电商行业的团队而言,"产品"与"运营"是一支团队工作的两大基石,也是最主要的两个工作方向。同时,我们也看到市场上已经诞生了数以千计的"跨境电商代运营公司",为有产品并有志于涉足跨境电商行业的企业提供"代运营"服务。那么本书的开始首先要回答的就是"运营"究竟是什么、做"运营"的人和团队究竟在做什么工作这一问题。

我们先从实际的工作环节中抽离出来,从理论的角度去界定"运营"这一概念的核心内涵:"运营"是基于某一具体项目的存在与发展而存在的,就是对项目运行过程的计划、组织、实施和控制,是与产品生产和服务创造密切相关的各项管理工作的总称。因此,落地到跨境电商行业本身,运营就是针对跨境电商项目

中的产品开发、销售促销、服务维护、品牌建设等工作的稳定运行所付出的所有管理实践的总和。

为了进一步搞清楚"运营"这一概念，我们还需要进一步研究"运营"究竟涉及哪些具体的工作，这也就是所谓的"外延"。在讨论"运营"的外延之前，我们有必要先纠正几个常见的误区：

（1）运营不只是开店上架。

（2）运营不只是营销推广。

（3）运营不只是客户服务。

（4）运营不只是数据分析与热词更新。

以上这些都是我们在近两年经常听到的一些并不完整的说法，笔者就不在这里一一展开辩驳。但我们需要明确的是，跨境电商运营需要的绝不是以上所列出的一点或者几点，甚至也不是以上几点工作的机械叠加——有效而能够长远发展的"运营"行为应该是一个系统而有远见的安排。这种安排在更多情况下是一种管理思维的贯彻过程，涉及业务发展的方方面面，并最终将零散的各项工作串起来，组成一个有序的有机体。

根据本书的成书思路，"跨境电商运营"应该至少包含四大要素，也就是"运营"这一概念在跨境电商环境下的"外延"。

1.1.2 "跨境电商运营"的四大要素

根据前文我们明确的概念内涵，跨境电商运营是对跨境电商项目运行过程的计划、组织、实施和控制，因而跨境电商运营一定是一项系统化的工作，它至少涉及产品策略、营销策略、服务质量运维与财务体系建设4个大的方面，这也就是我们所要阐述的"跨境电商运营"的四大要素。

1. 跨境电商产品策略

跨境电商行业本身隶属于销售业，属于网络在线销售的一个分支，因而它的所有核心工作主要围绕销售行为展开。但是随着经验的积累，我们发现，一支团队是否能在运营过程中有效施展其营销策略，换取一步高于一步的利润空间，进而在一个相对长的时间内得到稳定的发展，其根本需要是有坚实的产品作为基础和落脚点。

没有好的产品，所有的营销行为都是镜花水月。虽然短期内的营销技巧可以帮助一家店铺快速出单，"大流量+热销爆款+低价格"的简单模式可以在短期内换来较高的转化率和快速增长的订单量，但是没有能够留住客户的好产品，"高客户回购率"、"低跳失率"、"高店铺访问深度"等更高级别的营销目标就不可能实现，也无法谈及长期利润的增长与品牌的树立。

因此，确立跨境电商产品策略，决定"做什么"、"怎么做"，是跨境电商运营的第一步。同时，在确定产品品类与市场定位后，制定与执行一个有深度（可以深挖利润）同时兼顾一定广度（照顾尽可能多的市场机会）的产品发展方案，最终将这个产品的路径发展为一个品牌的成长，则必须贯彻于跨境电商运营过程的始终。

2. 跨境电商营销策略

有了产品，我们要面临的就是营销。说到根本，跨境电商，特别是跨境电商零售行业本质上属于分销渠道的一种。也就是说，营销就是我们在做跨境电商运营工作时的基本起点。

在项目运营的开始，我们需要为整个营销团队制订完整的构架和营销计划，对团队分工、计划执行制定一系列的规则，并在运营过程中保证这些计划的落实。营销的内容量很大，在本套"跨境电商宝典"丛书中有专门的书籍探讨跨境电商营销技巧。而在本书中，我们将从"营销方案构架"和"营销计划的制订、执行、保障"两个维度，与各位就运营过程中营销策略的制定进行探讨。

3. 跨境电商服务质量运维

产品售出只是我们征服星辰大海的第一步。要让我们的产品在每个维度都被客户认可，让我们的品牌深入人心，就需要建立完整与强大的售前、售后服务质量运维体系。

一支跨境电商运营团队的服务质量涉及物流体系的设计构建、客户服务标准的制定与执行,甚至需要细化到"开箱体验"、"包装设计"等方方面面的细节。

一个品牌的建立除了显而易见的高品质产品,还有藏在海平面之下的、在服务客户的每个细节中让客户体会到的商家的用心。我们欣喜于海尔电器超出客户预期的高品质售后,我们在苹果手机 Apple Genius 的专业指导下发现产品更多令人激动的新功能,我们被天猫超市"当日达"产品的高送货时效所震撼,这些都是优质服务质量的体现。

而这些都是一支专业运营团队在项目初始所必须考虑,并贯穿整个项目运营始终的工作。

4. 跨境电商财务体系建设

对于一笔生意而言,专业的运营必须匹配专业的财务。对于跨境电商运营而言,财务是所有管理的依据,数据是所有营销的根本。没有财务的与数据的明确指导,整个运营工作就如同盲人瞎马,时刻处于风险的边缘。

如何建立一支跨境电商运营团队的财务体系?如何让财务分析最大限度地为我们的营销与管理工作提供参考?我们在本书中会有专门的章节进行详细探讨。

对于财务体系的建设,我们不会罗列大量在会计本科教学过程中现成的知识,而是从跨境电商业务本身出发,从数据搜集、分析整理到财务报表的制作分析,提供一整套思路、方案与表格工具,力求帮助大家解决跨境电商行业所面临的普遍财务问题,并为每支团队解决自己更高级的特殊财务问题提供可借鉴的思路。

1.2 全书概览与构架

在明确了跨境电商运营的核心概念,分解了"运营"这一课题所要探讨的四大要素,也就是所谓的"内涵"与"外延"之后,全书的成书逻辑就可以通畅地建立起来。

在本书的第 2 章中,我们将尝试分析研究跨境电商消费者的消费需求与购买行为。在一定程度上,我们希望通过对比的方式,尝试分析线上客户与线下客户、跨境电商客户与国内电商客户的不同,进而为运营方案的制订与执行提供参考。

到了第 3 章，我们将用较大的篇幅，浓墨重彩地与大家探讨跨境电商运营的计划与控制。这一整套管理思路从"运营计划的制订"切入，进而探讨如何有效地保证计划的执行，最终落脚到"运维团队的控制与监管"。这一章可以理解为本书的"灵魂"，它背后的思路将贯穿全书。

有了前面的楔子与构架，我们就可以透彻、畅快地探讨跨境电商运营这件事。从产品线与品牌的打造到营销策略的制定，从服务质量运维体系的建立到抽离所有数据来形成客观、直观的财务报表，最终形成"跨境电商运营"的一个完整闭环。

希望在阅读本书的过程中，亲爱的读者可以和我们一起为跨境电商运营之路做出更多的思考。

第 2 章

跨境电商消费需求及购买行为分析

本章要点：

- 跨境电商消费需求及购买行为概述
- 跨境电商消费需求
- 跨境电商消费者购买行为分析
- 速卖通 TOP5 交易国跨境电商消费需求

2.1 跨境电商消费需求及购买行为概述

对于跨境电商而言，打入海外市场最关键的就是要投其所好，不仅要根据市场需求去选品，而且所销售的产品还要符合当地消费者的"口味"。于是，研究当地消费者的消费需求及购买行为是一个必不可少的环节。跨境电商消费可分为进口及出口，即国内买家购买国外产品和国外买家购买中国产品。本节主要阐述以速卖通(AliExpress)为代表的跨境电商出口平台上消费者的消费需求及购买行为。

众所周知，不同的消费者有不同的消费需求。针对跨境电商平台而言，不同国家消费者的购买行为存在差异，因为不同国家的消费者具有不同的文化背景、风俗习惯、社会环境、个性和心理因素。此外，不同国家的消费者会因本国优劣产品的不同而选择从跨境电商平台以相对较低的价格来购买一些本国没有优势的产品，这种情况在跨境电商平台上最为常见。

跨境电商平台以全球总交易额为依据，整理出一份全球跨境网购消费者对中国商品的兴趣清单。以美国、俄罗斯、英国、澳大利亚为代表的成熟市场，以及包括以色列、阿根廷、挪威在内的新兴市场，热销的中国商品不尽相同，但服装、鞋帽及配饰这一大品类在各个国家的市场上均排在第一位。图 2-1 所示是美国市场细分品类 TOP5。

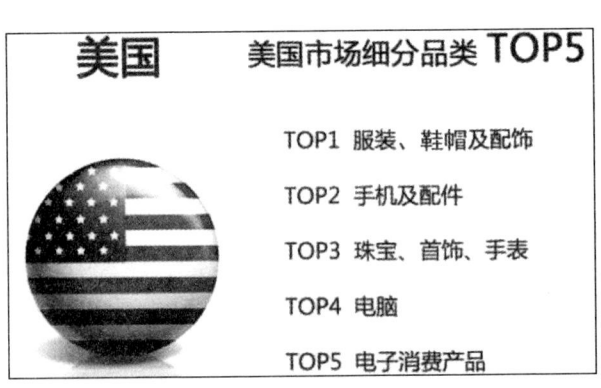

图 2-1

在英国市场上，畅销产品除了服装、鞋帽及配饰，还包括家装用品、电脑、通信类。其中，家装用品和电脑两大品类分别排在第二位和第三位。

而在澳大利亚市场上，汽车配件则挺进了细分品类 TOP5 的榜单。

从新兴市场来看，服装、手机、消费电子产品等仍是主要商品，基本与成熟市场吻合，但在排名上有所差别。图 2-2 所示为以色列市场细分品类 TOP5。

图 2-2

由图 2-2 可知，新兴市场国家代表以色列的消费者对服装、鞋帽及配饰更为偏好，其次是手机及配件，电子消费产品，电脑，珠宝、首饰、手表。

此外，北欧市场的代表挪威，汽配成为第二大受欢迎品类。

2.2 跨境电商消费需求分析

2.2.1 消费需求

1. 消费需求的概念

消费需求是指消费者对以商品和劳务形式存在的消费品的需求和欲望。满足消费需求是现代企业市场营销的中心任务。因此，研究消费需求、发现消费者新的消费需求并予以满足是企业营销活动的全过程。作为跨境电商的卖家，研究消费需求变得尤为重要。

消费者的欲望是多种多样的，并不是所有的欲望都能得到满足。因此，从欲望满足的程度来划分，消费需求可以分为潜在需求和有支付能力的需求。潜在需求是指现存的商品和劳务还不能满足人们的需求，或者由于某种条件暂时不能构成现实的、有支付能力的、潜在愿望的要求。人们的这种需求受社会生产能力和消费者支付能力的制约，不一定能得到充分满足。人们的消费需求最终都必须通过市场进入商品交换，才能得以实现。

这种市场交换活动，对于消费者来说，不仅具有对商品使用价值的欲望，而且必须具有货币支付能力。因此，所谓市场消费需求，是指购买者在市场上获得所需的生产资料和生活资料（包括劳务）的具有货币支付能力的要求与欲望。这种需求不仅从商品的使用价值出发，而且必须考虑到商品价值的因素，所以它有别于人们的潜在需求。但是，市场消费需求与人们的潜在需求又是紧密联系的。人们的潜在需求在有支付能力需求的基础上，一旦条件成熟，就转化为有支付能力的需求。

对于消费者个人来讲，大多数人的购买力是有限的。因此，人们日益增长的需求有很多属于潜在需求，暂时得不到满足。随着人们购买能力的逐步提高，这种消费需求的满足程度将会不断增大。

2. 消费需求的内容

第一，对商品使用价值的需求。

使用价值是商品的物质属性，也是消费需求的基本内容。人的消费不是抽象的，而是有具体的物质内容，无论这种消费侧重于满足人的物质需要还是心理需要，都离不开特定的物质载体，并且这种物质载体必须具有一定的使用价值。

第二，对商品审美的需求。

对美好事物的向往和追求是人类的天性，它体现于人类生活的各个方面。在消费需求中，人们对消费对象审美的需要和追求同样是一种持久性的、普遍存在的心理需要。对于消费者来说，所购买的商品既要有实用性，也要有审美价值。从一定意义上讲，消费者决定购买一件商品也是对其审美价值的肯定。人们对消费对象审美的要求主要表现在商品的工艺设计、造型、式样、色彩、装潢、风格等方面。人们在重视商品质量的同时，总是希望该商品具有漂亮的外观、和谐的色调等一系列符合审美情趣的特点。

第三，对商品时代性的需求。

没有一个社会的消费不带有时代的印记，人们的消费需求总是自觉或不自觉地反映着时代的特征。人们追求消费的时代性就是不断感受到社会环境的变化，从而调整其消费观念和行为，以适应时代变化的过程。这一要求在消费活动中主要表现为：要求商品趋时、富于变化、新颖、奇特、能反映当代的最新思想。总之，要求商品富有时代气息。商品的时代性在商品销售中具有重要意义。从某种意义上来说，商品的时代性意味着商品的生命。一种商品一旦被时代所淘汰，成为过时的东西，就会滞销，结束生命周期。为此，一方面，营销人员要使经营的商品适应时代的需要，满足消费者对商品时代性的需求；另一方面，生产者要能站在时代的前列，及时生产出具有时代特点的商品。

第四，对商品社会象征性的需求。

所谓商品的社会象征性，是指人们赋予商品一定的社会意义，使得购买、拥有某种商品的消费者得到某种心理上的满足。例如，有的人想通过某种消费活动表明他的社会地位和身份，有的人想通过所拥有的商品提高在社会上的知名度，等等。对于市场营销人员来说，了解消费行为中人们对商品社会象征性的需求，有助于采取适当的营销策略，突出高档与一般、精装与平装商品的差别，以满足某些消费者对商品社会象征性的心理要求。

第五，对优良服务的需求。

随着商品市场的发达和人们物质文化消费水平的提高，优良的服务已经成为消费者对商品需求的一个组成部分，"花钱买服务"的思想已经被大多数消费者所接受。对于市场营销者来讲，要树立"全心全意为消费者服务"的宗旨和思想，真正实施全方位和终生服务的措施与行动，真正为消费者着想。

2.2.2 马斯洛需求层次理论

马斯洛需求层次理论是行为科学的理论之一，它将人类需求像阶梯一样从低到高按层次分为 5 种。

第一，生理需求。这是指人类为了生存、维持生命而产生的最低限度的基本需求，如满足饥饿、防寒、睡眠等方面的需求。

第二，安全需求。这是指人类为了保障身体安全，以免遭受危险和威胁而产生的需求，如对人身、财产保险的需求，对保健品、医药品等的需求。

第三，社会需求。这是指人类在社会生活中重视人与人之间的交往，希望成为某个集团或组织的成员，得到同事的尊重和友情而产生的需求，如对鲜花、礼品等的需求。

第四，尊重需求。这是指人类所具有的自尊心和荣誉感，对名誉、地位的欲望及个人能力和成就能得到表现，并能为社会所承认的需求，包括威望、成就、自尊、被人尊重、显示身份等需求，如有的人购买别墅或高级轿车以显示自己的地位和富有。

第五，自我实现需求。这是人类的高级需求，包括对获得成就的欲望，对个人行使自主权的要求，对理想、哲学观念的需求。自我实现需求往往与受表扬的需求、追求地位的需求密不可分，人们都希望通过不同的方式展示自己的成就。

该理论的要点为：①每个人同时拥有许多需求；②这些需求的重要性不同，可按阶梯排列；③人总是先满足最重要的需求；④人的需求从低级到高级具有不同的层次，只有当低一级的需求得到基本满足时，才会产生高一级的需求。一般说来，需求强度的大小和需求层次的高低成反比，即需求层次越低，其强度越大。人的各种需求在同一时间内不可能得到满足。马斯洛通过研究发现，一般人只要在生理需求方面能获得80%的需求便感到满足，安全需求得到70%、社会需求得到50%、尊重需求得到40%、自我实现需求得到30%便感到满足。马斯洛认为，一种没有得到满足的需求便成为消费者产生购买行为的推动力。在需求未得到满足前，人们都有一种紧张、恐惧、不安的表现；在需求得到满足后，也就减少了对行为的刺激作用。

2.3 跨境电商购买行为分析

2.3.1 影响因素

1. 文化因素和社会阶层

1）文化因素

文化因素是影响消费需求的最基本因素。每个人都处在一定的文化环境之中，接受着共同的价值观念、道德规范、风俗习惯等。因此，文化因素对消费者的购买行为有着强烈的影响。

2）社会阶层

依据消费者的职业、收入、价值倾向等因素，可以将消费者划分为不同的阶层。不同社会阶层的人，他们的经济状况、价值观念、兴趣爱好、生活方式、消费特点、闲暇活动、接受的信息传播方式等各不相同，这些都会直接影响他们的购买习惯和购买方式。企业营销要关注社会阶层的划分情况，针对不同社会阶层的爱好要求，通过适当的信息传播方式，在适当的地点，运用适当的销售方式，提供适当的商品和服务。

2. 社会因素

社会因素主要包括家庭、相关群体、社会角色和地位等因素。

1）家庭

家庭是构成社会的细胞，也是消费品市场的主要购买者。同一家庭成员往往具有相同的行为规范。家庭对消费者购买行为的影响最大。按照家庭权威中心的不同，家庭可以分为4类：①丈夫决定型；②妻子决定型；③共同决定型；④各自做主型。不同的家庭购买商品的决策重心也不相同。例如，对丈夫有较大影响力的商品有汽车、摩托车、自行车、电脑、电视机等；对妻子有较大影响力的商品有服装、洗衣机、餐具、吸尘器、化妆品等；夫妻共同关心的商品有住房、家具、旅游等。

2）相关群体

相关群体是指在形成一个人的思想、态度、信仰和行为时，对其有影响的一些团体。每个相关群体都有自己的价值观和行为规范，群体内的成员都必须遵守这些共同的观念和规范。相关群体可以分为3类：①对个人影响最大的群体，如家庭、亲朋好友、邻居和同事等；②对个人影响次一级的群体，如各种社会团体、学会、研究会等；③崇拜性群体，个人不直接参加，但对其行为有重大影响的群体，如社会名流、影视明星、体育明星等。这种崇拜性群体的一举一动都会成为一部分追随者的样板，如时装、化妆品可利用这种示范效应进行推销。

相关群体对消费者行为的影响表现在3个方面：首先，相关群体向人们展示新的行为和生活方式；其次，相关群体可能影响一个人的态度和自我观念；最后，相关群体能产生某种令人遵从的压力，影响消费者对商品及品牌的选择。

3）社会角色和地位

社会角色是指某人在社会上处于一定地位的权利和义务。一个人在不同的场合扮演不同的角色，并享有不同的社会地位，因而有不同的需求，购买不同的商品。如某人在家里是儿子，结婚后是丈夫和父亲，在公司里是总经理等。作为总经理，他会乘坐豪华小轿车、穿高档服装，因为他要代表企业形象；作为父亲，他需要为儿女购买学习用具等。

3．个人因素

消费者本身的个人因素，如购买者的年龄与家庭生命周期、职业、收入、个性及生活方式等会对其购买行为产生重大影响。

1）年龄与家庭生命周期

消费者的年龄不同，对商品的需求有很大的差异，如食品、服装、家具、娱乐用品等的购买都与年龄有很大关系。

年龄不仅影响人们的购买决策，而且关系到他们的婚姻家庭。西方学者将家庭生命周期划分为9个时期：①单身期，离开父母独居的青年；②新婚期，新婚年轻夫妻，无子女；③"满巢"Ⅰ期，子女在6岁以下；④"满巢"Ⅱ期，子女大于6岁，已入学读书；⑤"满巢"Ⅲ期，结婚已久，子女已长大，但仍需供养；

⑥"空巢"Ⅰ期，结婚已久，子女长大分居，夫妻仍有劳动能力；⑦"空巢"Ⅱ期，已退休的老年夫妻，子女离家分居；⑧鳏寡就业期，独居老人，尚有劳动能力；⑨鳏寡退休期，独居老人，退休养老。

不同阶段的家庭有不同的需求，营销者只有明确目标市场上的消费者处在生命周期的哪一阶段，并根据其需求生产适销产品，才能获得成功。同时，还应重视消费者心理上的生命周期阶段。如美国福特汽车公司为年轻人设计了一款"野马"牌汽车，在投放市场后，一部分中老年人也非常喜欢，说明这款汽车能够满足心理上年轻的消费者的需求。

2）生活方式

生活方式是指一个人或集团对消费、工作和娱乐的特定习惯与态度。人们追求的生活方式不同，对商品的爱好和需求也就不同。市场营销是一个向消费者提供所有生活方式的过程，它使消费者有可能按照自己的爱好选择适当的生活方式，如有的人喜欢登山，有的人喜欢旅游，有的人喜欢体育，有的人喜欢听音乐、看电影等。

3）职业

不同的职业也决定着人们的不同需求和兴趣。营销者应该分析哪些职业的人对本公司的产品和劳务有兴趣，同时也可生产或经营供某一种职业使用的产品与劳务，如生产职业服装。

4）经济状况

经济状况决定着个人和家庭的购买能力。因此，营销者必须研究个人可支配收入的变化情况及消费者对储蓄和支出的态度，这些对消费者的购买行为都会产生影响。

4．心理因素

消费者自身的心理因素也支配着其购买行为，如动机、知觉、学习、信念和态度等。

1)动机

动机主要解决人们为什么要购买某种商品的问题,是消费者产生购买行为的主要推动力。

2)知觉

知觉是人们对感觉到的事物的整体反映。感觉只是对事物个别属性的认识,而知觉包括感觉、记忆、判断和思考。了解消费者的知觉现象应遵循如下4条原则:①知觉是有选择性的,即每个人都会有选择地接受各种刺激,一般包括有选择的注意、有选择的知觉、有选择的记忆;②知觉是有组织的,至于如何组织则受个人特性的影响,即人们在受刺激后会将刺激组织起来并赋予意义;③知觉是受刺激因素影响的,如广告的大小、色彩、明暗对比、出现的频度等,都会影响到这支广告的知觉;④知觉受个人因素影响,个人因素包括感觉能力、信念、经历、态度、动机等。

3)学习

人类的行为有些是本能的、与生俱来的,但大多数是从行为经验中得来的,即通过学习、实践得来的。人类的学习过程是包含驱使力、刺激物、诱因、反应和强化等因素的一连串相互作用的过程。

例如,当人们感到饥饿时,就产生了购买食品的"驱使力";看到了面包、方便面等食品,这就是"刺激物";经过考虑决定购买,边走边吃,既省钱又节约时间,这里的"金钱"和"时间"就是做出反应的"诱因";"反应"则是对刺激物和诱因做出的反射行为;"强化"是指反应得到满足后所产生的效应,如吃了这种食品后的满足程度就可决定今后是否再购买这种食品。如果是正强化,则可能继续产生购买行为;如果是负强化,则停止对这种食品的购买。

4)信念和态度

所谓信念和态度,是指一个人对某一事物的解释方法,即所持的见解和倾向,它是通过后天的学习逐步形成的。信念作为人们对事物的认识和倾向,可以建立在不同的基础上。有的建立在个人的"知识和经验"基础上,如"矿泉水"比"汽水"在炎热时更解渴的信念;有的建立在个人的"见解"基础上,如认为听古典音乐可以陶冶人的情操；有的则建立在"信任"基础上，如购买名牌产品等。不同的信念常常导致消费者对产品的不同态度。态度对购买行为的产生起着重大的影响，企业应重视对态度的研究并适应消费者态度的改变。企业要改变消费者的态度是需要付出较高代价的。

2.3.2　购买动机的分类

实际生活中的消费者购买心理比较复杂，有些消费者对商品的价格比较敏感，专买便宜货；有些消费者则偏爱购买名牌、高档商品；有些消费者购买时偏重商品的质量或商品的式样和风格等，因而形成了各式各样的具体购买动机。消费者的具体购买动机主要有以下几种类型。

1．求实动机

这是以注重商品的实际使用价值为主要特征的购买动机。具有这种动机的消费者在购买商品时讲究商品的内在质量、实际效用，不太注意商品的外观和品牌，不易受时尚和各种广告的影响。例如，德国消费者的购买动机大部分属于求实动机。

2．求廉动机

这是以追求廉价商品为主要特征的购买动机，也称求利动机。具有这种动机的消费者在购买商品时特别注重商品的价格，对商品的花色、款式、包装及质量不大挑剔。例如，中东地区和印度的一些买家，他们对价格的敏感度很高，尤其在批发订单的价格谈判中更加明显。所以卖家在与此类买家谈判时价格要留有余地，否则会陷入被动。

3．求安全动机

这种动机要求商品在使用过程中及使用以后保证生命安全与身体健康。如在购买食品、药物、化妆品、交通工具、煤气用具等商品时，消费者在安全性能上往往有特别的要求。例如，平衡车事件的出现，使得欧美买家对平衡车的安全性有了更高的要求。

4. 求新动机

这种动机是消费者形成品牌转换和"冲动消费"的主要原因。消费者对新奇的需要是起伏变化的，也就是说，经历频繁改变的消费者会变得厌倦改变而渴望稳定，而处于稳定环境下的消费者会感到"腻味"而渴望改变。国外买家相对于国内买家的求新动机更为突出，尤其对厨房用品里一些新奇的小工具格外着迷，如切苹果神器等。

5. 求美动机

这是以重视商品的审美价值和艺术价值为主要特点的购买动机。这些消费者在购买商品时，重视商品的造型、色彩和艺术美，重视对人体的美化作用。如在购买服装时过分注重衣服的颜色和款式，而相对忽视衣服的质量等。无论是国内还是国外，很多买家对时装款式的新颖和造型格外关注，往往忽略了商品的质量。

6. 求名动机

这是消费者在选购商品时追求名牌、高档商品，借以显示或提高自己身份、地位而形成的购买动机。这类消费者喜欢购买名牌商品和高档商品。具有这种购买动机的消费者不太注意商品的使用价值，而特别重视商品的形象和象征意义。

7. 模仿动机

也称从众购买动机，这是消费者在购买商品时自觉或不自觉地模仿他人的购买或消费行为而形成的动机。由于模仿是一种普遍的社会心理，因此，模仿动机也具有相当的普遍性。社会不同时期的流行时尚商品往往是由于模仿动机的推动而形成的。大多数的名人广告也利用了这种模仿或从众心理，号召消费者模仿名人的购买和消费行为。

8. 好癖动机

这是消费者为满足其个人特殊爱好而形成的购买动机。好癖动机的形成往往与消费者的生活习惯、业余爱好和从事的工作密切相关。例如，有的消费者爱好种花养鱼、收藏古董字画、集邮、摄影等，由此对这些商品形成了特殊的偏爱和习惯性购买。在这种动机的支配下，消费者选择商品往往以符合自己的需要为原则，因为他们具有较高的欣赏水平和挑选能力，因而可从购买的这些商品中获得极大的心理满足。

9．求速动机

这是消费者在购买商品时希望得到快速、方便的服务而形成的购买动机。具有这种动机的消费者对时间、效率特别重视，而对商品本身则不太挑剔。他们特别关心能否快速、方便地购买到商品，讨厌整套的购买程序、过长的等待时间和过低的售货效率，同时也希望购买的商品本身携带方便、使用方便和维修方便。也许是由于美国电商市场的发达，美国跨境电商买家对速度和效率的要求会高于其他国家的买家。相对而言，巴西买家对速度的要求就明显低很多。

2.3.3 购买行为分析的基本框架

市场营销学家把消费者的购买动机和购买行为概括为6W和6O，从而形成消费者购买行为研究的基本框架。

（1）市场需要什么（What）——有关产品（Objects）是什么。通过分析消费者希望购买什么、为什么需要这种商品而不需要那种商品，研究企业应如何提供适销对路的商品去满足消费者的需求。

（2）为何购买（Why）——购买目的（Objectives）是什么。通过分析购买动机的形成（生理的、自然的、经济的、社会的、心理因素的共同作用），了解消费者的购买目的，进而采取相应的市场策略。

（3）购买者是谁（Who）——购买组织（Organizations）是什么。分析购买者是个人、家庭还是集团，购买的商品供谁使用，谁是购买的决策者、执行者、影响者。根据分析，组合相应的商品、渠道、定价和促销。

（4）如何购买（How）——购买组织的作业行为（Operations）是什么。分析购买者对购买方式的不同要求，有针对性地提供不同的营销服务。在消费者市场，分析不同类型消费者的特点，如经济型购买者对性能和廉价的追求、冲动型购买者对情趣和外观的喜好、手头拮据的购买者要求分期付款、工作繁忙的购买者重视购买方便和送货上门等。

（5）何时购买（When）——购买时机（Occasions）是什么。分析购买者对特定商品的购买时间的要求，把握时机，适时推出产品，如分析自然季节和传统节假日对购买行为的影响程度等。

（6）何处购买（Where）——购买场合（Outlets）是什么。分析购买者对不同商品的购买地点的要求，如消费品中的方便品，购买者一般要求就近购买；而选购品则要求在商业区（地区中心或商业中心）购买，以便挑选对比；特殊品往往要求直接到企业或专业商店购买等。

2.4 速卖通 TOP5 交易国跨境电商消费需求

中国是世界出口第一大国，中国制造正在转型为中国"质"造，19%的海外消费者在跨境购物中选择中国商品，比例仅次于美国商品。由此可知，越来越多海外消费者的日常生活离不开"Made in China"。官方数据显示，2015 年有 3400 万海外独立买家通过速卖通采购，2016 年速卖通迎来第 1 亿名消费者。此外，速卖通目前在 Alexa 全球排名第 51 位。面对海外市场的巨大需求，作为卖家，我们更需要了解海外消费需求。图 2-3 所示是目前速卖通上 TOP5 交易国家，下面将列举这几个国家消费者的消费需求与习惯。

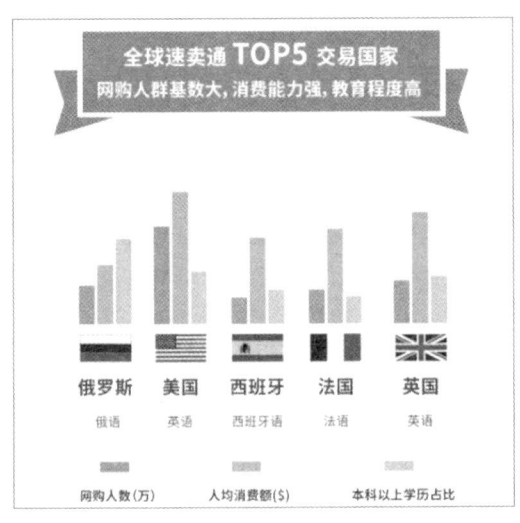

图 2-3

2.4.1 俄罗斯

"2016 世界电子商务大会"于 2016 年 4 月 11—12 日在浙江省义乌市举行，俄罗斯跨境电商邮政物流委员会主席 Igor Subow 出席并发表演讲。Igor Subow 表示，俄罗斯有超过 1.5 亿的活跃消费者，他们不仅愿意把钱花在俄罗斯的商品上，还愿意花在其他国家的商品上。中国电子商务基础非常好，俄罗斯人愿意通过电商购买中国的商品。

数据显示，俄罗斯的网络用户位居欧洲首位，40%的人会进行网上购物，同时还有 2400 多万用户进行过跨境消费，超过 2000 万人从中国购买过商品。"有 35 亿卢布花在了跨境消费上。每年都有大概 38%的增长率。最大的跨境交易国是中国。"

1. 速卖通小二整理的有关俄罗斯买家的生活消费习惯

1）俄罗斯季节温差较大，营销的季节性很强

在发布信息时可以在标题关键词中突出当季热卖。俄罗斯的冬天很冷，所以人在室外非常注重保暖，帽子、围巾、手套是必备品，女性还特别热衷购买有动物皮毛的外套，所以在冬季热销的商品有帽子、手套、围巾、五指分开的手套、皮草长大衣、皮草短大衣等。

2）俄罗斯人在外面和在家时穿的衣服不一样

在家一定会换家居服，洗完澡会披浴袍，睡觉的时候又会穿上轻薄、舒适的睡衣，所以家居服热销的有家居鞋、家居衣和睡衣之类。

3）俄罗斯人热爱运动

运动是俄罗斯人生活的重要组成部分，他们经常会购买专门的运动服、运动鞋及配件，像运动、跑步、游泳之类的商品。

4）俄罗斯人爱度假

俄罗斯人（特别是年轻人和孩子）有度假的习惯，一般喜欢去海滩，所以会购买很多海滩上用的东西，像泳装、海滩上穿的衣服和沙滩鞋之类。

5）俄罗斯女性会打扮

俄罗斯女性一般都会打扮、化妆，所以对美容类产品的需求量很大，但是她们更喜欢购买知名品牌的化妆品，像饰品、头饰之类。

6）正装也热销

很多政府及公司员工都会穿西装（正装），在节日和正式场合也要穿西装，有些男士会配袖扣，像西服套装、袖扣之类。

7）节日送礼很频繁

每逢新年、妇女节、男人节、情人节，俄罗斯人都要送礼，这时候如能提供创意类的礼物则会非常合他们的胃口。同时，他们对初生的婴儿十分重视，有朋友生孩子也有送礼物的习惯，像给新生儿的礼物之类。

8）俄罗斯女性很喜欢追赶流行，时刻关注新款的服装、鞋、包

一些当季热门和热卖的、新奇、创意流行的商品比较受追捧。俄罗斯的成年女性不喜欢太过可爱的穿衣风格，她们更喜欢欧洲的性感风。俄罗斯男人比较高大，而且也有很多肥胖的人群，所以对加大码的衣服有特殊偏好。俄罗斯用户较偏好看到欧美模特展示服装，会认为衣服较合身。

9）对价格因素很敏感

价格在俄罗斯人的购买决策中占很大的比重，但也有一部分人更偏重知名品牌的优质产品。

10）要看得懂俄式英语

俄罗斯买家询盘的最大特色就是俄式英语。可能很多人第一次看很是吃力，因此建议使用优秀的语言处理软件或者直接使用俄语与对方交流，会提升客户的兴趣度。俄罗斯买家很喜欢用Skype在线谈生意，也用SMS（相当于中国的短信）。

2. 网络上有关俄罗斯网上购物者的消费需求和购买行为

1）东西部地区发展不平衡

俄罗斯是一个高度复杂的市场，这个国家幅员辽阔，横跨两大洲，不同地区的宽带普及率和人员的IT水平有着明显差异。在一些地区，当地的消费者网购时

表现得比较反复，但在其他方面又比较开放。一般来说，中心城区占据俄罗斯国内电子商务市场的大部分规模，莫斯科平均市场规模约为其他地区市场规模的10倍。

俄罗斯是全球面积最大的国家，1/4的面积位于乌拉尔山西侧，属于欧洲；3/4的面积位于乌拉尔山东侧，属于亚洲。但是人口分布刚好相反，欧洲部分生活了3/4的人口，亚洲部分只生活了1/4的人口，而且居民收入水平与欧洲部分相差较大，分布相对分散，物流基础设施落后。

尽管如此，由于与中国接壤和经济水平的原因，东部地区居民对中国的认同度更高，对中国商品的需求也更强烈（欧洲部分居民更推崇欧美商品）。据俄罗斯用户对外国搜索兴趣报告显示，中国在国外的排行榜中位居第4名。在俄罗斯地区之间，西伯利亚与远东地区的居民对中国商品的兴趣最高。

在与中国边境接壤的一些城市里，如赤塔，中国商品几乎占据了市场的绝对优势，小到手套和日常吃的蔬菜水果，几乎都是从中国进口的，每天都有数趟火车和大巴到中国购物与消费。同时，不可忽视的问题是，过去中国商户在当地销售次品假货，极大地损害了中国商品的形象。因此，树立物美价廉的口碑对赢得该地区市场极为重要。这一地区的市场适合建立边境仓发货，不少物流公司（如俄速通）已配备了边境仓服务。

2）品类需求有一定的独特性

俄罗斯市场消费者跨境购物的主要原因是较低的商品价格和更广泛的商品品类，来自中国的商品具有以上两方面的优势。他们主要购买的中国商品类目是服饰和配件，其次是手机及电信周边设备。

（1）俄罗斯买家的品类需求。

尽管用不同的方法从不同的来源反映出的情况存在一些差异，但实物商品类别的需求大部分是服装和鞋类、家用电器和家庭用品、消费电子产品和计算机硬件及汽车零部件和儿童商品。在中国商品中，俄罗斯用户经常检索汽车及摩托车、服装和不同的电器等。

考虑到目前的物流配送时效，俄罗斯人选择从中国购买的商品有一些共同的特点，即差异化和丰富性，或者价格优势相对非常明显。服装鞋帽类的选品把握他们的基本风格和季节需求即可，尽量个性化；3C 类和汽配类要重点积累信誉度，产品描述要精准，最好找翻译公司精翻成准确的俄语，同时主推有买家好评的产品。

（2）俄罗斯买家的性别和年龄。

从 Yandex 和 GFK 在 2013 年发布的一项研究报告中可以看出，与中文网站相比，男人更喜欢从英文网站购买商品（54%），而大多数女性更喜欢从中文网站购物（52%）。这种现象可能与购买的商品品类有关。女性购买的品类多为服装、饰品、儿童用品和家居用品，在中国市场上，这些低价商品被广泛使用。与此同时，男性经常集中购买电子产品和汽车配件。

另外，跨境在线购物的核心年龄段分布在 20～29 岁。在俄罗斯，这个年龄段也是消费最活跃的一个年龄段，他们对国际支付方式有较深的了解，约有 40% 的受访者有在英文和中文零售平台购物的经历。

3）俄罗斯买家网购的季节性特点

数据显示，俄罗斯时装电商网站的访问高峰期为从每年 12 月底到次年 1 月初。

冬季，帽子在俄罗斯市场上一直非常流行。俄罗斯人大多在 9～12 月购买针织帽，以节日为主题的帽子更受欢迎。

到了夏季，俄罗斯时装电商网站的访问量在 7 月份再次飙升。虽然这时的访问量比冬季低一些，但是平价订单价值高出很多。为什么？MotionPoint 调查发现，俄罗斯人正在缩减节日开支预算。另外，他们更倾向于把化妆品、书籍、糖果和钱作为节日礼物。

俄罗斯人喜欢购买低价小商品，购买量最高的是润唇膏。

4）其他俄语国家

截至目前，在法律上给予俄语"官方语言"或者"第二官方语言"地位的有白俄罗斯、哈萨克斯坦、吉尔吉斯斯坦和摩尔多瓦四国。乌克兰也是广泛使用俄语的国家。爱沙尼亚、拉脱维亚、立陶宛、格鲁吉亚、亚美尼亚、阿塞拜疆、乌兹别克斯坦、土库曼斯坦、塔吉克斯坦也有相当的人口使用俄语，在俄罗斯的务工人员大多数来自这些国家,虽然没有专门学习过,但对俄语都很熟练。

乌克兰和白俄罗斯是除俄罗斯外俄语国家市场中容量最大的国家;哈萨克斯坦市场居于其后;来自波罗的海沿岸三国立陶宛、爱沙尼亚、拉脱维亚的订单数量也不少;阿塞拜疆作为石油国家,经济也较为可观。

值得注意的是,当下俄罗斯市场竞争已经非常激烈,除俄罗斯之外的其他俄语国家市场还较少被关注,这些国家目前从中国跨境网上购物的人相对较少,但是有一定比重的B类客户,而且重复购买率相比俄罗斯、乌克兰、白俄罗斯要高很多。考虑到这些国家现有的经济发展水平,很多地区的商品还比较匮乏,中国随处可见的商品在当地还较少,因而还有很多机会。

2.4.2 美国

纵观整个北美市场,虽然已被新兴市场抢了不少风头,但仍然是各大跨境电商的交易重地,同时也是商家绝对不愿放弃的一块地盘。这不仅仅是因为北美市场在语言沟通和文化渗透方面对中国商家来说更容易,也是因为这个看似"红海"的市场依然蕴藏着商机。而我们要发展美国的市场,就应该更了解美国人的购物喜好,才能做到选品精准。美国媒体报道,2016年美国网购者达1.67亿人,占全国总人口的53%,比2015年增长15%。与中国网购盛宴设定在"双11"及"双12"不同,美国的网购打折季与传统购物季节重合,长达一个多月,即从感恩节后的第一天(又称"黑色星期五")一直延续到圣诞节。在2016年购物季期间,全美网购总额为794亿美元,平均每人网购消费达572美元。

1. 美国人首先关注商品的质量,其次是包装,最后才是价格

这点也契合了我们厚利多销的解析。因此,产品质量的优劣是进入美国市场的关键。在美国市场上,高、中、低档货物差价很大,如一件中高档的西服零售价为40~50美元,而低档的则不到5美元。

美国人非常讲究包装,包装和商品质量同等重要。因此,出口商品的包装一定要新颖、雅致、美观、大方,能够产生一种舒服惬意的效果,这样才能吸引买家。中国的许多工艺品就是因包装问题而一直未能打入美国的超级市场。如著名的宜兴紫砂壶,只用黄草纸包装,80只装在一只大箱子中,内以杂纸屑或稻草衬垫,十分简陋,在买家心目中被排在低档货之列,只能在小店或地摊上销售。由此可知包装在美国市场上是何等重要。

季节选品。每个季节都有一个商品换季的销售高潮,如果错过了销售季节,商品就要削价处理。美国大商场和超级市场的销售季节是:1~5月为春季;7~9月为初秋升学期,主要以销售学生用品为主;9~10月为秋季;11~12月为假期,即圣诞节时期,这时又是退税季节,人们都趁机添置用品,购买圣诞礼物,美国各地的商场此时熙熙攘攘,符合需求的商品很快就会销售一空,这一时期的销售额占全年的1/3左右。

由于美国版图比较大,横跨三个时区,所以不同时区的买家上网采购的时间也不同。为了提高商品的关注率,卖家应该积极总结,选择一个买家上网采购时间比较集中的时间段来针对性地开展工作。

2. 美国网购支付方式

北美地区是全球最发达的网上购物市场,北美地区的消费者习惯并熟悉各种先进的电子支付方式,如网上支付、电话支付、电子支付、邮件支付等各种支付方式对于美国的消费者来说都不陌生。在美国,信用卡是在线使用的常用支付方式,同时PayPal也是美国人非常熟悉的电子支付方式。与美国人做生意的中国商家一定要习惯并善于利用各种各样的电子支付工具。我们的经验是,美国是信用卡风险最小的地区。来自美国的订单,因为质量原因而引起纠纷的案例并不多。而拒付率上升是因为买家采用PayPal支付,而PayPal独立于信用卡征信系统,哪怕多次拒付都不用担心,有些买家就会钻这个空子,所以速卖通平台目前暂不支持PayPal支付。

3. 美国人的穿搭习惯及消费金额

美国的衣服和鞋类是比较贵的,稍好的运动绒衣要五六十美元一件,更别说那些高档时装了。可喜的是中国商品打入了美国市场,且价格低廉。中国的棉制品、羽绒服和丝绸颇受美国人的欢迎。在服装商店,许多中低档服装与鞋类都有"Made in China"字样,如各类夹克衫、牛仔裤、衬衫、各式T恤、羽绒服等,都是中国制造的,每件二三十美元、四五十美元或七八十美元不等。这些大都是根据美国商人的设计与要求制造的。而高档的服装与鞋类大多来自欧洲,其中以意大利的居多。

2.4.3 西班牙

1. 西班牙网购人群分析

购物人群年龄分布:18~24岁占18%,25~34岁占32%,35~44岁占28%。男女比例:男性占55%,女性占45%,男性偏多。西班牙目前40%的电商广告来源于移动端;拉美地区相对落后,因此PC端网上购物占比约为97%。

2. 类目偏好

由调查数据可见,西班牙语市场的人群对3C、服装、户外用品的需求量较大,分别占到37%、36%和22%,具体如图2-4所示。针对3C商品,他们非常喜欢国产品牌的手机。针对服装、配饰、鞋包等类目的商品,他们是紧跟国际潮流的,因此这些类目的商品当然是越时尚越吸睛。

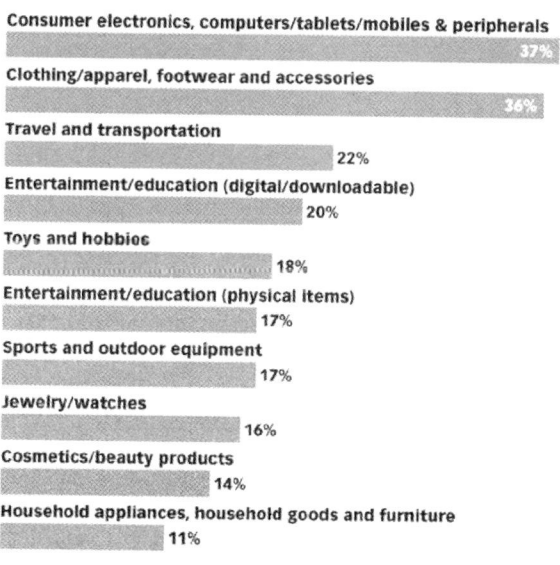

图2-4

3. 节日促销

西班牙跨境电商会在大的节日或购物季节进行促销,购物季集中在 7~9 月,主要节日如下。

(1)圣诞节:圣诞节在西班牙是时间很长的公假日,从 12 月 25 日直到次年 1 月 6 日,相当于中国的春节。

(2)复活节:又称复活节周或圣周,是春分后第一次月圆之后的第一个星期。在这一周内要举行很多场活动,都带有浓厚的宗教色彩。

(3)eDay 电商日。

(4)万圣节:11 月 1 日。这一天,西班牙人习惯去墓地祭扫已故的亲人,献上一只花圈,点上几盏灯,以寄托哀思。晚上,各村镇丧钟齐鸣。按照西班牙的传统,这一天各个剧院都上演何塞·索里雅的名剧《堂璜·提诺里奥》。

(5)从 11 月最后一个星期开始是西班牙的黑色星期五,有三天的商品特价时间,商场及超市会举办促销活动,降价比例为 20%~30%。

4. 支付方式:信用卡、VISA、现金交易和刷卡消费

卡支付是西班牙网络消费者的首选支付方式。在西班牙地区,维萨卡、万事达卡、美国运通卡占据了 97%的市场份额。并且,西班牙支持信用卡与借记卡之间的转换。同时,西班牙工业部-旅游业贸易部为了进一步推动电子商务的发展和普及,对信用卡与借记卡的最大限度转换费用进行了降低调整,这也促进了跨境电子商务的进一步发展。

便捷的支付方式为跨境电商市场的发展铺平了道路,而通畅的支付渠道解决了卖家拓展西班牙市场的后顾之忧。

5. 市场机会

(1)西班牙本土的电商网站有很多,但是商品价格普遍较高,这对我们来说是一次很好的机会。

(2)西班牙人对于中国商品的看法:西班牙人还是乐于接受中国商品的,因为质量好、价格低廉。选购中国商品的一般为中老年群体,单次消费金额一般在

10 欧元以内。在西班牙本土品牌如 ZARA、SEFEA、LEFTIS 等中，40%的商品来自中国。

（3）现在，西班牙有超过 50%的网购消费者通过跨境电商平台进行跨境消费，并且进口跨境电商消费总额占西班牙电子商务交易总额的 44.2%。

（4）西班牙语国家都有自己的商会，可以帮助我们进行网站宣传，以便我们的网站更快地植入西班牙语国家当地。

（5）西班牙人比较看重商品及网站的翻译，如果卖家有西班牙语运营能力，则是可以快速进入西班牙市场的绝佳办法。

（6）西班牙人希望物流速度可以更快，如果卖家有海外仓，则是不错的选择。

6．常用网站

（1）西班牙人最常用的搜索网站如下：

```
1 google.es https://www.google.es/?gws_rd=ssl
2 Apali http://www.apali.com/
3 ciao http://www.ciao.es/
4 Excite http://www.excite.es/
5 yahoo! https://es.yahoo.com/
6 MSN http://www.msn.com/es-es
7 Lycos http://www.lycos.es/
8 Hispavista http://www.hispavista.com/
```

（2）在西班牙最具影响力的 B2B 网站如下：

```
1 sugoo http://es.sugoo.com/
2 madeinterra http://www.madeinterra.com/
3 cooben http://www.cooben.com/?partner=bd3
```

(3)西班牙黄页网站如下：

```
1 yellow http://www.yellow.com.mx/
2 Icex http://www.icex.es/icex/es/index.html
3 colombiaexport
4 gibyellow http://www.gibyellow.gi/
5 paginas-amarillas http://www.paginasamarillas.es/
```

(4)西班牙购物网站如下：

```
1 ebay http://www.loquo.com/
2 terra http://megavendo.es/
3 el corte ingles http://www.elcorteingles.es/
```

除了西班牙市场，全球有近 30 个国家讲西班牙语，人数达到 5 亿，是世界第三大语言。范围包括：南美洲的哥伦比亚、委内瑞拉、厄瓜多尔、秘鲁、玻利维亚、巴拉圭、智利、阿根廷等；北美洲的墨西哥；中美洲的危地马拉、洪都拉斯、萨尔瓦多、尼加拉瓜、哥斯达黎加、巴拿马；加勒比地区的古巴、多米尼加、波多黎各；非洲的赤道几内亚、西撒哈拉及西属安道尔。因此，西班牙语市场非常庞大，机会很多。

2.4.4 法国

1. 法国圣诞促销季，热销产品手机篇

法国智能手机的使用率达到 80%，而安卓系统的市场占有率达到 65.3%。2015 年 1 月，Windows 系统的市场占有率达到 13%，而在 2014 年 1 月仅有 9.6%，如图 2-5 所示。

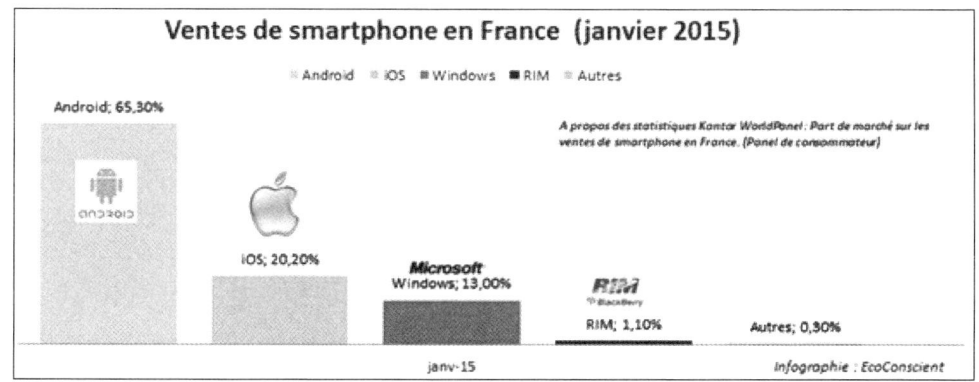

图 2-5

法国智能手机品牌 Wiko 在法国是可以和苹果、三星媲美的本土手机品牌。2013 年，Wiko 手机的销售额在法国市场占 18%，位列第 3。

2. 法国服装市场

电子商务服务公司 Salesupply AG 全球销售总裁 Henning Heesen 说："法国的跨境电商市场充满机会，但是法国人跟德国人一样，都非常重视互联网信用问题。如果你的网店里有某些地方出了问题，比如没有商标，没有客服与其交流，那么他们很可能不会从你的网店里购买任何东西。"时装零售品牌 BCBG 的全渠道服装销售副总裁 Alex Golshan 表示，即便扣除邮递费和过境关税，法国和德国市场的利润空间依然很大。主要特点是：看重商品质量、交货期、服务、价格、包装、稳定性和诚信。

法国有许多连锁经营的零售商，如家乐福、乐购、麦德龙等。通常，这类大型连锁零售商都要尽可能地避免因货架空置而导致的损失，这样的销售方式使得西欧商人十分看重服装企业的产能、交货期和稳定性。

3. 跨境电商法语市场数据和发力点分析

（1）法国人最爱哪些商品？习惯使用哪种支付方式和物流？由于法国的殖民地历史，在世界范围内，3.68 亿使用法语的人组成了法语圈，大部分居住在欧洲西部、撒哈拉以南的非洲地区和加勒比地区。法国政府承诺，预计到 2020 年，法国 70%的人口将能享用 100Mbit/s 的宽带服务，这将极大地影响移动电子商务。每天每个法国人平均上网 4.1h（PC 端）或 1h（移动端）。

法国人购物的平均订单金额为59.22欧,年均订单量为16.9单。汽车的转化率位居首位,高科技产品紧随其后,如图2-6所示。

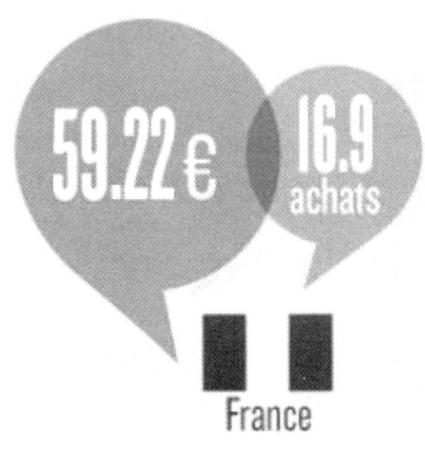

图2-6

(2)法国人的购物习惯:服装(18~24岁年轻人服装支出占其总支出的75%,女士则占70%);文化产品、旅游服务或产品、科技类产品和自动清洁机器(男性在此类消费中表现突出,购买者分别占38%和48%)。购物关注:对比德国人,法国人更倾向于关注产品图片、价格、快速下单流程。

(3)跨境电商如何开拓法语国家市场:价格低廉;免运费;选品。站内:根据SoldItem报表&GA数据,选出热销品,增加曝光率;站外:进行电商网站竞争对手热销品分析。

4. 法国买家的特点

法国买家一般都比较注重自己的民族文化和本国语言,因此在进行商务谈判时,他们往往习惯于要求对方同意以法语为谈判语言。所以要与法国人长期做生意,最好学一些法语,或在谈判时选择一名好的法语翻译。法国商人大多性格开朗、十分健谈,他们喜欢在谈判过程中谈论一些奇闻趣事,以营造一种轻松的气氛,所以多了解一些法国文化、电影文学、艺术摄影方面的知识将十分有助于互相沟通交流。在和法国人洽谈贸易时,严禁过多地谈论个人私事,因为法国人不喜欢大谈家庭及个人生活隐私。

5．支付方式

在法国，银行卡仍然是最受欢迎的在线支付方式，57%的在线销售是通过 Cartes Bancaires（维萨卡、万事达卡）或者美国捷运公司来支付的。银行授权的公司，像 Cetelem、Laser Cofinoga 和 Sofinco 发行的是联名私人标签信用卡。

2.4.5 英国

1．英国买家的特点

（1）英国人特别讲究绅士风度，善于与人交往，讲究交际礼仪。英国人不仅这样要求自己，对卖家的修养与风度也非常看重。

（2）不要以为英国人思想开放，其实英国的等级观念非常严重，深入人心，所以要求沟通的对方能够配得上自己的身份。但不是派出的人员身份越高越好，而是要和对方身份对等，否则谈判很难顺利进行。

（3）卖家需要给英国买家留下积极认真的印象。在沟通前要做好充分的准备，不仅是产品，而是要多方面准备，因为英国买家在谈判时比较灵活，对建设性意见反应积极。如果事先准备不够充分，则事后往往会延迟交货或付款。

（4）英国主要包装供应商 Macfarlane Packaging 公布的调查结果显示，在网络购物的过程中，令网购者最为不悦的事是收到的货品包装不当。该调查结果发现，25%的网购者抱怨他们收到的盒子和包裹往往太大，远远超过了商品尺寸。由于包装过大，导致小件商品不能像信件一样投递到信箱里，因此收件人只能选择快递或者其他寄送方式，或者亲自去某个地点提货。22%的网购者表示，收到商品时看到外包装破裂或损坏会非常沮丧，因为包装损坏后有可能造成里面的商品被损害，同时丢失包裹的风险也令网购者倍感压力。与此同时，有19%的消费者对外包装的保护效果不佳而感到不满。

2．外贸概况

据英国税务与海关总署（H.M. Revenue and Customs）统计，2016年，英国货物进出口总额为10531.8亿美元，比上年同期（下同）下降4.3%。其中，出口总额为4189.5亿美元，下降10.5%；进口总额为6342.4亿美元，增加0.4%。贸易逆差为2152.9亿美元，增加31.5%。

分国别（地区）看，2016年，英国对美国、德国、法国、荷兰和爱尔兰的出口额分别占英国出口总额的15.0%、10.6%、6.4%、6.2%和5.5%，分别下降9.4%、5.3%、2.5%、2.6%和9.8%；自德国、美国、中国、荷兰和法国的进口额分别占英国进口总额的14.1%、9.2%、8.7%、7.5%和5.8%，自德国、中国、荷兰和法国进口额分别下降6.1%、12.7%、0.7%和6.0%，自美国增加0.5%。英国贸易逆差的主要来源国是德国、中国和荷兰，2016年与上述国家的逆差额分别为447.4亿美元、367.2亿美元和215.3亿美元，其中，与中国和荷兰的逆差额分别增长3.2%和1.6%，与德国的逆差额下降6.8%。贸易顺差主要来自阿联酋和沙特阿拉伯，2016年顺差额分别为78.5亿美元和54.6亿美元，分别下降14.4%和16.7%。

3．品类偏好

1）玩具

英国买家海外网购偏好除了手机、服饰等，玩具市场也异常火爆，是欧洲三大玩具市场之一。尼尔森集团（全球市场调研公司）在2016年4月26日宣布了英国玩具2016年第一季度的销量，交易额增长率为8%，各类玩具火爆大卖。人形公仔和毛绒玩具一路领先，增长率分别达16%和21%。2016年第一季度共售出5400万件玩具，英国稳居"欧洲最大的玩具市场"这一地位。

从产品角度来看，英国比起其他国家，更依赖于授权产品。此外，塑胶产品占据市场的主导地位。英国的家庭聚会时间在欧洲各国中经常垫底。曾有研究指出，英国的家长更倾向于放任孩子看电视或送玩具等小礼物来避免孩子纠缠自己。此外，和其他欧洲国家的消费者相比，英国的玩具消费者在购买玩具时更多地会因为包装盒上的品牌而非产品本身而做出购买决定。

2）宠物用品

一项针对900位宠物主人的调查表明，91%的人会给宠物购买圣诞礼物，总花费超过3亿英镑，而且其中超过一半的人会给他们的宠物准备一个装礼物的"圣诞袜"，1/4的人甚至会专门给宠物准备一个英国人流行在圣诞节前给孩子买的"降临节日历"。那个日历从12月1日开始，每天孩子都可以从上面抠开一个小"窗口"，掏出一小块巧克力或糖果吃，以此来一天天地感受圣诞节的临近。

18%的人给宠物买圣诞礼物的钱超过了给婆婆或岳母买圣诞礼物的。而且,被忽视的不单单是婆婆或岳母,53%的宠物的地位超过了主人的同事,7%超过了伴侣,竟然还有3%超过了自己的孩子。54%的人会花费10英镑以上买宠物礼物,3%的人会花50英镑左右。在英国,估计有1800万只宠物猫、狗和兔子等,绝大多数主人将宠物的地位等同于家庭中的每个成员。

像英国这样对宠物用品需求量大的国家还有很多,海外日益增加的需求使得中国宠物用品出口和跨境电商宠物用品产品线具有很大的潜力。欧美一些发达国家或地区在产业转移的过程中,将一些宠物用品的生产制造环节转移到中国大陆,而设计和市场基本上留在了本国或本地区,所以形成了今天中国制造的宠物用品大多用于出口的市场现状。

3)家居园艺

相对于其他国家而言,英国买家在网购品类中对家居园艺的需求占据相当大的比例,近年来,对该品类的需求更是出现两位数以上的增长。2014年,家居园艺品类和电子产品的网上销售异常火爆,成为最受欢迎的两个品类。同年7月,家居园艺销售增幅达17%,仅次于电子产品的19%。

参考文献

甄明霞. 消费需求衡量指标及发展态势的初步分析[J]. 统计科学与实践,2010,(1).

第 3 章

跨境电商运营的计划与控制

本章要点：

■ 运营计划

■ 计划执行

■ 团队运维控制

第 3 章　跨境电商运营的计划与控制

本章将以笔者的视角讲述在 5 年的时间里，从 5 人年销售额为 50 万元的小团队，发展为 100 多人年销售额超亿元的成熟团队的故事，这其中发生的种种关于跨境电商运营计划与控制的苦辣酸甜、团队一路走来花钱买来的经验，在此不想让读者一一试错，只希望沉淀后的一些经验能帮助读者少走弯路。

作为一支跨境电商团队的带头人，一定要懂得运营的思路远比运营的技巧重要得多。无论你的团队是两人起家的夫妻店，还是千军万马的专业电商团队，当你需要为电商团队制订运营计划并进行计划控制的时候，你已然变成了这支团队里肩负前行使命、执掌风向标的那个人。

运营计划的周期有长有短，完成结果有好有坏。努力不一定有结果，但不努力一定没有结果。套用在跨境电商领域，这句话应该改为："没有姑且一试可以成功，也没有全力以赴不会成功。"希望每一个在为团队做决策的人都能不忘初心、快速成长。

3.1　运营计划

3.1.1　时间+销售额+团队规模

在对年/季/月预期达到的销售额及对应的团队规模制订计划方面，很多人的误区都是制订单维度计划。比如，小时候我们写作业制订的计划就是星期一写数学作业、语文作业，但是没有说明要写多少道题、要保证正确率是多少。跨境电商的计划也是如此，要制订多维度的计划才能让计划更好地被执行下去。

下面讲讲笔者曾经制订的"时间+销售额+团队规模"计划。

2012 年团队初创，笔者还没有大学毕业，仅想在跨境电商网站上卖点东西，找几个志同道合的人做一点事情，目的就是如此单纯。

笔者注册了 4 个阿里巴巴全球速卖通账号，花了将近一年的时间才找到志同道合的 4 个人，创建了现在电商团队的雏形。我们的目标是在 2012 年销售额达到 100 万元。出于各种原因，2012 年我们的总销售额不到 50 万元。团队的第一年以亏损收尾，但是我们 5 个人都坚持了下来，准备来年大干一场。

图3-1是笔者为团队制定的2014年全年销售额和团队规模及架构表。现在回头看当年的计划表，真是太业余了。但计划业余又怎样，2014年制定的2200万元销售额的目标漂亮地完成了，我们的团队也扩充了，人员数量也90%以上达标。

B2C事业部 人员分组 Min22~Max30		现有12人
	数量	人数
AE项目组	4	10~12
Ebay项目组 高薪	1	1~2
Amazon项目组 高薪	1	1~2
Wish项目组 高薪	1	1~2
淘宝项目组 高薪	1	1~2
天猫项目组 高薪	1	1~2
1688项目组 高薪	1	1~2
设计组		1~2
物流组		2
人资财务组		1
SNS 推广人员	1	1~2

B2C事业部 2014年 全年销售目标计划					
	年	季	月	周	日
1. 150万美元	1500000	375000	125000	28846	4110
2. 120万美元	1200000	300000	100000	23077	3288
3. 60万美元	600000	150000	50000	11538	1644
4. 46万美元	460000	115000	38333	8846	1260
计划奖励 达成目标且全年均摊后正盈利的项目组 年终额外分得此项目组全年利润的10%					
分配方法 项目组长70% 项目组员30%					

图 3-1

3.1.2 时间+盈利额+团队规模

年/季/月预期达到的盈利额及对应的团队规模

2014年,笔者团队的年销售额达到2200万元,团队规模变成了21人,形成了一支强有力的销售团队。但是公司财务报表显示账面亏损了将近90万元,库存货值接近300万元。一支强有力的销售团队却不是一支可以盈利的团队,这让整个团队陷入了反思,究竟是哪里出了问题?

2014年第四季度,笔者就发现了大量销售但是不盈利的问题。团队决定调整销售计划,各个店铺的项目组独立核算。这一灵感来自日本经营之神稻盛和夫的《阿米巴经营》一书,把21人的项目组的所有账目拆分,以最小店铺为单位,设定预期时间段内的盈利目标。

2014年第四季度的财务报表显示个别小团队是盈利的,2015年第一季度的财务报表显示所有小团队都开始盈利,但2015年年中却发现了因追逐盈利而造成的负面现象。为了实现盈利,团队开始做本行业里稀奇古怪的高附加值产品,一度造成库存SKU大量增加,库存成本大幅提升。团队的销售额因为相对可观的盈利开始急剧下降,每天的发货数量减少了一半,物流成本开始提高,再加上仓储成本、员工工资、办公损耗,团队变得不堪重负。最致命的是在团队的销售额增幅减缓之后,很多同事不再满负荷工作,团队里出现了很多负面言论和负面情绪,以前是忙得没空聊生活,现在是闲得没空聊工作。

在实现全面盈利的2017年上半年,团队的项目组增加到8个,大团队完成1亿元销售额,团队规模变成了110人,但是库存货值接近300万元。团队从前两年增速达300%变成了2016年增速仅为100%,2013年6人实现销售额700万元;2014年21人实现销售额2200万元,人均产出100多万元;2015年55人实现销售额4200万元,人均产出仅为75万元。

这让笔者又一次陷入了反思:我们是应该追求销售额大步前进,还是应该追求利润稳步提升?两者之间的平衡点在哪里?2017年又该怎样调整?高增速让我们重拾信心。

3.1.3 团队各部门发展雏形

团队架构包括运营组、客服组、物流组、采购质检组、设计组、后勤组等。

看过稻盛和夫先生写的《阿米巴经营》才懂得,具备一定规模的团队是需要独立核算的,而独立核算的基础就是岗位细化。一个人每天只做一件事,他会越做越高效;不停地交换角色会让人效率下降,同时做三五件事的时候,一个很大的可能性是你什么也干不好。

2012年,团队只有5人,其中1人是设计出身,担任了团队美工的角色,其他人同时兼任客服、质检、物流、后勤,充分发挥了小团队的一人多能。由此造成的负面影响就是,团队每天因为要准备货源发货,几乎要浪费掉两个人小半天的时间。

2013年,团队5人经过反复讨论,决定招聘一名懂电脑的物流同事来帮我们做三件事:第一,管理仓库;第二,对接货源;第三,日常发货。新物流同事的到来,让我们5人都从备货、发货中跳脱出来,全身心地做好本职工作——运营客服,有了更多的时间来研究平台规则、同行信息。物流同事的加入让团队从结绳记事的石器时代一下子进入了拥有文字的初级文明。

2013年年底,团队粗略统计了一下销售额,接近600万元,这让每个人都吃惊不已,大家一致认为团队可以扩大了,我们开始面临真正的挑战——招聘新人。团队先期的5人每天都尝试在网上找人、在身边找朋友,大家又陷入了类似前期准备货源发货的死循环,于是决定增设一位人事专员来帮我们做三件事:第一,人员招聘;第二,组织活动,日常考勤;第三,日常记账,打印表格。人事专员的加入让团队从拥有文字的初级文明一下子进入了批量生产的工业革命,人事专员就像一台发动机,为团队提供源源不断的新人输出。

2014年,巨大的发货量让我们又增加了一名物流同事、一名质检同事,这两人一并归入物流团队。我们招聘了大量的外语客服来解放运营的时间,让大家腾出大脑思考。AliExpress平台的小成功激励团队开设了更多的跨境电商店铺和平台,吸收了专业的财务同事帮团队核算成本。但是2014年年底,由于大量新人和新平台的加入,让我们又一次陷入了窘境。第一,新平台有成长期,而我们只有投入没有产出。第二，新人没有培训，我们留不住人，极大地增加了团队运营成本，大量人员的进出对团队也产生了很多消极的言论。

2015年，我们只增设了一个岗位——IT运维来帮我们做三件事：第一，维护电脑、设备、网络；第二，学习新的电商软件，教给同事；第三，帮助美工做简单的编码工作。IT运维同事的加入让团队从不停地增加人力的工业革命一下子进化到高效率的互联网时代。IT运维同事帮团队补充的第一个软件就至少解决了3名客服人员的同等工作量，现在唯一后悔的就是IT运维部门加入团队的时间太晚了，这个部门应该早点成立。

2016年，我们的项目组从4个大组增加到跨平台的8个大组，我作为团队的负责人完全从业务中脱离出来，进入纯管理岗位。2016年我们做了三件极具战略意义的事：（1）我们从外面请老师来团队培训，坚持一年12场，平均每个月一场；（2）我们引入了相同项目小组 PK 机制，大项目组内拆分为至少两个小组；（3）通过阿里巴巴的361绩效考核，我们找落后的老同事谈话，把他们调入新开的项目组，收到奇效，调岗不到12个月就已经产生了两个月销售额达15万美元的新项目组。

2017年上半年，我们在HR招聘中引入了HR试题来辅助招聘，招聘速度明显提升。8个大项目组利用成熟的经验，复制培养新人，建立人员梯队，截至2017年7月顺利完成了1亿元的销售目标。

3.1.4　资金配套计划

新项目组的开动需要配套对应资金，做好资金预算

很多过来人的忠告都是"有三块钱的本，才能做一块钱的事"。一开始我们并不懂他们为什么会说如此保守的话，直到自己真正做起了生意。

我的团队在2015—2016年间陆续加入了三名志同道合的同事，他们曾经和我一样自己做跨境电商，一样做假发类目，因为客单价高于100美元，加上订单量过大，都出现了现金流问题，因承担不起资金成本，纷纷打消了单干的念头，加入了我的团队。这才让我意识到我们从零开始自己摸索订单缓慢增长是一件多么幸运的事。

2015年年初，阿里巴巴速卖通平台用很高的权重推行海外仓，我们单次就在美国仓库备货200万元，抢占先机，取得了不错的销售业绩，很多同行此时还处于现金流不能及时中转的被动局面。与此同时，我们增开AliExpress、Amazon、eBay、Wish、BellaBuy等多个跨境平台的数十家店铺。基于先期的经验，我们为每家店铺预留了20万元的初期运维成本，用于维护账号，以待后期扭亏为盈。新店铺的投入完全来自老店铺的净利润，这样一来2015年全年的利润都会用在新店铺的培育上。快速的扩张让团队极其痛苦，两个月后的财务报表就显示我们正在亏损，老店铺也因为减少推广费用去反哺新店铺而导致销售额下降，我们最终做了最不愿意做的事——部分项目组计划暂时搁置，团队裁员20人。由此造成大量项目被搁置，现有的同事忙得不可开交，因为精力不够，成熟、稳定的老店铺的业绩甚至也开始明显下滑，团队发展至今从未如此被动过。几个合伙人甚至出现了不愿意去办公室、无奈、不想面对这一切的恐惧心理。

直至团队增加了IT运维同事，事情才出现了转机。我们使用了第三方软件，软件没有情绪，执行度高，相对人工费用便宜，至少解决了10个人的工作量，一切都因软件而开始慢慢好转。

至此我们才总结出，在客单价相对较高的行业里，开一家新店铺至少要准备20万元的启动资金，盲目扩张只会让现金流捉襟见肘。我们真正体会到了什么叫"有三块钱的本，才能做一块钱的事"。

2016年我们组内优化，不少老同事被调岗，组织框架大幅变动，我们的新项目Wish组竟因此收获了3个月销售额超1万美元的惊喜。截至今日，Wish组在短短一年时间里已经成长为销售额达15万美元/月的11人小组，令同事和同行刮目相看。大量新项目组的异军突起也让我们的集体成本大幅降低。

3.1.5 服务供应商配套计划

货品供应商、物流供应商、软件支持团队等

把事业做大是每个人的追求。自己发力固然重要，但外界的支持也必不可少。这么多年，我们除了要感谢我们的衣食父母——顾客，最应感谢的应该是货品供应商，使得我们的货品在同行里是极具竞争力的，其次还应感谢物流供应商、软件支持团队等。我们的采购买手曾走入不断寻求低价供应商的误区，后来才明白，做电商的第一天就应该明白一件事，即电商是我们的工作还是我们的事业？有朋友会问：这有区别吗？答案是有区别，工作是一阵子的，差不多做好就行了；事业是一辈子的，做好了只是开始，还要做到专业、专精。

我们把它当一辈子的事做，一个有实力、靠谱、稳定的供应商就是你强有力的支持。所有的合作都需要磨合，三天两头地换供应商，只会麻烦不断。

3.2 计划执行

3.2.1 计划谁去执行

是人员调动还是人员招聘

是优先考虑原班人马，还是更加信任空降的高手，在团队做到三五年的时候都会遇到这样的问题。同事不好用，是不断调岗还是重新选拔，也是一支团队发展一段时间后需要思考的问题。其实这里面有一个共同点，就是你认为之前那个岗位的人不好用，要找个好用的，以改变现有的局面。这里先讲华为公司的一个理念卖个关子："高层要有决断力，中层要有理解力，基层要有执行力。"这就有了所谓的"砍掉高层的手脚，中层的屁股，基层的脑袋"。不难理解，高层多想想未来看看路；中层多到基层走走，放眼客户；基层少一点自己的想法，多一些执行力、行动力。老板想方略，中层来监督，基层去执行。

但是很多团队的高层却在做着基层的工作。在这里，笔者并不是要让各位领军者脱离群众，而是说如果你的同事有了你一半的能力，你就应该放手让他去做，两个这样的人就变成了一个你。所以不是员工不好用，而是老板习惯于亲力亲为，根本没有时间抬头看路。

人品好的员工可以通过调岗找到合适的职位。人员招聘更多的是补齐团队里的短板，当老板的少干点活、多看看路，这才是团队的一大幸事。

3.2.2　如何考核计划执行

用哪几种维度去考核新项目的执行力度，有些岗位不能靠业绩统计

新的项目上马时总会被问到几个痛点，例如：项目计划是什么，如何考核？项目软件、硬件怎么配备？什么时候盈利？

笔者以新增的一家 AE 店铺来举例。这是我们的第六家 AE 店铺，所以经验还是相对成熟的，而且很多工种人员的班底和电商资源可以共用。

前面说了做计划一定要有三个维度：时间，金钱，结果。缺一不可。

先说项目计划的大方向怎么做。分三步走：（1）在 6 个月内，项目组需要 2 人，先做到收支平衡，此时需要共享老项目组的图片、数据、后勤人员等；（2）在一年内，各项数据指标达到行业平均水平，项目组盈利，团队开始扩张；（3）在一年半内，各项数据指标达到行业 Top 卖家水准。

至于如何考核数据，很多团队的考核标准是掺杂了人情的，笔者的团队也不例外。由此造成的最大问题是，我们的同事来了会说："虽然我的 A 事情没有做好，但是我做了 B、C、D 三件事，没有功劳也有苦劳。"遇到此事，老板经常被人情绑架。其实这件事情的逻辑是这样的：老板让你做 A，你做了就是好员工，你不好好做 A 却做了 B、C、D，连本职工作都没完成，谁让你做其他的了？作为员工，你这样做是错误的。如果老板让你做 A，你在做了 A 之后又顺便做了 B、C、D，这才是值得嘉奖的表现。很多老板错在了逻辑不清，因为对于老板来说，要的只是一个明确的结果。

所以 KPI 的考核其实没有那么神秘，就是 A 这个结果你完成了就是合格，没完成就是不合格，非黑即白。但前提是这支被考核团队里至少有一人是可以完成的，不能设置成挑战人类极限的 KPI。

3.2.3 备选执行方案

主要计划失败了,备选方案或者主计划的变体怎么做

笔者是"九型人格"里面的第五型——智慧型、数据分析型,所以笔者爱做失败的推演,准备救场计划。但是很多团队的领导是第八型——领袖型,或者第三型——成就型、实干型,这些人会不达目的誓不罢休,有时候可能会造成"做计划时拍脑袋,执行时拍胸脯,做不下去时拍屁股"的局面。所以做一份备用计划会让我们轻松很多。除了九型人格,我们还将大量的 HR 软件用于新人的面试,其中不乏阿里巴巴"三板斧"的人才晋升淘汰机制。

一般电子商务执行备选方案的原因主要有两点:找不到理想的团队人手和资金链断裂。投资回报率达不到预期是诸多计划被搁浅的高发痛点。在初期设定一个合理的投资回报率就显得尤为重要。"保本"和"留余"是一个再完美不过的备选计划,"保本"就是留得青山在,"留余"就是星星之火可以燎原。这就像一场攻坚战,打不赢的时候退回原点,保存实力,来日再战。

可能读这本书的读者已经实现了每年过亿元的销售额,对类似的话感同身受;也可能读这本书的读者还在每年过亿元销售额的路上努力,对上面这番话不置可否。相信大家终有一天会明白,在这个残酷的社会里,活着就是硬道理。

3.3 团队运维控制

前面的章节讲得太书面,感觉只有经历过的人才能悟透,本节将给读者介绍一些实用的小技巧。

3.3.1 团队没人怎么办

骨干,业务精英

团队里不是没有人,而是没有你想象的那种能干的人。在吴晓波对 1.3 万名 90 后的网络调查中,90 后对团队的第一诉求是有没有晋升机制、工作是否有前途,占投票总人数的32%;薪资只排在第三位,占19%。主动放权让后来人去做其实是对他们最大的肯定,但是一定要替年轻人做好后勤保障和心理疏导,他们承受不了失败的打击,也会迷失在成功的赞美中,如何把握好这个度,让后来人成长,才是团队的领导者应该做的事情。

笔者的团队里有两位同事,我们称呼这位男同事为L,女同事为H。团队转正的KPI很明确,就是自己上传产品,完成20笔出单或者2000美元的销售额。L和H在同一个月加入团队,L去了一家不瘟不火的店铺,店铺的各项数据中等偏上,他用了两个月的时间才转正,从写标题到上传产品、工厂生产、发货、客服,一项项尝试,基础扎实、踏实肯干、愿意钻研,有自己的想法,不懂就问,然后记录下来。他是典型的一步一个脚印走到了项目组长的位置。H在之前没有接触过电商,去了一家当时流量如日中天的店铺,她上传的产品只用了8天的时间就完成了KPI,自动转正。因为流量太大,她只经历了简单的上传产品培训就开始了客服生涯,但是这家店铺一天出单100单左右,日销售额达1万多美元,很快做到了类目第一名。她每天和自己同组的同事回复留言,早晨不到8:00就到公司,回复到晚上8:00依然有回复不完的消息。她很有心,教过一遍的东西基本上不会再犯错,属于有灵性的那类人。她是典型的通过高强度工作量特训直接成长起来的。

这两个人都是从普通的客服同事通过毛遂自荐当上项目组长的,他们当时的水平只是在客服方面比其他同事优秀,对其他的还一知半解。但是我们始终认为,只要新人达到你能力的50%,就应该放手让他去尝试,否则他们就会认为自己晋升无望。没有人天生就是精英,经历得多了自然就变成了精英。

2017年我们面试了大量应聘者,更发现了其他的优秀同事。如C同事,在试用期里,第一笔订单的交易额就达到3400美元,直接转正。T同事在完全没有电商基础的前提下,仅用了两个半月就超过从业一年半的主管的业绩,达到个人销售额3万美元/月,并在入职7个月后成为手下有两名成员的项目组长。

3.3.2 团队没钱怎么办

项目计划超预期，现金流不够

不是一切计划都会按照预期顺利进行的，钱就是一个不可逾越的话题。项目计划超预期，现金流不够，解决办法无非两个——减少开支和增大利润，一个开源一个节流。

先说节流：（1）及时淘汰不盈利或者投产比不均衡的项目组；（2）淘汰盈利少、工作不积极、充满负能量的员工；（3）改上下级的员工制为平级的合伙人机制，将月薪改为年薪，将工资改为分红。

再说开源：（1）调整销售人员和后勤人员的比例，增加销售人员，减少后勤人员；（2）复制盈利产品和盈利项目，及时调整战略，做到薄利多销，降低均摊费用；（3）加大针对老客户的营销力度。

3.3.3 店铺没流量怎么办

长时间不运作的店铺如何重新起步

谈到流量，先要明确流量入口有哪几种，举例来说：（1）站内自然排名流量；（2）站内活动流量；（3）站内付费推广流量；（4）站外自然流量；（5）站外付费推广流量。

新店铺要主抓前3种流量入口，成熟的团队这5种流量入口都要或多或少地考虑到。（1）站内自然排名流量是成本低、持续积累的过程，需要较高的出单量、转化率和好评率才能推动自然排名。（2）站内活动流量分为平台活动和店铺自主活动，它是通过舍弃一定利益换来的额外流量，流量相对较大，成本较高。（3）站内付费推广流量成本最高，是用金钱换取自己的商品出现在顾客视野中的一种方法，如果前期成交转化率的功课做得不好，就会产生巨大的投入产出比失衡现象。（4）站外自然流量是通过一些免费的社交平台为自己打广告，吸引感兴趣的买家，促成成交，几乎没有成本，引流相对精准。（5）站外付费推广流量成本高，通过付费引流平台积累访客，首先要解决自身产品成交转化率的问题，否则也会产生巨大的投入产出比失衡现象。

在不违反平台规则的前提下，站内引流可以优先考虑以下几点：（1）大量上传产品，扩充 SKU 数量，标题和属性词尽量覆盖所属类目；（2）相对调低售价，提高成单概率，提高自然排名；（3）对客服进行专业培训，抓住每一个和你说话的顾客促使成交，提高自然排名；（4）做出目标明确的直通车推广，提升产品的曝光机会、转化率和自然排名；（5）报名所有平台活动，快速获得流量，积累销量，打造主推款；（6）使用联盟营销工具，获取大量站外流量，促成转化。

笔者认为（1）、（2）、（3）、（6）是物美价廉的获得流量的方式，建议大家理解应用。

3.3.4 店铺推广怎么办

以什么思路开始店铺的推广

带领一家店铺或者一支团队的逻辑思路远远比技巧更重要。很多人听了笔者的运营思路都是连连摇头，感觉不靠谱，但是笔者的团队就是实现了过亿元的销售额。

店铺推广的逻辑最重要的一条就是看数据，所有的产品尽量放在相同的起跑线上，让顾客帮你选择爆款。很多电商运营人员都希望将某一件产品打造成爆款，笔者认为这是做电商最错误的运营逻辑。这就好比如果一个家庭只有一个孩子，那么父母肯定会努力培养他出人头地；如果一个家庭有多个孩子，让他们自由成长，只要孩子足够多，肯定会有一个出人头地。

换个角度看问题，你会豁然开朗。发布产品的第一天要零利润销售，当顾客帮你选好爆款后，爆款价格基本不变，提高非爆款产品的价格来为店铺盈利。是不是发现笔者的运营手法和很多人完全不一样？很多人都是发布产品的第一天全线盈利，后期发现有爆款的苗头，再降低爆款产品的价格。在一个依靠反应速度立足的互联网时代，这样的测品速度不是不正确，而是太慢了。

选出爆款之后再运用一定的技巧进行推广，如加关联分流、提升店铺其他产品的转化率、寻找高转化率产品强制注入流量等。强制注入大流量联盟营销就是一个具有超高性价比的选择。

3.3.5 店铺服务怎么办

用什么思维去做店铺服务

将心比心、热情服务、高度专业是服务行业的三条基本原则。通俗地说,就是你最喜欢去哪家商场或者餐厅享受服务,尝试着照搬其服务模式即可。比如,笔者最爱去的商场,服务生都微笑服务,他们在顾客需要的时候会科普产品信息并耐心推荐,在顾客要求退换货时会快速解决而非争辩推诿,在顾客购买商品后会不定期询问使用感受。

人人都想做一个处处被照顾的顾客,有没有想过我们的顾客也有同样的想法呢?

3.3.6 突发新问题怎么办

产品突然出状况,店铺突然出状况,团队突然出状况

在写到此段落的时候,笔者的团队里有两家店铺向我求援,这些问题在电商的漫漫长路中早晚会遇到,举个例子,如图 3-2 所示。

图 3-2

这是一个产品突然出现状况的案例，项目组长给笔者留言说："这个排名不错的产品昨天突然怎么搜都搜不到了，像被屏蔽了似的，在 Order 排序里也找不到。"

笔者的回答是："先自查一下，比如，换几种浏览器看看、换手机端看看、看一下店铺里所有的 Deep 有没有标题重复的。如果没有问题，再去问客服。"

产品突然出现状况找不到原因主要有三点：（1）平台调整，所有产品顺序被打乱，这种概率不大，通过整个行业的基本排名也能看出端倪；（2）做了失误的权重操作，如重复铺货、提价销售、偷换链接、非法炒信等，平台会自动降低权重；（3）产品品质不过关，服务跟不上，导致大量中差评，影响店铺排名。

失误的权重操作体现的是公司软实力技巧和对平台知识的了解，而大量中差评体现的是团队的硬实力及对产品链和服务端的把控。

如图 3-3 和图 3-4 所示就是店铺突然出现状况的例子。笔者的另一个同事询问各项数据突然降低了要怎么救店铺。其实这个问题不难，有时只是因接到了几个中差评才导致分数骤降，而要提升 DSR 各单项数据，就要努力减少中差评。

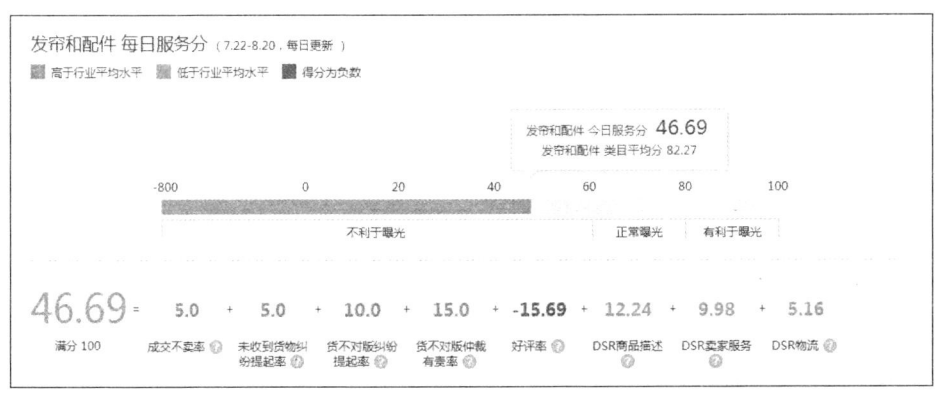

图 3-3

图 3-4

减少中差评的方法主要有：（1）货品质量过关；（2）图文精准不夸大；（3）客服专业热情，保持跟踪；（4）物流快速精准；（5）提前引导顾客有事先联系卖家，赔付慷慨及时。

团队突然出状况其实是最糟糕的，笔者遇到的最严重的状况就是"双十一"前半个多月，我刚到英国，团队里的最高主管突然离职，大量客户数据被转移，主要店铺数据疲软一个多月，我当时恨不得直接买机票第二天就回来。好在一切还算正常，在"双十一"当天我们在120美元的平均客单价下爆单接近20倍，当天单店出单1400多单，销售额约为17万美元。

从那之后，笔者考虑到做计划要有备选方案，团队人员构成更是如此，团队中所有岗位都变成了主、副至少两个人同时合作的形式，要想提升职位，必须先培养出两个可以替代你的人。从此笔者的团队里再也没有因为某个人的离开而导致团队瘫痪，笔者也有了足够多的人去排兵布阵。

在2017年劳动节前后，笔者的团队更是遇到了一件前无古人的奇事。笔者团队里一名月销15万美元以上、从业两年多的项目组主管因为想回家调养身体，笔者要将她从项目组长暂调整为组员，她在劳动节期间反馈说因为操作失误，删掉了店铺里销售额排名前三的三个产品，导致店铺销售额从15万美元下降到3万美元。删除一个产品在速卖通店铺里需要连续三次点击确认删除才能删除成功，可见人心隔肚皮，世界之大，奇人层出不穷。

在团队里，除了高管离职，还有两点也会损伤元气，在此提出请读者规避。其一是同事之间相互了解薪水，其二是办公室恋情。对此笔者的做法是一次提醒、二次请离，别无他法，仅供参考。

第 4 章

跨境电商产品策略

本章要点：

- 跨境电商初期选品
- 跨境电商中期产品线建立
- 跨境电商品牌长期培养

做跨境电商，不管是在平台上开店也好，还是自己创建独立网站也罢，最终目的只有一个——把产品卖出去，把利润收回来。

既然是卖产品，那就涉及这些问题：

卖哪些产品？

在哪里卖这些产品？

怎样卖这些产品？

卖这些产品要怎么长期发展？

是否建立了一定门槛就可以高枕无忧？

怎样自我否定式地循环向上发展？

……

由于做跨境电商换产品线几乎等同于换行业，所以，我们需要严肃认真地对待产品线的建立和发展。

本章笔者将从多年跨境电商运作经验出发，结合期间观察到的同行产品运营技巧，为读者阐述跨境电商产品策略，主要包括跨境电商初期选品、跨境电商中期产品线建立、跨境电商品牌长期培养。

4.1 跨境电商初期选品

这里所说的跨境电商初期并不是指卖家对电商处于一种一无所知的状态，而仅仅是说对跨境电商这个特殊行业知之甚少。跨境电商不同于传统外贸，也不同于以批发订单为主的在线B2B（Business to Business），更不同于国内电商。跨境电商多以在线零售和小额批发为主，其中涉及产品质量、物流、边检、关税甚至航空安全等一系列环节，我们需要用大量订单来不断尝试，最终通过多次错误甚至亏损来选出适合自身经营的产品线进行深度运营，这才是跨境电商初期选品的目的。

处于跨境电商初期的一般有三类卖家：一是没有任何电商经验也没有固定产

品资源的卖家；二是有国内电商经验也有正在运作的产品资源，但没有跨境经验的卖家；三是开设工厂或者能拿到工厂资源支持，但没有跨境经验的卖家。

对于处于跨境电商初期的卖家来说，急需完成的是对跨境交易流程和经验的积累，不仅包括积累产品发布、客服沟通、国际物流等知识，更重要的是找到适合自身经营的某条或者某几条产品线。

在熟悉跨境电商流程的初期，如果有条件，那么卖家可以不拘一格地选品，天马行空、无所畏惧，也可以不必听所谓"跨境老人"的建议，直接在平台上发布自己想要操作的、有稳定货源的产品（注意部分平台有类目限制，比如速卖通平台上一个账号不能单店跨经营范围，具体详见 http://seller.aliexpress.com/so/scope.php）。

由于物流和检验检疫及关税等方面的原因，一些在国内热销的普通产品跨境卖到国外往往不那么方便。如国内快递发送液体性质的化妆品、各种粉末、带电池件甚至纯电池等，这在国内是稀松平常的事情，但跨国运输尤其是航空运输会对包括上述类型产品在内的多种容易影响航空安全的产品进行严格限制。如果一定要做这些类型的产品，则请务必在发货之前详细询问物流公司或者货代公司。

另外，部分国家对部分类型的产品有严格的检验检疫要求，以动植物制品居多。比如澳大利亚对竹林制品大货要求做熏蒸证明，证明产品经历过熏蒸，没有有害生态环境的生物、微生物，才允许进口。

以上只是物流和检验检疫方面的选品误区，需要合理规避。还有一点需要注意的就是"跨境老人"的建议。

正所谓"闻道有先后，术业有专攻"，哪怕是做得再久的资深人士、在行业里处于顶尖水平的操盘手，也不可能对所有行业、所有平台、所有国家的特点完全熟悉。"跨境老人"的建议可以让新手、新团队避开常见的问题，但他们的学识和经历不能完全替代新生团队里所有的经验。不能因为听到某某资深人士说哪一类或者哪几类产品不能做就在选品的时候完全避开，也许是他对那一类产品不熟悉呢？也许是他没有相关资源呢？或者他也是道听途说来的经验呢？

那么，怎样在对跨境电商完全没有概念的时候、在只有国内电商运营经验的时候、在仅有工厂配合生产的时候最大限度地避免物流、检验检疫、关税等各种"坑",同时又以最小的代价找出适合我们自身经营的产品、产品线,并且迅速完成跨境电商交易全过程经验的积累呢?其实很简单,看现在什么东西热销就行了。说直白点,在跨境电商初期,什么东西卖得好我们就卖什么。

热卖的产品之所以热卖,肯定有它的道理,要么价格合适、要么技术新颖、要么引领潮流,或者恰好在平台主推地区覆盖了当地空白。发现这种热销品并且跟着去卖是一种见效最快的方法,能在极短的时间内帮助我们建立起外贸的基本概念、熟悉跨境贸易的整个流程。

现在各大平台上卖得好的产品肯定是经过众多买家挑选、由卖家实际发运并且能赚得利润的。我们只需要跟进上架,只要价格不是特别离谱,一般都能出单。具体操作应该结合自身货源情况(是去市场拿货还是网络采购,初期不建议压货),尽可能多发布一些产品。如果有可能,则可以多经营一些类目。

怎样发现这些产品?有两个现成的工具,第一个工具是速卖通里的 Best Selling,在速卖通的首页就可以找到链接,其界面如图 4-1 所示。Best Selling 是速卖通平台对其各个类目下热销产品的汇总,以周为单位进行排序,在这里可以看到当前各个类目的哪些产品热销,同时可以通过到国内淘宝或者 1688 平台查找大致供应成本价来判断是否可以上架销售。

第二个工具是专门分析 eBay 平台数据的 Watched Item(www.watcheditem.com),如图 4-2 所示。该网站专门用来抓取 eBay 平台各个国家站点成效数据,原本服务于 eBay 卖家,但因为速卖通的买家构成和 eBay 的买家构成极为相似,于是众多速卖通卖家也到这个网站来查看热销品和当季流行趋势(需要注意的是,eBay 和速卖通分属不同国家,适用不同的法律体系,很多 eBay 上能卖的产品在速卖通上不一定能卖,各位卖家朋友需要了解速卖通上"违禁品禁限售"及"知识产权专题"等相关信息)。

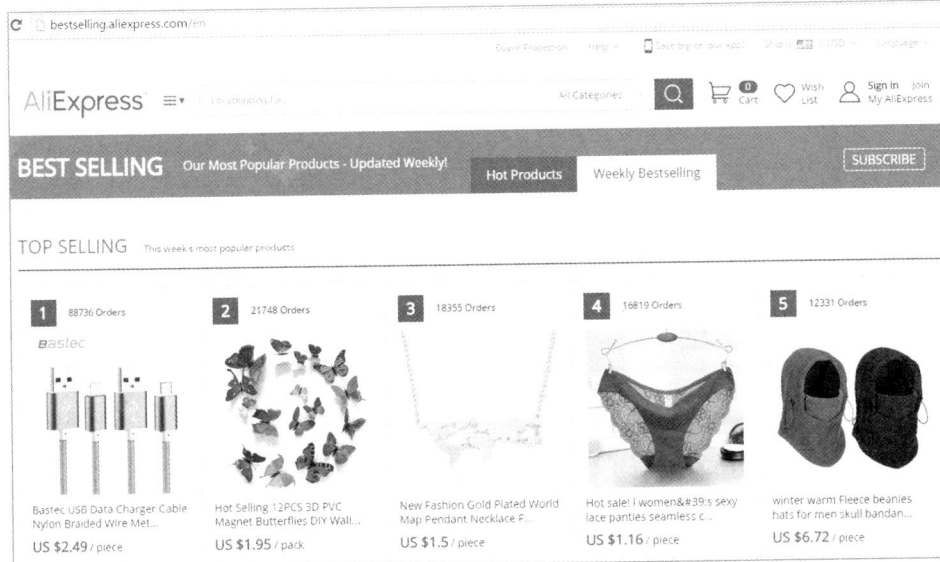

图 4-1

图 4-2

第4章 跨境电商产品策略

发现了适合跨境销售的产品之后怎么办？是不是马上弄一大堆库存回来？或者马上让工厂生产一堆库存压着？当然不是。压库存那是中期定了产品线之后的事，我们前期追求的就是量小、灵活、快进快出，以积累产品线运作经验。

初期发现了适合自己运作的产品之后先不要压货，而要把产品上架到平台上去。

产品上架的资料从哪里来？从该产品的官方网站来、从当地批发市场档口老板的QQ空间或者网站来，甚至直接从1688上面来。

价格怎么定？贴着平台热销的几个链接定（不要打价格战）。

出单之后怎么办？到当地批发市场拿货，或者从1688、淘宝网采购。

发货怎么发？联系货代公司或者到速卖通卖家物流专区学习并找到解决方案。

只要发过几次货，对整个选品、定价、采购、发货等流程就会有比较深刻的体会。等做一段时间收回了部分钱款并且提现之后，就算走完了整个流程。走几圈下来一般需要半年左右，这期间会出现很多问题，如压款严重、发货遇到安检、仿牌或者疑似仿牌、物流退件、客户质量问题或者物流问题纠纷等。这些都是很正常的，需要以平常心对待，同时找出问题所在：

什么样的产品质量总是有问题？

什么样的产品物流总是有麻烦？

什么样的产品在价格上我们无法取得优势（例如，离产地太远、竞争太过激烈、工厂起订量太大……）？

经过前期的摸索，我们就要对所经营的产品、产品线进行梳理，淘汰那些经常给我们带来麻烦的产品线（哪怕有订单、有利润），保留一条或者几条优势产品线进行深度经营。

4.2 跨境电商中期产品线建立

经过前期辛苦建立起来的产品线按一般规律来说应该是如下几种情况中的一种：

一是某一类型产品的合集专卖，不限定品牌，如全店只卖行车记录仪。

二是某一品牌的专卖代理，比如 TP-Link 专卖店。

三是某一个大类目产品的合集，不限定产品，比如孕婴童、户外、家居等。

切忌开"大超市"，即在一家店铺里什么都想卖，那样不仅自己不好操作，平台也不允许，客户也不买账，而且经营不同类目会极大地分散精力。所以，请把一家店铺的产品线控制在一条或几条。

在产品运营中期我们需要培养的是议价能力，讲究低进高出，在保证产品质量的前提下尽量压低进价来取得平台上的主动权。最佳的做法就是对热销的产品批量备货，甚至对看中的潜力款产品一次吃进大量库存，同时把平台上的售价优化到极致（供应商限价的产品除外），吸引平台订单，在快进快出实现资金回笼的同时牢牢地掌握产品链接排序。

注意： 限价是指品牌商或者供应商为了保证整个供应链条都有合理利润并且能让品牌得到良性发展而限定某款产品终端最低零售价格的管控行为。

这并不是打价格战，很多卖家之所以拿不到优势价格，是因为利润大多被中间商吃掉了。通过大量备货确实可以压低供货价格，甚至和初期到市场上零散拿货有着很大的价格差异，并且有合理的利润空间。只不过表面上看起来和同行相比价格低得离谱，但确确实实有利润。那些所谓的大卖家也都是这么做的，他们渠道多，一批库存多个渠道一起出，很快就出完了。我们也许不像大卖家那样有雄厚的资金支持，但我们完全可以集中资金专攻一款产品，先做成爆款再做下一款，从而形成良性循环。

产品运营中期还应注意什么？

因为有了前期运营的积累，我们不再是"小白"。但是，仅仅依靠批量采购或者从工厂直接订货把价格优化到极致、在平台上做做爆款来赚取更多利润就到顶了吗？不是，远远不止这些。做爆款只是为了让店铺活跃起来，让公司忙起来，真正要做的事情还有很多。

目前整个行业看得到的顶端是经营自主品牌产品，但从"小白"一下子跳到经营自主品牌产品似乎缺少了点什么，发展得太快心里不踏实。缺少的是什么呢？缺少销售渠道的稳定性，或者说缺少一种能保证把产品卖得好的自信心。这些东西需要积累、沉淀，最好是总结经验，形成规范化的内部流程制度。

目前行业里的大公司基本上都是多渠道经营，这里的渠道是指销售渠道。一款产品多渠道上架，一起发力，只要产品本身不是特别冷门，一般情况下都能取得不错的销量。比如，某公司从工厂订了 1000 PCS 某款定制的数据线，到货之后包括该公司自建商城、速卖通平台、eBay 平台、亚马逊平台、Wish 平台等渠道全部同时上架，很容易就能把这 1000 PCS 销售完，甚至在个别渠道还能卖成爆款。这样一来再向工厂返 1000 PCS 或者 1500 PCS 的单就有议价权了。

如果没有上述多渠道销售团队怎么办？那么我们可以在单一渠道上把玩法和可利用的资源全部搞清楚，通过对多个成熟产品的运作来掌握单一渠道流量汇集技巧，争取形成自己独有的爆款打造套路。如果有可能，则可以把摸索出来的爆款打造技巧建立内部文档保存下来，以方便新入职的同事学习，同时也能在打造下一款新品的时候有据可依。

接下来以速卖通平台为例，说明单一渠道如何掌握流量并且把流量引导至想要推爆的产品上来。

速卖通平台产品流量汇集示意图如图 4-3 所示。

任何一个销售平台都有自己独有的一套所谓"玩法"，不同平台具体的细节不一样，但总体而言都可以用"流量+转化=订单"这个公式来概括。

速卖通平台也许是诸多跨境电商平台里玩法比较复杂的，其实仔细想来，要把产品在速卖通上做好也没有想象中那么难，具体的流量汇集和转化包括产品上架、站内流量、平台流量、站外流量等几部分，每一部分都尽力去做就可以了。

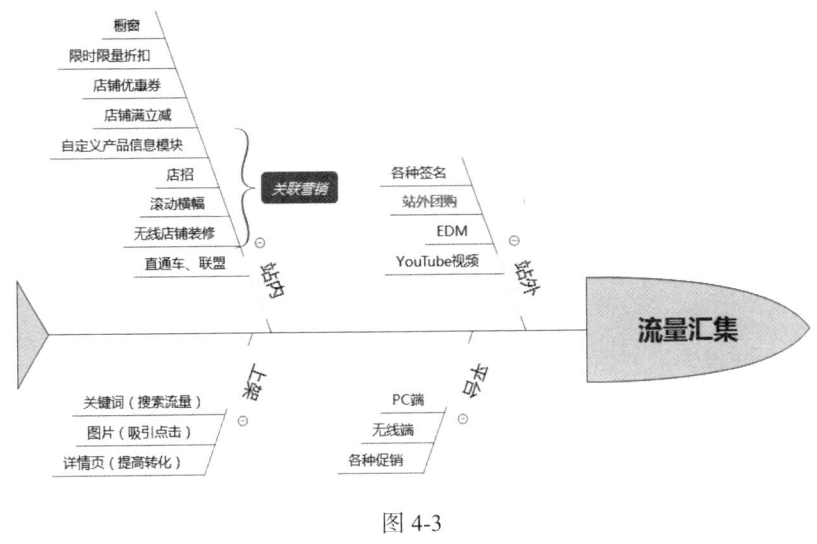

图 4-3

4.2.1 产品上架

图 4-3 中的上架其实是指产品上架,产品上架是所有事情的前提条件。通俗地说,我们做电商的,不管是国内还是国外,卖的不是产品,而是产品图片和产品详情页。在速卖通里,产品上架这一步需要注意关键词、图片、详情页这几点。

1. 关键词

关键词的作用有两个:选产品、凑标题。

速卖通的关键词来源请各位卖家朋友重视一个地方,即数据纵横—商机发现—搜索词分析,如图 4-4 所示。

速卖通的搜索词分析全部是基于买家真实搜索结果的筛选展现,是来自速卖通平台的一手信息。并不是说其他的关键词工具不好用,而是不同的关键词工具的侧重点不一样,其他网站如 Google 的关键词工具可能覆盖范围更广,但不一定更接速卖通的"地气"。加上卖家平时工作非常忙,根本没时间对比多个关键词工具提供的数据,所以,建议速卖通卖家更多地关注速卖通搜索词分析这一工具。

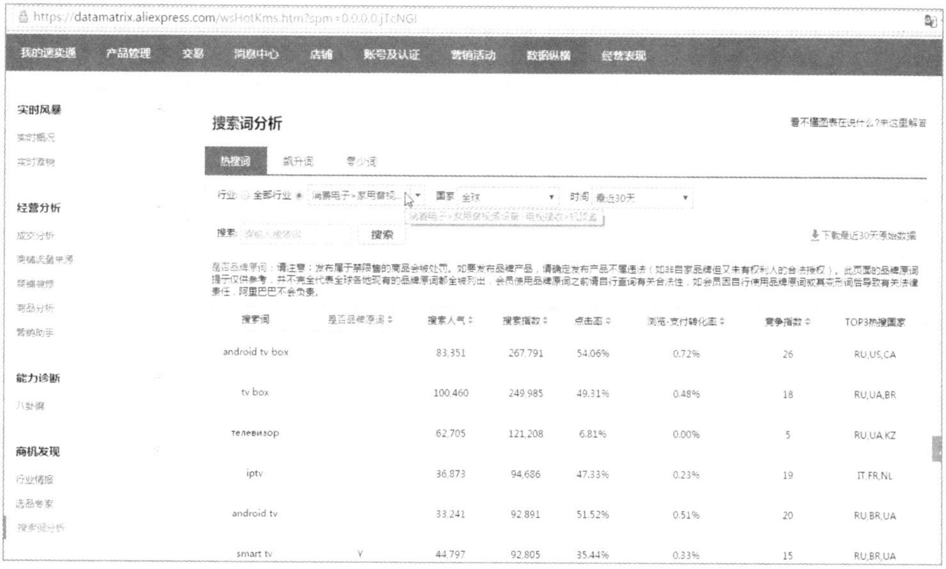

第 4 章 跨境电商产品策略

图 4-4

这个工具的用法有两种：一是选品；二是凑标题。

选品这一点很好理解，即通过选取到欲发布产品所在的最后一级类目、选取全球最近 30 天查看有哪些关键词被买家搜索，搜索指数越高的词表示那一段时间平台上的买家倾向于购买与那些词相关的产品。通过这种方法可以判断上新品的时候挑具有哪些特性的产品，甚至可以从搜索词分析中直接找到具体的产品型号。

凑标题这一点就不是很好理解了，因为大多数情况下卖家喜欢复制别人家的标题甚至从别的平台复制标题到速卖通平台。这样做看上去是省事了，其实并没有做到完美。标题是做给谁看的？标题是做给机器看的，进一步说，标题是要做搜索权重的。搜索权重怎么抓？自然是买家搜什么我们就做什么关键词。

复制别人家的标题不能保证别的卖家写的标题就是包含平台热搜词的，而从别的平台复制标题到速卖通平台更有可能"水土不服"。

速卖通平台上的做法应该是把买家搜索的关键词下载下来，按搜索指数从高到低排序（默认排序），然后把与所发布的产品相关的热搜词全部放到标题的 128 个字符里，捎带注意一下英文语法通顺。

2. 图片

这里所说的图片是指产品发布的时候上传的 6 张图片，6 张图片的第一张又被称为主图。我们要在这 6 张图片里直观地展示产品的各个方面，尽可能地解决客户的常见问题。

有关 6 张图片的具体要求，速卖通平台已经有了详细的指导说明，详见 http://seller.aliexpress.com/so/tupianguifan.php，请各位卖家遵照执行。

在这里仍要强调的是，请各位卖家一定要认真对待这 6 张图片的摆放。因为现在无线端的交易占比越来越高，而买家用无线端购物的时候不一定会查看详情页，但他们一定会而且能够看到这 6 张图片。6 张图片的选取请本着一次性解决买家常见问题的原则，图片的大小及摆放顺序请遵守上述链接里的图片规范。

虽然上述链接写的内容是"服装箱包行业图片优化规范要求"，但实际上这个规则适用于所有行业。如果你现在看到没有遵循这个规范要求的产品依然有着不错的排序，那是因为分管这个行业的"小二"考虑到这个行业图片优化整体效果还没有提升而暂时容忍这种行为，待这个行业卖家图片优化整体水平提升后，就会对那些不符合规范的产品链接进行处理，请各位卖家一定要引起重视。

3. 详情页

详情页的作用是提高转化率和布局关键词。

如图 4-5 所示是速卖通平台目前比较流行的电子产品详情页产品发布参考格式。

目前比较通行的速卖通详情页布局方法是三段式，即最上面一个是"顶部关联营销信息模块"，最下面一个是"底部物流说明信息模块"，中间是每个产品都不相同的产品详情。这种做法有一个好处，就是可以很方便地修改关联营销信息模块和物流说明信息模块。一旦更换关联营销信息模块或者物流说明信息模块的内容，使用了这些模块的产品就会同时更改过来。

对于电子产品而言，要想让详情页有一个不错的"攻

图 4-5

心力"，按照上述参考格式布局文字和图片即可。其中，效果图、实拍图、正/仿品对比、授权证书、库存照片、好评截图、销量截图是用来增加产品立体效果和提高"攻心力"的。一个电子产品如果上全了这些图片也就差不多齐备了，再增加更多图片也只能起到锦上添花的作用。

在这里要强调的是产品标题、简要描述、参数说明、包装信息这几处，它们是用来布局关键词的。虽说详情页里的关键词权重目前很微小，但是我们仍要本着完美主义的心态在发布产品之初就把能布局关键词的地方全部布局。

产品标题中肯定是要包含关键词的，毋庸置疑。

简要描述部分并不是每个产品都有的，对于很复杂的产品，可以在这里提炼几处卖点，其中应包括我们想要优化的关键词。

参数说明部分是最容易被忽视的，而且很多电子产品卖家喜欢用截图的方式把参数说明表格放进来，这样做不妥。要用文字化的表格把参数说明放进来，包括我们要优化的关键词。

包装信息则不好理解，这里不是指详情页编辑完之后的尺寸和重量信息，而是人为地在详情页下方、物流产品信息模块之前放一段话，如"What's in the box?"，接着另起一行写上带有关键词信息的一段文字，如"1 x Cell Phone"。

这样一来就比较合理地在详情页布局了我们想要优化的关键词，同时也照顾到了产品的转化。

4.2.2 站内流量

产品发布完成并不是工作的结束，而是产品推广的开始。要想把这个产品打造成爆款，后续还有一系列的工作需要完成，包括站内流量、平台流量、站外流量等，所有流量都要想办法抓到手。

这里所说的站内流量是指自己能够控制的流量，按控制力从强到弱分为三档。

1. 一档，自定义产品信息模块、店招、滚动横幅、无线店铺装修——关联营销

要想把某个产品打造成爆款，产品发布完成后的第一步就是把流量汇集到这个产品上，其中店铺里面的流量要想办法先汇集起来。

怎么处理？

把已经插入店内各个其他产品做关联营销的自定义产品信息模块修改一下，放入我们要推广的产品中，让客户在浏览其他产品的同时也能看到我们要推广的产品，增加点击访问的可能。

把店招、滚动横幅直接链接到该产品上（这一点很关键，是直接链接到具体产品，而不是链接到产品分组或者某个关键词的店铺内部搜索结果页面）。

同时，要在无线店铺装修里增加图片模块，该模块也要链接到具体的产品页面。

2. 二档，橱窗、限时限量折扣、店铺优惠券、店铺满立减——加权引流

速卖通的橱窗不是指有一个固定的地方展示产品，而仅仅是一种曝光加权。速卖通的橱窗经过几年的发展，已经从原来的长期轻微加权演变成现在的7天强加权，各个账号的橱窗数量是由后台卖家服务等级决定的。

一个橱窗应用到某个产品之后，在7天之内不能取消和更换，在这7天里对应的产品会得到包括搜索加权在内的一系列曝光加权。如果想要把某个产品打造成爆款，或者推到搜索排序前面，那么请给这个产品加橱窗。

限时限量折扣活动是用来吸引买家注意、不被买家筛选打折商品时筛选出去及做营销价的。尤其是设置了手机端限时限量折扣的商品，在手机端搜索结果展示的时候会有一个特殊的手机折扣标识，比较醒目，能吸引买家更多的点击。

店铺优惠券是用来引流和增加店铺活跃感的，速卖通平台会对所有的店铺优惠券进行集中推广展示，会给店铺带来一部分额外流量，而且设置了店铺优惠券的店铺看上去比较活跃。

店铺满立减是用来提高客单价及增加转化率的，一般根据店铺当时的客单价来设置满减门槛及满减额度，通常满减门槛比当时全店的客单价高一点就可以了，而满减额度可以根据各自产品利润率的情况来灵活设定。

现在普遍把限时限量折扣、店铺优惠券和店铺满立减作为日常活动，既引流又增加转化率，一举多得。

3. 三档，直通车、联盟——付费工具

直通车和联盟都是付费工具，请务必在产品详情页做到完美、店铺内部引流工具使用好之后再考虑这两者。

直通车重点推广的产品和联盟的主推产品务必是转化率高的产品，因为对于转化率低的产品来说，哪怕给它加上翻倍的流量也依然无效。

有关直通车和联盟，请参考速卖通大学出版的其他更为专业的书籍和线上、线下课程，此处篇幅有限，就不多展开了。

4.2.3 平台流量

平台流量是指除自己店铺能控制的流量以外的平台活动所带来的流量。

为什么在这里要把平台流量和站内流量分开呢？因为平台流量是卖家自己控制不了的。参与平台活动不仅需要有价格优势、产品技术优势，还要符合平台活动的报名条件等。能否参与某个平台活动既与产品本身有关，也与卖家的操作有关，同时也有一点运气成分在里面。

平台活动大致可以分为平时的 PC 端平台活动、平时的无线端平台活动和不定时的大促活动，不同规格的活动对卖家的要求也不一样。作为业务主管或者部门经理，我们可以要求下属所有店长或者运营人员尽可能地参与后台能提交报名的所有活动，一来可以提高活动入选的概率，二来可以积累成功报名平台活动的相关经验。

平台流量能抓就尽量抓，抓不到也没关系，我们可以通过站外流量来弥补。

4.2.4 站外流量

这里所说的站外流量不完全指从站外引流进来的流量，而是一种与平台无关的流量的统称。目前比较常用的是各种签名、站外团购、EDM 和 YouTube 视频。

1. 各种签名

各种签名是指自己能控制的各种聊天工具、邮件软件附带的签名，比如 TradeManager 的个性签名、TradeManager 的自动回复、Skype 的个性签名、本机邮件客户端软件附带的邮件签名、网页版邮箱里的邮件签名等。千万不要小看这些细微之处，这些签名不仅是客服人员精神面貌的体现，而且是能让客户直接点击访问的有效途径。

2. 站外团购

站外团购在 3C 电子类产品行业里操作得比较多，有条件的卖家可以尝试谈独立的导购网站，如 Uberdeal.ru，甚至可以购买这类网站的广告 Banner；没条件的卖家可以试着到 4PDA 和 Mysku.ru 这两个网站里跟帖引流，也能取得不错的效果。

3. EDM

EDM 是指许可式电子邮件营销，我们可以整理好自己店铺里的历史买家数据，针对老买家的邮箱进行营销（前提是不要滥发垃圾邮件）。不同的 EDM 服务商对速卖通平台上客户邮箱数据的发送能力不尽相同，各位卖家在试用的时候要注意甄别，因为速卖通平台上的客户邮箱绝大多数是 gmail.com、yandex.ru、mail.ru 之类，如果被拒或者软弹回，则会造成不小的浪费。

另外，值得一提的是，通常情况下，EDM 的转化是有限的，因为大多数时候我们不会去甄别买家的购买喜好，而一股脑地把同样内容的 EDM 邮件发到所有买家邮箱去。这种没有经过加工的普通 EDM 发送消耗的费用算下来和开直通车差不多，各位卖家可以根据自身情况来判断是否采用 EDM。

4. YouTube 视频

YouTube 视频引流是目前的一种主流站外引流方式，因为 YouTube 网站在全球的受欢迎程度可见一斑。我们要找到合适的频道主，请频道主为我们录制视频放到他们的频道里去，同时附带我们的链接。而我们要做的仅仅是给频道主发一台样机，或者支付少许视频录制费用。

YouTube 视频引流如图 4-6 所示。

第 4 章 跨境电商产品策略

图 4-6

YouTube 频道主为我们的样品拍摄视频并放到他们的频道里，同时在视频说明里放入短网址，访客一旦对我们的产品感兴趣，就会点击短网址，然后跳转到我们的产品链接下单购买。

如何判断某个 YouTube 频道的规模？以 10 万粉丝和 50 万粉丝为界限。

以我们推广电子产品的经验来看，低于 10 万订阅粉丝数量的频道可能效果不是那么理想，10 万~50 万粉丝之间的频道不论是影响力还是专业程度都是居中的，而且低于 50 万粉丝的频道主往往只需我们给他发一台样机即可，他会免费帮我们录制体验视频。

而高于 50 万粉丝的频道往往就比较专业了，频道主往往会在要求样机的同时要求付视频录制的费用。如果你想要把产品打造成爆款，而且预算允许，那么建议你尽量找有 50 万以上粉丝的频道主，效果会很不错。

如果能够做到把流量汇集渠道梳理清楚，同时又有争取平台活动的实力，那么，产品运营中期就算做得很不错了。如果再有一款或者几款产品想要请我们推爆，则也能按自己的思路和经验一步一步地把流量做起来。这个阶段的卖家应该不会再满足于在平台上卖货了，通常会往横向和纵向两个方向发展。

所谓横向，就是把摊子铺开，在同一个平台上多开账号，或者经营不同的平台，甚至上马自己的独立网站。所谓纵向，就是在一条或者几条产品线里深耕，打造出自己的品牌。

鉴于现今资本已经充斥了各个行业，跨境电商行业也不例外，我们建议卖家在自己擅长的产品线里深耕，不要在没有把握的时候搞"大跃进"，把摊子一下子铺很大，那样很容易分散精力、顾此失彼，到头来可能还不如一门心思地经营单一产品线。

4.3 跨境电商品牌长期培养

虽然现在以速卖通平台为代表的跨境电商平台都要求卖品牌产品，但从平时与卖家的交谈当中得知大多数卖家还是在卖别人家的品牌。要么是借助别人家品牌的名气，如小米；要么是借助别人家品牌稳定的货源。总之，迟迟没有迈出自主品牌的第一步，久而久之就会沉迷于卖别人家品牌的产品，从而生出依赖性，不利于自主品牌的发展。

既然到了产品运营后期，那么卖家对各种平台上的玩法和站外的流量渠道都已经掌握得差不多了，再单纯从产品这个维度来考虑经营方向已经不合适了，需要更上一层楼——经营自主品牌。经营自主品牌可以保持更高利润，同时给同行树立较高的门槛。

其实做自主品牌并不像想象中那么难，现在成熟的商业环境使得做自主品牌变得很容易了。一个品牌注册下来之后，先到速卖通平台提交入驻申请，通过之后就开始上架产品。做自主品牌的产品，按困难程度从易到难分别是：贴标签、丝印 Logo、深度定制、自主开模、完全自行设计订货。

1. 贴标签

贴标签可能是做自主品牌最容易的方式，做一批带自己品牌 Logo 的类似于防伪贴一样的标签，往中性产品上一贴，就可以算自主品牌产品。这里所说的中性产品是指不带任何品牌信息的产品，以避免侵权。

贴标签容易控制数量，对于刚开始推广自主品牌的卖家来说比较适合，尤其是电子产品。因为是用标签往上面贴的，比较灵活，也就没有起订量的要求。

2. 丝印 Logo

丝印 Logo 是电子产品里面最常见的把中性产品变成品牌产品的方法，通常是应客户要求在小批量批发电子产品上面丝印客户指定的 Logo，现在也用这种方法来批量定制自主品牌的产品。

丝印 Logo 到产品上的好处是显得正规，不像贴标签那样随意。但丝印 Logo 往往有起印量的要求，量太小了做起来会比较贵，量大一些摊到单个产品上会便宜很多。如果有可能，则不仅可以在产品机身上做丝印，还可以在包装盒上做丝印。

3. 深度定制

与贴标签和丝印 Logo 不同，深度定制往往对应着一系列操作，如蚀刻工艺的选择、包装内衬的设计、包装盒的设计等。

如图 4-7 所示是某款采用特殊蚀刻工艺印上 Logo 的某品牌 USB Type-C 转接头。

图 4-7

该款 USB Type-C 转接头采用黑白两色混装的模式搭配销售，能普遍适应目前带有 USB Type-C 接口的手机。与此同时，该款转接头还采用了定制化包装，从内衬到外包装的印刷全部采用品牌化定制，如图 4-8 所示。

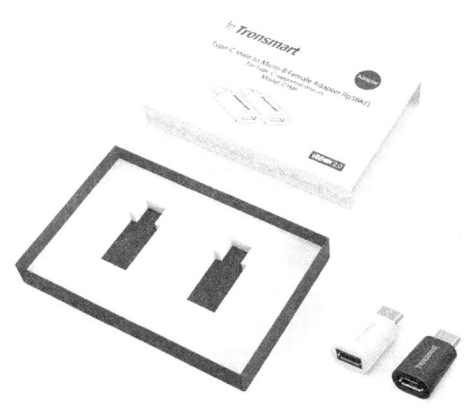

图 4-8

这样的产品往往给人一种"用心在做"的感觉，无须担心质量，而且从外观上来看非常高端、大气、上档次，只要详情页加工得好，价格稍微有点优势，很容易就能打造出爆款来。

4. 自主开模和完全自行设计订货

目前尚不具备自主研发能力的公司在电子产品领域要想做自主品牌，到深度定制就已经是一个坎了，要想跨过去得有资金实力和技术人才的支撑，跨过去之后就到达自主开模和完全自行设计订货阶段了。

这两个阶段要与工厂紧密联系，而且要看准产品再动手，因为开模费不便宜，随便哪个电子产品开私模起步就几千元，动辄上万元，而且还不一定能成功抢占市场先机，而一旦抢占，利润也是相当可观的。

那么，是不是永远不要抢第一波、不做第一个吃螃蟹的人呢？不是。

要看自己品牌所在行业的技术走势，该做的还是要做，该抢先的还是要抢先，有的机会错过了第一波就不会再有第二波。具体涉及的行业规则和技术趋势在这里就不展开讲了。而且，能做到开模甚至自行设计的公司，在对产品的判断上会有一套自己的方法，无须多言。

是不是到了产品运作的山顶就可以高枕无忧了？不是，而且有这种想法是很危险的事情！

产品和产品线运营是持之以恒、贯穿整个电商运作的事情，一个好的产品只能红极一时，不可能红极一世。所以我们要不断地改进现有产品，进行自我否定，甚至通过选出更合适的产品来直接淘汰现有产品。

可以通过如下几个渠道收集建议和意见来实现自我否定式循环发展。

1．供应商的建议

供应商往往对产品本身有着更强烈的感觉和把握，他们会主动淘汰那些滞销的产品，听从供应商的建议会让我们省不少事。同时，也可以关注供应商最近推出的新品，争取早点试用，如果合适，就直接贴自己的品牌。

2．客户的建议

客户的建议来自使用一线，因为我们毕竟不是外国人，也无法模拟出客户使用产品的所有环境，所以，听听客户的建议对我们改进产品有很大帮助。很多时候，我们的第二代、第三代产品就是在汇总了客户建议的基础上改进生产出来的。

3．平台的建议

平台的建议是指来自速卖通这种跨境电商平台的建议，它往往代表着潮流趋势、技术走向或者某项空白。跟着平台的建议走，起码是符合平台要求的，人的方向不会错。如果稍加运作得当，则很容易在平台上打造出一个爆款来。

4．内部的分歧

对内部的分歧也要重视。内部之所以有分歧，肯定是因为对这款产品或者这条产品线有不同的看法。比如，某销售人员认为产品外包装太重，增加了运输成本，此时就应该针对这款产品的外包装进行改良，争取减少实重和体积，从而节约成本。

我们做电商，无论是在国内还是在国外，归根结底是在卖产品，产品的好坏直接影响着我们的利润和口碑。选品和经营产品线会一直伴随着电商企业成长，任何电商企业想要做大做强，都要在选品上下苦功夫。

先熟悉某个平台的所有玩法，再由易到难地选品，并且切换到做自主品牌产品上来，同时要以自我否定的精神来淘汰不合时宜的产品，最终实现良性循环发展。这期间会有困难，会有害怕，但是不要畏惧，请慢慢尝试，总结经验，一步一个脚印，总能站到产品运营的山顶。

第 5 章

跨境电商营销策略

本章要点：

- 站内营销工具使用策略
- 直通车营销
- 联盟营销
- 平台活动推广策略
- SNS 等站外营销

5.1 站内营销工具使用策略

5.1.1 限时限量折扣

限时限量折扣指的是在有效的时间里选取你要设置折扣的产品，折扣灵活。其设置入口如图 5-1 所示。

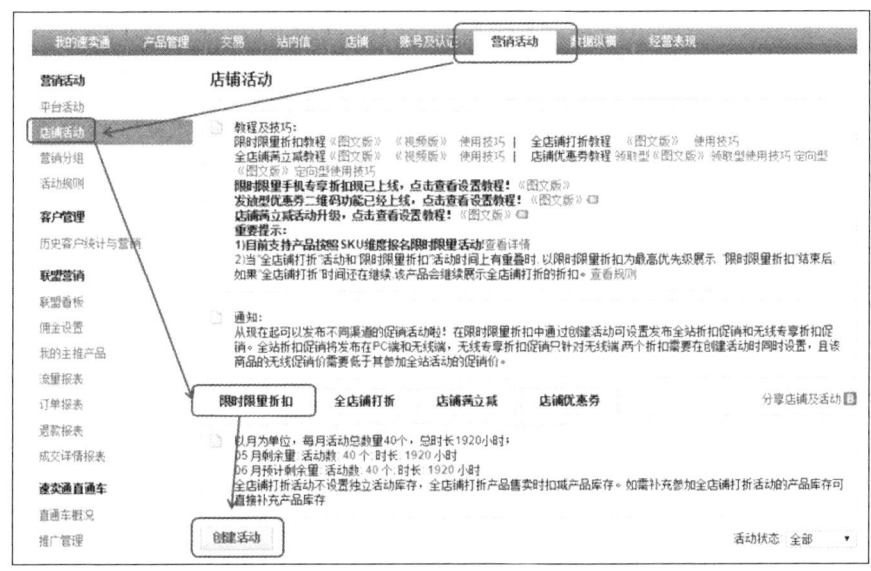

图 5-1

限时限量折扣的特点如下：

（1）每月可创建 40 次活动，共 1920 小时。

（2）创建后 12 小时生效。活动生效后，产品不可更改价格、颜色、运费模板、尺寸、批发价、库存扣减方式，其余选项可更改。

（3）可跨月设置活动。

（4）限时限量折扣优于全店铺打折折扣。

5.1.2 全店铺打折

全店铺打折是指对全店铺商品设置折扣的一次促销活动。其设置入口如图 5-2 所示。

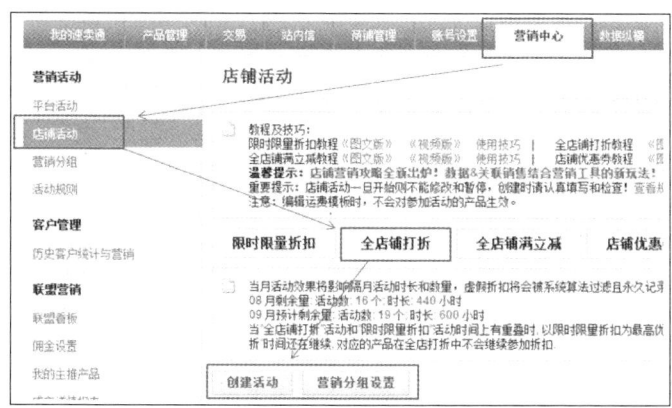

图 5-2

在设置全店铺折扣时，需要设置营销分组。营销分组就是把折扣相同的产品放在一个分组里，一般可设置 10 个营销分组。其设置入口如图 5-3 所示。

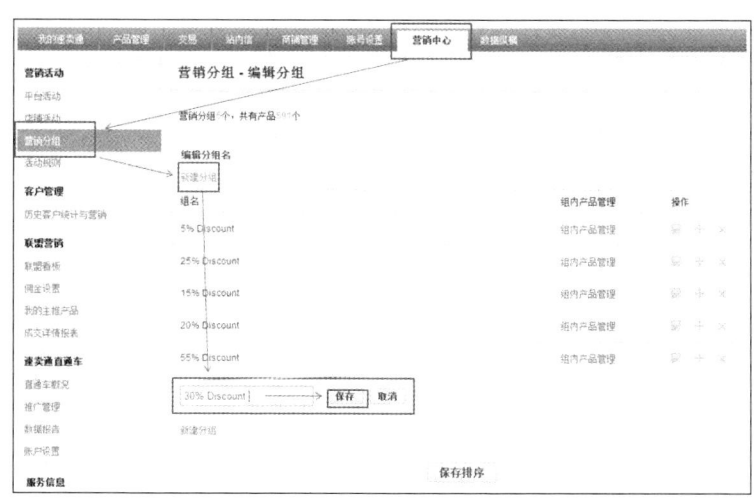

图 5-3

全店铺打折的特点如下：

（1）每月可创建 20 次活动，共 720 小时，可跨月设置活动。

（2）创建后 24 小时生效，生效前 12 小时可以修改产品，生效 12 小时之后产品不可更改价格、颜色、运费模板、尺寸、批发价、库存扣减方式，其余选项可更改。

5.1.3 店铺满立减

店铺满立减可以针对全店铺商品，也可以针对部分产品，是一种提高客单价、提高关联产品转化率的营销方式。

店铺满立减的特点如下：

（1）每月可创建 10 次活动，共 720 小时。

（2）可以设置隔月活动，可叠加使用。

（3）活动设置后 48 小时生效。

（4）可以设置多梯度满减和单层级满减。

5.1.4 优惠券

优惠券活动分为三种形式。

（1）领取型优惠券活动：以月为单位，每月活动总数量为 10 次。活动开始后，设置的优惠券信息会在店铺内、商品详情页、买家购物车等地方展示，买家可通过单击"领取"按钮领取优惠券。

（2）定向发放型优惠券活动：以月为单位，每月活动总数量为 20 次。活动开始后，需要添加相应的用户到发放列表中，只有添加到发放列表中的用户才能收到优惠券。

（3）金币兑换优惠券活动：以月为单位，每月活动数量为 10 次。活动开始后，买家可以在金币频道进行相应兑换。

其设置入口如图 5-4 所示。

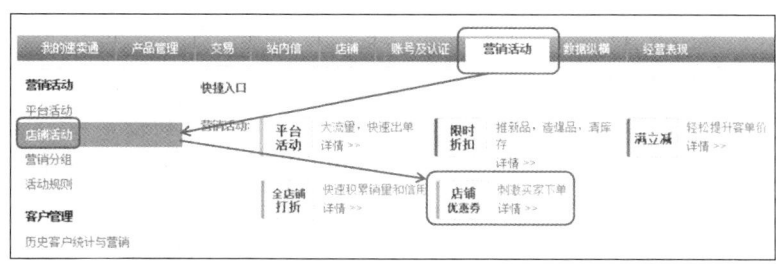

图 5-4

5.2 直通车营销

速卖通直通车,又称竞价排名、P4P(Pay for Performance),是速卖通平台的全球在线推广服务,可以让产品在多个关键词的黄金位置免费优先排名展示,只有当买家对该产品产生兴趣并点击进一步了解详情时,系统才会对这次点击进行扣费;如果买家仅仅是浏览,并没有点击产品进行查看,则不扣费,该策略旨在帮助卖家迅速、精准地定位海外买家,扩大产品营销渠道。

当买家搜索产品关键词时,可以通过关键词实时竞价来提升产品信息的排名,通过大量曝光商品来吸引潜在的买家。截至 2017 年 3 月,速卖通平台上的优质展示位如图 5-5 所示。

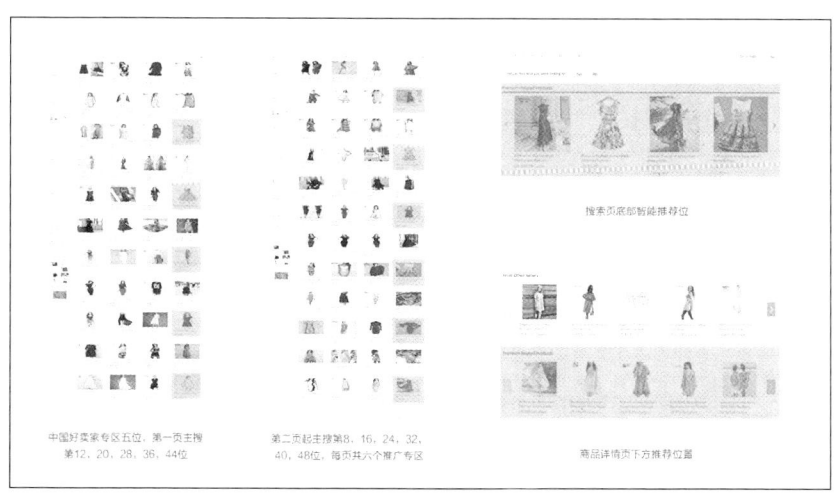

图 5-5

5.2.1 快捷推广计划

快捷推广计划适用于普通商品的批量推广。卖家最多可以建立 30 个快捷推广计划，每个计划最多容纳 100 个商品、20000 个关键词。使用快捷推广中的批量选词、出价等功能可以帮助卖家更加快速地建立自己的计划，捕捉更多的流量。还可以测试产品，选出潜力产品做重点推广计划。

快捷推广计划的步骤如图 5-6 ~ 图 5-10 所示。

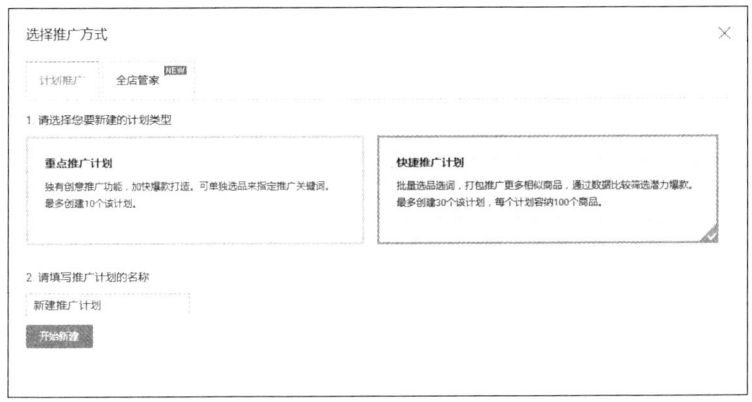

图 5-6

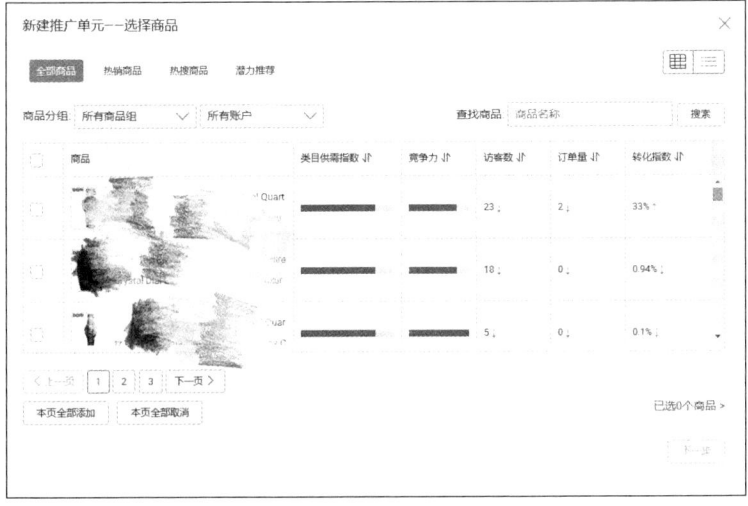

图 5-7

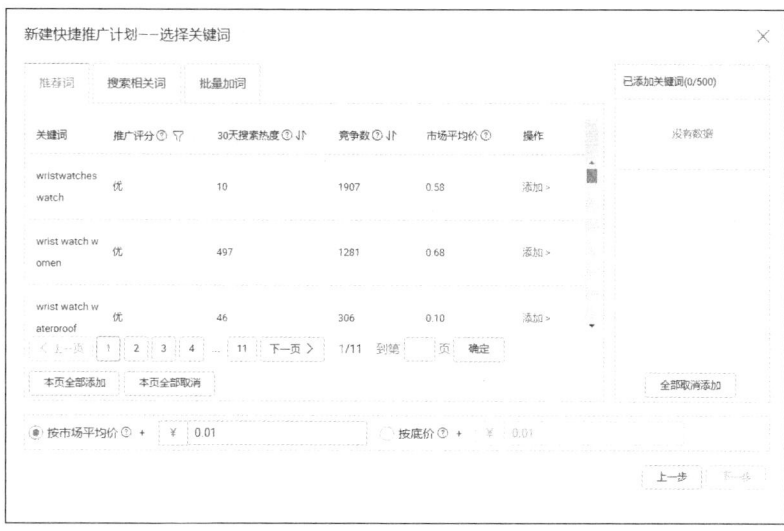

图 5-8

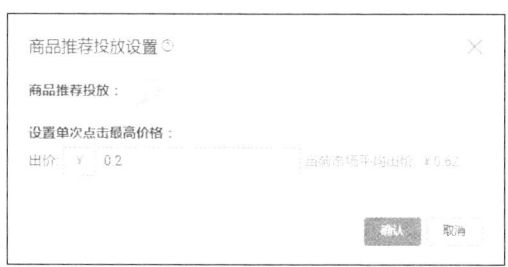

图 5-9

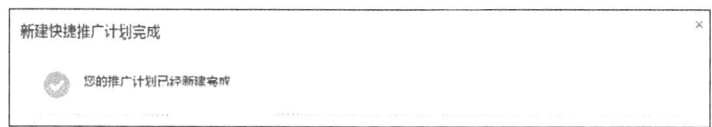

图 5-10

系统推荐词是通过词与产品的匹配度筛选出来的，就是正确描述产品特征的那些词。在搜索相关词时可以输入一个核心词，将一些比较符合产品特征的词添加进去。可以在产品标题中添加关键词，比如产品标题是 Fashion Elegant Women Dress，可以添加 Fashion Dress、Dress Fashion、Elegant Dress、Women Dress 等关键词。最多可以添加 500 个关键词。

快捷推广计划创建完成后，可以时刻关注数据报告里的推广情况，也可以选择时间查看，如图 5-11 所示。

图 5-11

5.2.2 重点推广计划

重点推广计划适用于重点商品的推广管理。卖家最多可以建 10 个重点推广计划，每个重点推广计划最多包含 100 个单元，每个单元内最多可以容纳 1 个商品、200 个词。建议优先选择市场热销或自身有销量和价格优势的商品来进行推广（比如，参考商品分析中的成交转化率、购物车、搜索点击率等数据）。独有创意推广等功能可以帮助卖家更好地打造爆款。

1. 重点推广计划选品技巧

选品主要分为新品和老品。从推广的实际出发，我们要知道自己想要推广什么产品，比如从库存的角度、从对产品的认知角度。我们也可以通过以下维度来选择精准的产品。

我们可以通过产品的搜索点击率、成交转化率、购物车、客单价、收藏夹、订单数等指标来选择产品做重点推广计划。建议选择客单价略高的产品，因为重点推广计划又名利润推广计划。我们选择客单价略高的产品、有利润的产品，当它成为潜力爆款销售一段时间，成为准爆款，生命周期转而向下的时候，就采取降价的方式；当生命周期还剩30%，快要卖不动的时候，则采取清仓价格处理。直通车只是在产品还是利润款的时候助它一臂之力，之后决定产品命运的只有价格，以及它在市场上的竞争力。

在选品方面，我们也可以从市场的维度出发，如最近的流行趋势、热销国家的气候因素、最近热卖产品的价格走势等。

2. 重点推广计划选词技巧

我们可以参考类目词、热门词、长尾词、高转化、高订单、高流量、小二推荐、高曝光等因素，在高转化、高订单、高流量、小二推荐、高曝光这5个因素中，只要符合其中2~3项的词就是好词。如果在推广中有良词很贴近我们的产品，则可以通过修改标题的方式使之成为优词，从而进行强有力的推广。

3. 重点推广计划出价技巧

每个产品分配到的长尾词必须有不冲突的3~5个词争取占到搜索引擎排名前两页。

对于已有销量的产品，我们要保持每天的出单节奏，让系统检测到产品的生命可持续性，所以必须有1~2个热词和长尾词出现在搜索结果的前两页。

关于老品，如果它的生命周期还剩40%，则可以通过优化产品标题、添加最近的一些飙升词、优化产品详情页来进行推广。老品的核心关键词要争取排到搜索结果的前两页，推广新添加的飙升词。

关于热词，要想做到高性价比，我们可以从竞价的低价往高价加。具备流行趋势、在价格走势范围内的产品建议将热词排在前面，使得在市场上一触即发。类目词的流量不容小觑，我们可以挑选一些类型，在类目词上加大推广力度。

5.3 联盟营销

5.3.1 联盟营销简介

联盟营销汇集了互联网上更多的站外流量,有更多站长帮助推广,从而帮助店铺产品获得更多的展示、点击、成交机会。站外流量主要来自搜索引擎优化、付费广告、社区论坛、邮件营销等。

联盟营销是一种"按效果付费"的推广模式,该推广过程全程免费,只有订单成交才收取佣金。如果参加联盟营销,则全店铺所有产品一起参与,可以根据行业要求和自我需求设置默认佣金比例。我们可以设置 60 个联盟营销主推商品,参加联盟专属的推广活动,提供的佣金比例最高可达商品成交价的 50%。

订单交易达成再收费,主推产品按设定的佣金比例收费,其余产品按默认佣金比例收费。订单按照实际成交价收取佣金,而不是按订单或者产品原价收费。由联盟营销引流过来的客户在每次购买后 30 天内再来消费需要再次收取佣金。

5.3.2 联盟营销使用规则

联盟营销包括以下几部分。

(1)联盟看板:可以针对时间性的选择,以获取店铺浏览量、店铺访客数、支付金额、预计佣金、退款佣金等数据。

(2)佣金设置:最低 3%,最高 50%。

(3)我的主推产品:可以设置 60 个主推产品,可以选择新品及访客数低、转化率高的产品。

(4)我的主推产品报表:可以针对时间性的选择,获取主推产品浏览量、主推产品访客数、支付金额、支付订单数、预计佣金、退款佣金等数据。

(5)流量报表:可以针对时间性的选择,获取店铺浏览量、店铺访客数等数据。

（6）订单报表。

（7）退款报表。

（8）成交详情报表：包括联盟成交明细、联盟退款明细。

加入联盟营销后，商品会获得来自站内、站外的海量渠道曝光机会，带来的用户只有下单后卖家才需要支付佣金。

加入联盟推广 15 天后，卖家可以退出。卖家退出联盟后，之后创建的订单将不再收取联盟佣金。但如果订单在卖家退出之前创建，并且是联盟订单，那么这部分订单交易结束后仍要收取联盟佣金。

类目佣金比例如图 5-12 所示。

一级发布类目	最低佣金比例	最高佣金比例
Apparel & Accessories	5%	50%
Automobiles & Motorcycles	5%	
Beauty & Health	5%	
Computer & Office	3%	
Construction & Real Estate	5%	
Consumer Electronics	5%	
Customized Products	5%	
Electrical Equipment & Supplies	5%	
Electronic Components & Supplies	5%	
Food	3%	
Furniture	5%	
Hair & Accessories	5%	
Hardware	5%	
Home & Garden	3%	
Home Appliances	5%	
Industry & Business	3%	
Jewelry & Watch	5%	
Lights & Lighting	3%	
Luggage & Bags	5%	
Mother & Kids	3%	
Office & School Supplies	5%	
Phones & Telecommunications	3%	
Security & Protection	5%	
Shoes	8%	
Special Category	5%	
Sports & Entertainment	5%	
Tools	5%	
Toys & Hobbies	5%	
Travel and Vacations	3%	
Weddings & Events	5%	

图 5-12

5.4 平台活动推广策略

5.4.1 平台举办一场活动的维度

平台活动指的是平台根据买家的购物需求、近期的流行趋势及平台的主要发展方向所制定的一系列推广活动。平台举办一场活动一般围绕以下几点需求：

（1）构建平台的营销框架。

（2）吸引客户。

（3）满足卖家端的管理竞争机制。

（4）开拓卖家端的营销能力。

（5）聚拢流量。

（6）进行客户分层。

（7）筛选。

（8）观察动态。

不同的活动有不同的客户群体，我们要根据每场活动针对的客户群体去选品，平台筛选卖家报名的产品，卖家筛选不同等级的客户，从而过滤客户群体。平台活动是增加买家群体的重要途径。

5.4.2 平台活动的终端化

平台活动从多层面反映出的信息可以帮助卖家明确工作的方向与方针的制定。了解平台活动的终端化是运营店铺的关键。

平台限时限量折扣活动常常会推出一些专题活动，如撞色女包、拼接黑白女包、加绒乐福鞋、时尚和锆石水晶经典款珠宝、女款石英表、男款大表盘等。这些主题活动纷纷表现出平台主推的产品方向。我们要密切关注平台举行的特色活动，在选品时可以作为参考依据。

关于定价，不同平台活动的折扣可以反映出买家对折扣的要求。每位消费者对折扣的信任度是不一样的，所以在定价的时候要以消费者能接受的折扣为出发点，确定产品的最终销售价格。我们要做的是收集每场活动成交订单的客户群体，整理出客户群体的分布。在选品前先确定好主打产品的元素适合哪个国家的风格，然后根据这个国家的客户群体对折扣的喜爱度来确定产品的最终售价。

常听卖家抱怨这次活动效果不佳，产品销量并没有明显的提升。如果你参加活动只是为了当时的销量，那就大错特错了。要看到平台活动的终端化应是抓住不同层面的客户群体，每次活动都有一批忠实粉丝，我们需要做的是让店铺曝光在每个群体面前，让每个群体都可以看到我们的店铺，增加店铺曝光的机会。只有拥有不同层面的客户群体，在举办大型促销活动的时候，店铺才会真正旗开得胜。

5.4.3　平台活动介绍

目前速卖通的主要平台活动有：

（1）平台限时限量折扣活动。

（2）Flash Deals。

（3）品牌闪购。

（4）新品。

（5）爆品。

（6）秒杀活动。

（7）俄罗斯团购。

（8）预售。

（9）试用。

（10）无线金币兑换招商。

（11）Trending Style。

平台活动的报名入口如图 5-13 所示。

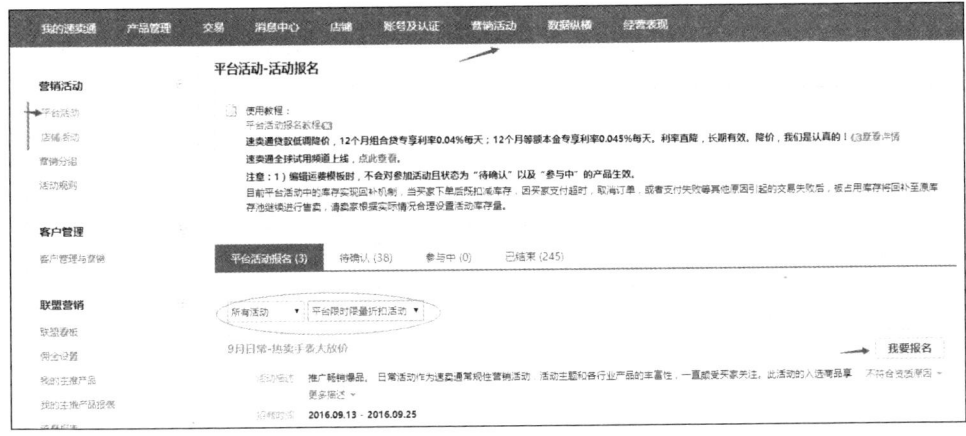

图 5-13

现在我们来重点介绍各类平台活动和需要注意的地方。

（1）平台限时限量折扣活动：此活动窗口主要举办的是有主题、有代表性的活动。它会不定时地根据需求来举办活动，所以我们要密切关注平台的招商入口。如返校季的背包活动、清仓、秋季必备单品、每月日常等活动。

（2）Flash Deals：参加 Flash Deals 活动的产品在活动期间会在买家首页（www.aliexpress.com）Flash Deals 活动专区展示，如图 5-14 所示。

图 5-14

速卖通平台为了更好地提升活动流量,给产品带来更多的曝光率,提升用户体验,将"无线抢购"及 Super Deals 活动合并升级,重磅推出"新版 Flash Deals"频道。本频道在 PC 端和无线端同时拥有海量入口,将汇集最大的活动曝光;尖货部分只针对平台金、银牌卖家开放;活动每天 4 场,每场 6 小时,每场只有一个尖货;展示时间:第一期为 00:00—06:00,第二期为 06:00—12:00,第三期为 12:00—18:00,第四期为 18:00—24:00。

活动要求:

①渠道要求:全站(可选择设置 APP 专享)。

②价格门槛:30 天最低价(Deals)。

③支付时限:买家下单成功后 1 天内。

④商品条件:商品评分大于等于 4.5 分,免邮国家包括俄罗斯、美国、英国、西班牙、法国,发货期在 5 天内。

⑤图片要求:报名活动需要卖家上传活动图片,商品图片左上角的品牌 Logo 要求无水印,不可拼图,图片像素大于 800×800,长宽比为 1:1,大小在 5MB 以内,格式为 JPEG。

Flash Deals 能快速发现速卖通平台上最优、最爆、最具性价比的产品,建议库存不要超过 150 个,产品要求:①具有一定销量基础的、折后价具有市场竞争力的商品;②优选折扣真实、历史销量较优和好评多的商品;③30 天销售数量(全球)≥5.4。此活动为一口价系统招商,卖家应选择单一价的商品参加。

Flash Deals 是平台最为重要的活动之一,要避免扎堆报名,最重要的三点是产品、价格、好评。要调查市场,一切以市场为出发点。简单来说,就是一件商品,它的成本是 30 元,但是它在市场上的成本不是 30 元,而是 50 元。要以调查产品在市场上的价格为导向,来确定自己商品的价格,当一件商品的售价低于市场价的时候,总会有买家愿意购买。产品是转化率的根源,要选择符合速卖通行情的产品。下单前买家首先看到的是产品的主图,其次是对产品的评价,所以主图、评价是影响买家购买的重要因素。我们不仅要看到平台的一些硬性要求,更要精心挑选出符合这些硬性要求的产品,以通过活动达到销量为出发点,最终强化我们对产品的概念。

参加完每场活动,我们都需要总结一些数据,如图5-15所示。

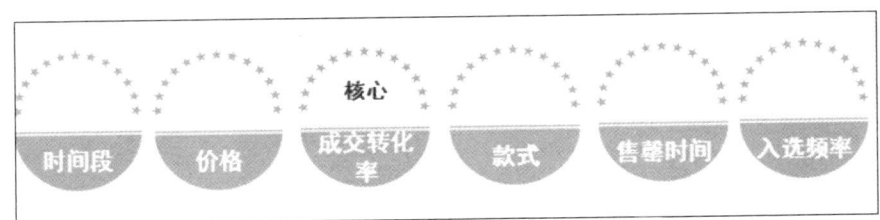

图5-15

数据不仅仅是下次报名参加无线抢购活动的依据,更是店铺以后采购产品的方向参考。

(3)品牌闪购:目前该项活动仅限金牌官方店卖家参与,其展示窗口如图5-16所示。

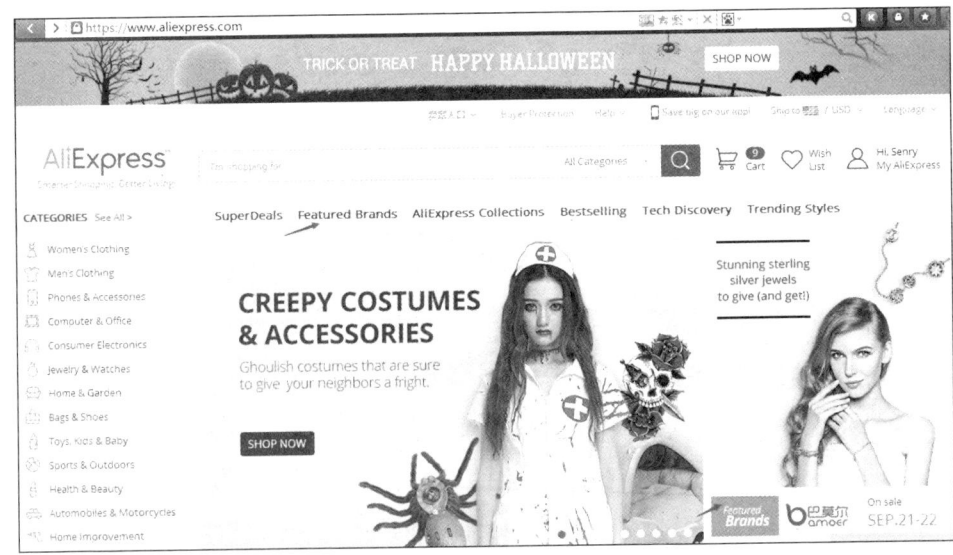

图5-16

(4)俄罗斯团购:这项活动在力度方面仅次于品牌闪购,主要针对俄罗斯买家,只有性价比高的产品才会入选。需要注意以下几点:

①以下国家必须设置包邮：俄罗斯、乌克兰、白俄罗斯。

②从 2014 年 12 月 8 日开始，参加俄罗斯团购的商品禁止使用无挂号小包物流（速卖通认可的线上物流除外）。一经发现，速卖通将禁止卖家参加所有平台活动 6 个月，同时有权根据平台规则对违规行为进行处罚（推荐使用线上发货）。

③报名团购活动的商品，请确保有价格竞争优势，这样审核通过的概率才会比较大。建议参加俄罗斯团购的商品不要再参加店铺的其他折扣活动，保持报名活动商品的最高性价比。

（5）试用、无线金币兑换招商活动目前仅对金、银牌卖家开放，是一档以 0.01 美元免费让买家使用的活动。平台筛选出获奖的买家，买家收到货后需要写试用报告。总价值高于 100 美元的产品更有机会入选这两档活动。

（6）Trending Style 是一档以潮流为主题的广招活动，是根据最近流行的元素举办的一场潮流盛宴。

该活动的报名入口不同于其他活动，如图 5-17 所示。

图 5-17

其展示窗口如图 5-18 所示。

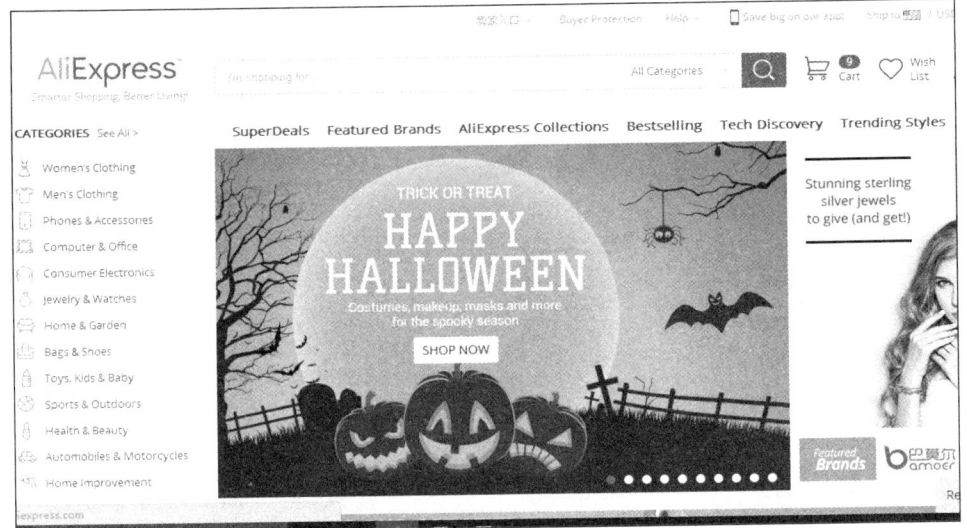

图 5-18

活动选品方面请参考如图 5-19 所示的数据。

图 5-19

总而言之，活动的最终目的是强化我们对产品的概念。

5.5 SNS 等站外营销

5.5.1 各大站外营销渠道介绍

1. Facebook

Facebook 是一家在线社交网站，其名字来源于新学年开始的学生花名册。Facebook 于 2004 年 2 月由马克·扎克伯格与他的哈佛大学室友爱德华多·萨维林、安德鲁·麦科勒姆、达斯汀·莫斯科维茨和克里斯·休斯共同创建。起初，Facebook 只限哈佛学生注册，随后扩大到波士顿地区的其他高校、常青藤联盟、斯坦福大学等高校。Facebook 规定只有年满 13 周岁的人才能在 Facebook 上注册会员，用户必须注册后才能浏览 Facebook。注册时，Facebook 要求创建一个个人档案，并添加其他用户作为朋友和交换信息，当他们更新个人资料时系统会自动通知。还可以创建一个 page feed 主页，要求买家关注，发布营销信息。

2. VK

VK 是欧洲第二大社交网站，该网站的浏览量仅次于 Facebook。网站拥有多种语言选项，尤其受到世界各地俄语用户的青睐，如俄罗斯、乌克兰、阿塞拜疆、哈萨克斯坦、摩尔多瓦、白俄罗斯、以色列。像其他的社交网站那样，该网站允许用户留言，联系方式公开或私密，创建组、公共页面和活动，分享和标记图像、音/视频和基于浏览器的游戏。截至 2014 年 1 月，VK 至少拥有 2.39 亿用户。截至 2013 年 11 月 25 日，VK 在 Alexa 排名中位于第 23 位。它是俄罗斯访问量第二大的网站，仅次于 Yandex。根据 eBizMBA 排名数据，它是世界第八大流行社交网站。截至 2014 年 1 月，该网站平均每日拥有 55 万人次的用户。

3. Twitter

Twitte 是美国一家在线社交网络服务和微博服务的网站，中文名为推特。Twitte 只允许用户发送 140 个字符的文本消息，该服务也被称为"鸣叫"。2006 年 7 月 15 日，杰克·多尔西推出社交网站 Twitter，迅速风靡全球。2012 年，Twitte 拥有超过 5 亿的注册用户，每天发布超过 3.4 亿条微博，系统每天要处理超过 16 亿次的搜索查询量。自推出以来，Twitter已经成为互联网上十大最常用的网站，并被称为"互联网短信"。

4．Instagram

Instagram是一个提供在线照片共享、视频共享和社交网络服务的应用程序，该程序允许用户拍摄照片和视频并把它们分享到各种社交网络，如Facebook、微博、QQ空间和Flickr。该程序的显著特点是限制正方形的照片，并采用类似柯达傻瓜相机和宝丽来影像模式。用户还能够记录和分享长达15s的短片。Instagram是由Kevin Systrom和Mike Krieger在2010年10月创建并推出的，此后迅速得到普及，截至2012年4月已拥有1亿活跃用户。Instagram应用程序可以通过苹果App Store、谷歌游戏和Windows Phone商店下载。起初，该应用程序只支持iPhone、iPad和iPod Touch，2012年4月增加了对Android拍照手机的支持。第三方Instagram应用程序可用于黑莓10和诺基亚Symbian设备。

5．LinkedIn

LinkedIn是美国的一家职业社交网站，于2002年12月创建，并于2003年5月5日在加利福尼亚州莫尼卡推出，其主要用于专业网络。截至2013年1月，LinkedIn在全球200多个国家和地区拥有2亿多用户。LinkedIn拥有英国、法国、德国、意大利、葡萄牙、西班牙、荷兰、瑞典、罗马尼亚、俄罗斯、土耳其、日本、捷克、波兰、韩国、印度尼西亚、马来西亚等各国语言。据Quantcast报告，LinkedIn在美国每月拥有2140万独立访问者，在全球每月拥有4760万独立访问者。2011年6月，LinkedIn拥有3390万独立访问者，较2010年同期增长63%，一举超越了MySpace。LinkedIn于2011年1月首次公开募股申请。

6．Google+

Google+是一家多语种的社交网络和身份服务网站。Google+是由谷歌公司拥有和经营的，有时也被称为Google Plus+。现在，Google+是世界上第二大社交网站，在2013年1月超越了Twitter。截至2012年12月，Google+拥有500万注册用户，其中235万是活跃用户。2011年11月，Google+被整合到Google账户创建服务中，如谷歌邮件。2011年7月14日，谷歌宣布，Google+已经拥有1000万用户。4个星期后，Google+已经拥有2500万独立访问者。据ComScore报告，

Google+的最大市场是美国,其次是印度。2011 年 10 月,Google+拥有的用户数达到 4000 万。

7. Tumblr

Tumblr 是全球最大的微博客平台和社交网站之一,其拥有者和经营者为 Tumblr 公司。Tumblr 允许用户发布多媒体和短形式的博客内容。截至 2013 年 4 月 13 日,Tumblr 拥有超过 1.02 亿个博客。Tumblr 的总部位于美国纽约市曼哈顿中城。Tumblr 的发展是在 2006 年,卡普在一段时间一直对 Tumblelogs(短形式的博客)很感兴趣。经过一年的等待,卡普和开发者马可·阿蒙特开始创建 Tumblelogging 平台。Tumblr 于 2007 年 2 月推出,在两个星期内就获得了 7.5 万用户。马可·阿蒙特于 2010 年 9 月离开了 Tumblr,开始专注于 Instapaper。

8. Pinterest

Pinterest 是世界上最大的图片社交分享网站,允许用户创建和管理主题图片集合,如事件、兴趣和爱好。Pinterest 是由本·西尔伯曼、保罗·夏拉和埃文夏普创建的,由冷泡实验室负责管理。Pinterest 类似于早期的社会书签系统。Pinterest 允许用户存储图片并进行分类,热门类别有旅游、汽车、食品、电影、幽默、家居设计、运动、时尚和艺术。Pinterest 于 2009 年 12 月开始建设,于 2010 年 3 月推出内测版本。

9. Flickr

Flickr 是一家图片存储和视频托管网站。2004 年,Ludicorp 公司建立了一个 Web 服务套件和在线社区(Flickr 的前身)。雅虎于 2005 年收购 Flickr。Flickr 除了供用户存储个人照片,还允许把图片分享到博客和社交媒体。雅虎透露,2011 年 6 月,Flickr 共拥有 51 万注册会员和 80 万独立访问者。据 2011 年 8 月 Flickr 报告,Flickr 存储了超过 6 亿张图片,并且这个数字还在稳步增长。

10. MySpace

聚友网(MySpace)是一家以音乐为重心的社交网络服务网站,其拥有者为 Specific Media LLC。聚友网于 2003 年 8 月推出,总部位于加利福尼亚州比弗利山庄。2012 年 6 月,聚友网拥有 2500 万独立访问者。2005 年 7 月,聚友网被新闻集团以 5.8 亿美元收购。从 2005 年到 2008 年年初，聚友网是世界上浏览量最大的社交网站，并在 2006 年 6 月超越谷歌成为美国访问量最大的网站。2008 年 4 月，聚友网被 Facebook 超越。2008 年，聚友网的营业额达到 8 亿美元。从那时起，聚友网的用户数量开始逐步下降。截至 2013 年 2 月，聚友网在全球排名第 133 位，在美国排名第 220 位。2009 年 6 月，聚友网共有 1600 名员工。

5.5.2 如何建立与粉丝（客户）的互动

水能载舟，亦能覆舟，这个道理同样适用于卖家与买家。当一切以市场、客户为出发点的时候，店铺销量增长是必然的；当卖家以自己的主观条件为出发点的时候，失去客户只是一个时间的问题。所以我们在做任何营销的时候，一定要以维护客户、服务好客户为前提，使营销的转化率实现最大化。

那么，我们应如何建立与客户的良好互动？我们都知道，明星与粉丝之间的互动效果良好，非常值得我们借鉴。比如客户下了一笔订单，可以让客户加 Facebook，给他们发送 Facebook 的 page feed，并赠送一些无限制的优惠券；也可以时刻关注买家的动态，偶尔评论他们的状态，跟他们建立在生活上的互动。我们要主动地曝光在买家面前，告知我们的联系方式，让买家可以随时通过现有的渠道找到我们。我们可以在 Facebook 上展示一些中国的人文信息，增加对中国文化感兴趣的这部分客户的黏性。还可以转载最近买家所在国家和地区的头条新闻，让买家知道我们也在时刻关注着他们的国家。

5.5.3 如何宣扬潮流信息

随着时代的快速发展，人们离时尚更进了一步。那些销售 Fashion 类产品的卖家，每天面对着千千万万的年轻人，每个人都会对时尚有一定的憧憬，所以才会产生如此强大的购买力，再向买家传递一些他们感兴趣的事情，可以增加客户的黏性。因此，在装修店铺时，要预留一个板块做每周的社会时尚信息并传递给买家，还可以将其链接到一些时尚类网站。所谓店铺创新，不是每一个板块都是关于店铺的信息，而是让买家在店铺购物的同时接触到一些未知的领域。

在售后的好评卡上也可以开设一个板块,发布最近所做类目的一些时尚元素信息,让买家对所购商品有一个更长远的认知,这也是引导买家选品的一种思路。

5.5.4　如何让粉丝认知店长

陈欧为聚美优品代言,董明珠为格力代言,我们也要为自己的速卖通店铺代言。一家店铺反映出一名店长的做事思维。如果我们经营店铺多年,积累了一定的老客户,店铺的各项指标正常、服务优良,就相当于在经营店铺的同时让客户对店长产生了良好的印象。我们在进行社交营销的时候,比如在 Facebook 上发布新品的时候,可以展示一些日常工作的照片,增加自己的曝光率;也可以出现在买家面前,与买家进行良性互动。

第 6 章

跨境电商服务质量运维策略

本章要点：

- 跨境电商物流体系构建
- 客户服务的规范与体系
- 包装设计与开箱体验

6.1 跨境电商物流体系构建

6.1.1 国际物流对跨境电商的重要意义

随着跨境电商的飞速发展,越来越多的人和企业参与其中。之前很多人问过笔者:"做跨境电商应该具备哪些基础能力,或者说至少应该明白哪些部分?"

笔者是这么回答的:"做跨境电商并不只是开一家网店,它涉及的面非常广,从基础的语言能力到文案的策划、美工能力、新闻实时关注能力、货币汇率、国家人文地理等,需要掌握的知识非常多。如果说做跨境电商至少需要明白的部分,那么我想至少包括三点,分别为产品的选择及开发、营销手段、国际物流。"

这里我们先着重说一下国际物流。国际物流是什么?通俗地说就是通过一定的渠道将货物通过跨境的方式发给买家的过程。但这里我们想说的并不是简单的、通俗的理解,或者说我们应该研究的是怎样发国际物流才能将货物以最低的价格、最快的速度、最安全的方式发给买家,以及买家收到货物之后以怎样的心情去拆包裹等。带着这样的思考,我们开始逐步分析国际物流。

6.1.2 国际物流的特点

(1)运送周期较长。国际物流跟国内物流存在的较大差异之一是国内物流往往时效较快,一般在一周之内能够保证全国妥投(中国大陆地区),而国际物流往往运送周期较长。除专线、商业快递外,中邮大小包的投递时效一般在一个月左右,而巴西等国家的投递时效则更长。投递时间过长就会导致一系列恶性连锁反应,包括纠纷提起率上升、DSR 物流得分下降、好评率降低等。所以我们需要考虑的首要问题就是如何提升物流时效,我们会在接下来的章节中进行详细分析。

(2)国际邮费较高。国内物流往往在时效快的同时价格较为便宜,平民寄快递一般仅需几元至十几元,很多内贸卖家能够与物流公司达成大单协议,将邮费一减再减。而国际物流邮费往往较高,大多数物流渠道按克收费,剩下部分物流渠道分为首重和续重，同时还有挂号费（挂号费为 8 元，发送带挂号的包裹能够为国际物流提供物流信息）。以图 6-1 为例，我们将一个 1kg 的货物分别以中国邮政挂号小包和 EMS 发往俄罗斯，价格分别为 96 元和 160 元。

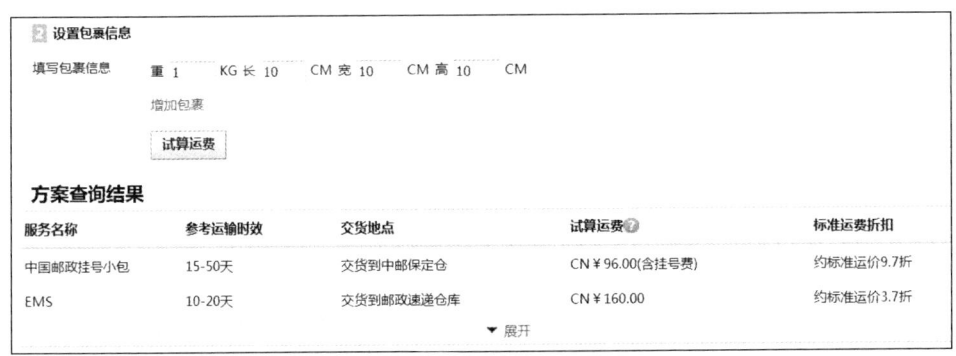

图 6-1

（3）国际物流风险较大。由于投递时间较长和投递地区较远，以及国外海关可能存在货物扣关的现象及丢包的可能，国际物流发送过程中可能存在的风险远大于国内物流。这里我们首先要想好如何规避物流风险；其次需要考虑的是一旦国际物流出现问题，我们应该如何应对。这些都会在接下来的章节里进行详细分析。

6.1.3 国际物流渠道种类及优/劣势对比

之前我们分析了国际物流与国内物流的大致差异，然而还有一项差异我们之前没有提及，那就是国际物流种类繁多。国内物流更多地依靠"四通一达"等物流方式，而相比之下国际物流渠道就较多了。同时，国内"四通一达"的价格及特点差异并不大，而国际物流渠道各有不同的特点及优势，如价格、时效、适合走的货物、国家等。我们将国际物流大致分为以下几种。

1. 经济类物流

经济类物流运费成本低，目的国包裹妥投信息不可查询，适合运送货值低、重量轻的商品。经济类物流仅允许使用线上发货。

中国邮政平常小包+是中国邮政针对订单金额在 5 美元以下、重量在 2kg 以下的小件物品推出的空邮产品，运送范围通达全球 241 个国家和地区。

- 线路介绍。

（1）服务便捷：中国邮政平常小包+线上发货旨在为线上卖家提供更便捷的国际小包服务，卖家可以在线下单、打印面单后直接由中国邮政上门揽收或将邮件交付中国邮政的集货仓，即可享受快捷、便利的国际小包服务。

（2）价格优惠：不需要挂号费，适合货值低、重量轻的物品（仅 5 美元以下订单可使用中国邮政平常小包+发货）。

（3）派送范围：全球 241 个国家和地区。

（4）物流信息可查询：中国邮政平常小包+提供国内段邮件的收寄、封发、计划交航等信息（部分集货仓发往某些国家不能提供这三个节点信息）。

（5）交寄便利：可为北京、上海、深圳、广州、佛山、中山、汕头、东莞、惠州、珠海、杭州、金华、宁波、义乌、温州、湖州、绍兴、台州、嘉兴、丽水、南京、苏州、无锡、南通、泰州、江阴、徐州、扬州、常州、镇江、宿迁、盐城、福州、厦门、泉州、漳州、南平、宁德、三明、漳浦、合肥、蚌埠、滁州、芜湖、南昌、上饶、赣州、景德镇、武汉、咸宁、成都、南充、郑州、洛阳、南阳、长沙、岳阳、株洲、常德、衡阳、重庆、青岛、济南、潍坊、天津、晋江、石狮、龙岩、莆田、烟台、威海、江门、保定、石家庄、衡水、邢台、沧州、葫芦岛、沈阳、大连、许昌、南宁、梧州、昆明、西双版纳景洪、长春、西安、贵阳提供上门揽收服务，非揽收区域卖家可自行寄送至集货仓。

（6）赔付保障：国内段邮件丢失或损毁提供赔偿，可在线发起投诉，投诉成立后最快 5 个工作日完成赔付。

- 运送范围及价格。

（1）运送范围：中国邮政平常小包+支持发往全球 241 个国家和地区。

（2）价格：运费根据包裹重量按克计费。30g 及以下的包裹按照 30g 的标准计算运费，30g 以上的包裹按照实际重量计算运费。每个单件包裹限重在 2kg 以内，免挂号费。

具体价格参照图 6-2（价格偶尔调整，并非一成不变）。

国家和地区列表	配送服务费（根据包裹重量按克计费）元（RMB）/kg	挂号服务费元（RMB）/包裹
日本	63	0
奥地利、斯洛伐克	68.5	0
保加利亚、韩国、马来西亚、泰国、新加坡、印度、印度尼西亚	69	0
爱尔兰、比利时、波兰、捷克、葡萄牙、瑞士、希腊、意大利	75.5	0
丹麦、芬兰	76	0
奥大利亚、德国、荷兰、克罗地亚、匈牙利、以色列、英国	83.5	0
挪威、瑞典	84	0
爱沙尼亚、白俄罗斯、法国、加拿大、拉脱维亚、立陶宛、卢森堡、罗马尼亚、美国、土耳其、乌克兰、西班牙、新西兰	85.5	0
阿曼、阿塞拜疆、巴基斯坦、巴勒斯坦、波斯尼亚和黑塞哥维那、朝鲜、菲律宾、哈萨克斯坦、吉尔吉斯斯坦、卡塔尔、马耳他、蒙古、塞浦路斯、沙特阿拉伯、斯里兰卡、斯洛文尼亚、塔吉克斯坦、土库曼斯坦、乌兹别克斯坦、亚美尼亚、越南	86	0
俄罗斯	103	0
巴西	105.5	0
阿尔巴尼亚、阿尔及利亚、阿富汗、阿根廷、阿拉伯联合酋长国、阿森松岛（英）、埃及、埃塞俄比亚、安道尔、安哥拉、巴布亚新几内亚、巴林、巴拿马、贝宁、冰岛、博茨瓦纳、不丹、布基纳法索、布隆迪、赤道几内亚、东帝汶、东萨摩亚、东蒂汶（美）、多哥、厄瓜多尔、厄立特里亚、法罗群岛（丹）、法属波里尼西亚、梵蒂冈、斐济、佛得角、冈比亚、刚果、刚果（金）、哥伦比亚、格鲁吉亚、古巴、基里巴斯、吉布提、几内亚、加纳、加蓬、柬埔寨、津巴布韦、科摩罗、科特迪瓦、科威特、肯尼亚、莱索托、老挝、黎巴嫩、利比里亚、利比亚、列支敦士登、留尼汪岛、卢旺达、马达加斯加、马尔代夫、马拉维、马里、马里亚纳群岛、马其顿、马绍尔群岛、毛里求斯、毛里塔尼亚、孟加拉国、秘鲁、缅甸、摩尔多瓦、摩洛哥、摩纳哥、莫桑比克、墨西哥、纳米比亚、南非、南乔治亚与南桑威奇群岛、瑙鲁、尼泊尔、尼日尔、尼日利亚、诺福克岛（澳）、皮特凯恩群岛、塞尔维亚、塞拉利昂、塞内加尔、塞舌尔、圣诞岛、圣多美和普林西比、圣克里斯托弗和尼维斯、圣卢西亚、圣马力诺、斯威士兰、苏丹、苏里南、所罗门群岛、索马里、坦桑尼亚、汤加、突尼斯、图瓦卢、瓦里斯和富士那群岛（法）、瓦努阿图、委内瑞拉、文莱、乌干达、西撒哈拉、西萨摩亚、新喀里多尼亚岛（法）、伊拉克、伊朗、约旦、赞比亚、乍得、直布罗陀（英）、中非、科克群岛（新）	106	0
智利	120.5	0
阿鲁巴岛、安圭拉岛（英）、安提瓜和巴布达、巴巴多斯、巴哈马国、巴拉圭、百慕大群岛（美）、波多黎各（美）、伯利兹、多米尼加共和国、法属圭亚那、福克兰群岛、哥斯达黎加、格林纳达、格陵兰岛、瓜德罗普岛（法）、圭亚那、海地、荷属安的列斯群岛、洪都拉斯、开曼群岛（英）、科科斯岛、马提尼克（法）、蒙特塞拉特岛（英）、尼加拉瓜、萨尔瓦多、圣卢西亚、圣皮埃尔岛及密克隆群岛、圣文森特岛（英）、特克斯和凯科斯群岛（英）、特立尼达和多巴哥、维尔京群岛（美）、维尔京群岛（英）、乌拉圭、牙买加、多米尼克国	121	0

图 6-2

- 时效。

（1）正常情况：16～35 天到达目的地。

（2）特殊情况：35～60 天到达目的地。特殊情况包括节假日、政策调整、偏远地区等。

2. 简易类物流

邮政简易挂号服务，可查询包含妥投或买家签收在内的关键环节物流追踪信息。

AliExpress 无忧物流-简易（AliExpress Saver Shipping），是专门针对速卖通卖家重量小于 2kg、订单成交金额≤5 美元的小包货物推出的简易挂号类物流服务。

- 线路介绍。

（1）物流信息可查询：提供出口报关、国际干线运输、到达俄罗斯、到达目的地邮局、买家签收等关键环节的追踪和查询，采用优质干线资源运输和俄罗斯邮政专属的清关配送服务，正常情况下 15~20 天可以实现俄罗斯大部分地区妥投。

（2）操作简单：一键选择无忧物流即可完成运费模板配置，深圳、广州、义乌等重点城市提供免费上门揽收服务。

（3）平台承担售后：物流纠纷无须卖家响应，直接由平台介入核实物流问题并判责。因物流原因导致的纠纷、DSR 低分不计入卖家账号考核。

（4）交寄便利：北京、深圳、广州、东莞、佛山、汕头、中山、珠海、江门、义乌、金华、杭州、宁波、温州（乐清）、上海、昆山、南京、苏州、无锡、福州、厦门、泉州、惠州、莆田、青岛、长沙、武汉、郑州、成都、葫芦岛兴城、保定白沟提供上门揽收服务，非揽收区域卖家可自行寄送至集货仓。

（5）赔付无忧：因物流原因导致的纠纷退款由平台承担，赔付上限为 35 元。

- 运送范围及价格。

（1）运送范围：俄罗斯本土全境邮局可到达区域。

（2）计费方式：运费根据包裹重量按克计费，1g 起重，每个单件包裹限重在 2kg 以内，挂号费为 4.5 元/件，配送服务费为 92 元/kg。

- 时效。

（1）预计时效：正常情况下 15~20 天可以实现俄罗斯大部分地区妥投，个别偏远地区需 20~35 天。

（2）承诺时效：承诺运达时间为60天。

提醒：AliExpress无忧物流的承诺运达时间由平台承诺，卖家不能修改。

3．标准类物流

标准类物流包含邮政挂号服务和专线类服务，全程物流追踪信息可查询。标准类物流是我们经常性使用的物流渠道，具体又分为中邮体系和外邮体系。中邮体系意为通过中国邮政发送货物的渠道，常见的中邮物流渠道包括中国邮政挂号小包、中国邮政平常小包+、中国邮政挂号大包等。而常见的外邮体系则包括香港小包、新加坡小包、瑞典小包等。

所谓外邮，指的是我们需要先把货物发送到境外，再由境外发往目的地国家的渠道。例如，我们想把一批货物发往英国，可以选择外邮渠道中的瑞典小包，先将货物发往瑞典，再由瑞典完成接下来的派送，发往英国。外邮渠道看似"折腾"、"浪费时间"、"浪费钱"，但是往往能在特定时间、特定情况下起到出奇制胜的作用。下面我们对各种物流渠道进行逐条分析。

1）中国邮政挂号小包

中国邮政挂号小包（China Post Registered Air Mail）是中国邮政针对2kg以下小件物品推出的空邮产品，运送范围为全球241个国家和地区。

- 线路介绍。

（1）服务便捷：中国邮政挂号小包线上发货旨在为线上卖家提供更便捷的国际小包服务，卖家可以在线下单、打印面单后直接由中国邮政上门揽收或将邮件交付中国邮政的集货仓，即可享受快捷、便利的中国邮政挂号小包服务。

（2）派送范围：全球241个国家和地区。

（3）物流信息可查询：中国邮政挂号小包提供全程跟踪查询服务。

（4）交寄便利：在北京、上海、深圳、广州、佛山、中山、汕头、东莞、惠州、珠海、杭州、金华、宁波、义乌、温州、湖州、绍兴、台州、嘉兴、丽水、南京、苏州、无锡、南通、泰州、江阴、徐州、扬州、常州、镇江、宿迁、盐城、福州、厦门、泉州、漳州、南平、宁德、三明、漳浦、合肥、蚌埠、滁州、芜湖、南昌、上饶、赣州、景德镇、武汉、咸宁、成都、南充、郑州、洛阳、南阳、长沙、岳阳、株洲、常德、衡阳、重庆、青岛、济南、潍坊、天津、晋江、石狮、龙岩、莆田、烟台、威海、江门、保定、石家庄、衡水、邢台、沧州、葫芦岛、沈阳、大连、许昌、南宁、梧州、昆明、西双版纳景洪、长春、西安、贵阳提供上门揽收服务，非揽收区域卖家可自行寄送至中国邮政挂号小包集货仓。

（5）赔付保障：邮件丢失或损毁提供赔偿，可在线发起投诉，投诉成立后最快 5 个工作日完成赔付。

- 运送范围及价格。

（1）运送范围：中国邮政挂号小包支持发往全球 241 个国家和地区。

（2）价格：运费根据包裹重量按克计费，1g 起重。每个单件包裹限重在 2kg 以内。具体价格如图 6-3 所示。

分区	中国邮政挂号小包 速卖通在线发货报价 国家和地区	配送服务费原价（重量按克计费）元（RMB）/kg	挂号服务费按包裹数量计费 元（RMB）/包裹
1	日本	60	8
2	韩国、马来西亚、泰国、新加坡、印度、印度尼西亚	69	8
3	爱尔兰、奥地利、澳大利亚、保加利亚、比利时、波兰、丹麦、德国、芬兰、荷兰、捷克、克罗地亚、挪威、葡萄牙、瑞典、瑞士、斯洛伐克、希腊、匈牙利、以色列、意大利	78	8
4	土耳其、新西兰	82	8
5	阿曼、阿塞拜疆、爱沙尼亚、巴基斯坦、巴勒斯坦、白俄罗斯、波斯尼亚和黑塞哥维那、朝鲜、法国、菲律宾、哈萨克斯坦、吉尔吉斯斯坦、加拿大、卡塔尔、拉脱维亚、立陶宛、卢森堡、罗马尼亚、马耳他、美国、蒙古、塞浦路斯、沙特阿拉伯、斯里兰卡、斯洛文尼亚、塔吉克斯坦、土库曼斯坦、乌克兰、乌兹别克斯坦、西班牙、亚美尼亚、英国、越南	87.5	8
	俄罗斯（为方便，运费模板中一起算入5区）	88	8
6	南非	101	8
7	阿根廷、巴西、墨西哥	106	8
8	阿富汗、阿拉伯联合酋长国、巴林、不丹、东帝汶、柬埔寨、科威特、老挝、黎巴嫩、马尔代夫、孟加拉国、秘鲁、缅甸、尼泊尔、文莱、伊拉克、伊朗、约旦、智利	115.5	8
9	阿尔巴尼亚、安道尔、冰岛、法罗群岛(丹)、梵蒂冈、格鲁吉亚、列支敦士登、马其顿、摩尔多瓦、摩纳哥、塞尔维亚、圣马力诺、直布罗陀(英)	142	8
10	阿尔及利亚、阿鲁巴岛、阿森松岛(英)、埃及、埃塞俄比亚、安哥拉、安圭拉岛(英)、安提瓜和巴布达、巴巴多斯、巴布亚新几内亚、巴哈马国、巴拉圭、巴拿马、百慕大群岛(英)、贝宁、波多黎各(美)、伯利兹、博茨瓦纳、不丹、不基纳法索、布隆迪、赤道几内亚、东萨摩亚(美)、多哥、多米尼加共和国、厄瓜多尔、厄立特里亚、法属波里尼西亚、法属圭亚那、斐济、佛得角、冈比亚群岛、刚果、刚果(金)、哥伦比亚、哥斯达黎加、格林纳达、格陵兰岛、古巴、瓜德罗普岛(法)、圭亚那、海地、荷属安的列斯群岛、洪都拉斯、基里巴斯、吉布提、几内亚、加纳、加蓬、津巴布韦、开曼群岛、科摩罗、科特迪瓦、肯尼亚、科特迪瓦、留尼汪、卢旺达、马达加斯加、马拉维、马里、马里亚纳群岛、马绍尔群岛、马提尼克岛、毛里求斯、毛里塔尼亚、蒙塞拉特岛(英)、摩洛哥、莫桑比克、纳米比亚、南奇治安与南威奇群岛、喀麦隆、尼加拉瓜、尼日尔、尼日利亚、诺福克群岛(澳)、皮特凯恩群岛、萨尔瓦多、塞拉利昂、塞内加尔、塞舌尔、圣诞岛、圣多美和普林西比、圣赫勒拿、圣卢西亚、圣皮埃尔和密克隆岛、圣文森特岛(英)、斯威士兰、苏丹、苏里南、所罗门群岛、索马里、坦桑尼亚、汤加、特克斯和凯科斯群岛(英)、特立尼达和多巴哥、突尼斯、图瓦卢、瓦利斯和富图纳群岛(法)、瓦努阿图、危地马拉、维尔京群岛(美)、维尔京群岛(英)、委内瑞拉、乌干达、乌拉圭、西撒哈拉、西萨摩亚、新喀里多尼亚(法)、牙买加、赞比亚、乍得、中非	169.5	8

图 6-3

- 时效。

（1）预计时效。

①正常情况：16～35 天到达目的地。

②特殊情况：35～60 天到达目的地。特殊情况包括节假日、政策调整、偏远地区等。

（2）承诺时效：物流公司承诺包裹自揽收或签收成功起 60 天（巴西为 90 天）内必达（不可抗力及海关验关除外），因物流公司原因在承诺时间内未妥投而引起的限时达纠纷赔款，由物流公司承担（按照订单在速卖通的实际成交价赔偿，最高不超过 300 元人民币）。

2）中国香港小包

中国香港小包是先将货物发送到中国香港，再由中国香港发送到国外的物流渠道。其优/劣势都较为明显，其中优势包括：

（1）国际网络覆盖全，是老牌的国际小包覆盖商。这里需要强调的是，中国香港小包是万国邮联组织国成员，该组织成员国之间发送货物不易存在关税状况，同时也较易清关。

（2）信誉较好，上网即交航。这一点尤为重要，以中国邮政挂号小包为例，货物发送出去后一般会在 48 小时内在网上产生物流信息，但是产生的信息大多数为"垃圾"信息。所谓的"垃圾"信息是怎么回事呢？以我们在淘宝购物为例，在下订单付款之后，经常看到"商家已联系快递员揽件"、"快递员已揽件"等物流信息。这只是单纯地产生了物流信息，并没有实际意义，货物仍在原地周转。同样的道理，如果速卖通买家看到的物流信息为货物在中国周转，则物流信息不产生实际意义。而中国香港小包的优势在于，一般能够在 3 天之内产生物流信息，但是产生的物流信息是交航信息。也就是说，这件货物即将发往国外。这样的物流信息是买家所乐意看到的。换句话说，中国香港小包能够极大地缩短货物在国内的物流时间。

同时，中国香港小包也存在部分劣势。

（1）收获量大时易爆仓。前面说过，中国香港小包是先将货物发到中国香港，再由中国香港发往国外。然而中国香港的仓储容量有限，在"双十一"等大促场景下，往往会产生爆仓，导致货物运输较慢。所以中国香港小包的选取也存在时间性，在大促时期更要慎重选择。

（2）存在重量限制。既然叫中国香港小包，自然重量要求跟小包是一样的，只能够发送 2kg 以内的货物，如果货物超重则需要选择其他渠道。

（3）中国香港小包的价格较中国邮政挂号小包要高，尤其是挂号包裹。我们可以初步认为中国邮政挂号小包发往不同国家包裹的平均价格为 100 元/kg+8 元挂号费，而中国香港小包发往不同国家包裹的平均价为 108 元/kg+13 元/件（挂号费）。

3）新加坡小包

与中国香港小包一样，新加坡小包也属于外邮体系，是先将货物发到新加坡，再由新加坡发往国外的物流渠道。其优势包括：

（1）能够发送电池。之前我们说过的中国邮政挂号小包、中国邮政挂号大包、中国香港小包都是不能发送电池的物流方式（纽扣电池可以），而 EMS 和新加坡小包则能够发送电池，这是新加坡小包的重要优势。

（2）新加坡小包是部分地区时效较快的物流渠道之一。例如，发送到部分亚洲地区及大洋洲，有速度上的绝对优势。另外，掉包率较低、稳定性高也是其较大优势之一。

而新加坡小包还有几点劣势，需要我们加以注意。

（1）价格较高。新加坡小包的平均价格为 120 元/kg+12 元/件（挂号费），较中国邮政挂号小包要贵。

（2）由于新加坡独特的地理位置，发往部分国家的中转时间过长。新加坡地处中国的正南方，从而导致部分欧洲地区、北美洲地区并不适合发新加坡小包。

4）E 邮宝（ePacket）

说到 E 邮宝，我们先做一个简单的回顾。在之前所说的中国邮政体系内，小包是价格较为便宜但是时效较为慢的，而 EMS 时效很快但是价格较高，有没有一种物流渠道能够既有小包的价格同时能够实现 EMS 的时效呢？那就是 E 邮宝。下面我们逐条分析 E 邮宝的优/劣势。

（1）价格低。E 邮宝价格较低，如图 6-4 所示（不同卖家拿到的价格折扣略有不同，但整体差异不大）。

E邮宝定价							
以色列	19+65/kg	巴西	44+80/kg	爱尔兰	22+65/kg	瑞典	22+60/kg
马来西亚	22+45/kg	奥地利	22+60/kg	意大利	22+60/kg	瑞士	22+60/kg
沙特阿拉伯	26+50/kg	比利时	22+60/kg	卢森堡	22+60/kg	乌克兰	8+100/kg
新加坡	22+45/kg	丹麦	22+60/kg	荷兰	22+60/kg	英国	17+65/kg
韩国	22+40/kg	芬兰	22+60/kg	挪威	19+65/kg	墨西哥	22+90/kg
土耳其	22+60/kg	法国	19+60/kg	波兰	22+60/kg	美国	9+75/kg
澳大利亚	19+60/kg	德国	19+60/kg	葡萄牙	22+65/kg	加拿大	19+60/kg
新西兰	9+70/kg	匈牙利	22+60/kg	俄罗斯	8+92/kg	（以上价格只供参考，具体价格每人略有不同）	

图 6-4

E邮宝发往美国、俄罗斯、乌克兰、新西兰的挂号费仅为8元或9元，相比中国邮政挂号小包的8元挂号费没有大区别，而每克的价格为0.07～0.1元，平均每克均0.08元，价格低于中国邮政挂号小包。换句话说，发往美国、俄罗斯、乌克兰三地我们应该首选E邮宝（在价格类似的前提下，E邮宝速度较快）。发往其余国家的挂号费为17～44元（多数国家为19元和22元），每克的价格为0.04～0.09元，平均每克约0.06元。那么在这里我们不妨设置一个方程。

设所发送货物重量为 X 克，方程为：$8+0.1X=19+0.06X$。

方程左边代表的是货物发送小包的价格（中国邮政挂号小包的挂号费为8元，每克的价格我们按照0.1元计算），方程右边代表的是发送E邮宝的价格（挂号费为19元，每克的价格我们按照0.06元计算）。

最终得出的解为 $X=275g$。也就是说，当货物重量大于275g的时候，这些国家（挂号费为19元、每克价格为0.06元的）发送E邮宝较为划算；当货物重量低于275g的时候，发送中邮小包较为划算。

同理，可以分别计算出以上其他E邮宝可发送的国家分别在多重的情况下适合用中国邮政挂号小包或E邮宝，这里不再赘述。

（2）速度快。E邮宝发送时效较快，除去清关时间，往往只需7～15个工作日。

（3）发送地区有限。目前只支持发往以色列、马来西亚、沙特阿拉伯、新加坡、韩国、土耳其、澳大利亚、新西兰、巴西、奥地利、比利时、丹麦、芬兰、法国、德国、匈牙利、爱尔兰、意大利、卢森堡、荷兰、挪威、波兰、葡萄牙、俄罗斯、瑞典、瑞士、乌克兰、英国、西班牙、墨西哥、美国、加拿大（平台新规：西班牙、法国、荷兰三国大于 5 美元的订单在标准类物流中只能发送无忧标准，不能发送 E 邮宝）。

4．快速类物流

快速类物流包含商业快递和邮政提供的快递服务，这种物流时效快，全程物流追踪信息可查询，适合高货值商品使用。

1）EMS：特快专递邮件服务

定义：EMS 是中国邮政与各国邮政合作开办的寄递特快专递邮件的一项服务，具有优先处理权（区别于商业快递）。

收费标准：分区收费，不同的分区折扣不一样，这可以从货代或者邮局那里拿到。

收费分产品类型：文件和物品。收费方式为每 500g 为一个计量单位，分首重和续重，如图 6-5 所示。

附加费：没有附加费，但有些国家不通邮，如荷兰、智利、巴巴多斯、厄瓜多尔、危地马拉。

资费区	国际及台港澳特快专递邮件(EMS)通达国家和地区	首重 500克及以内	续重 每500克
一区	中国澳门 中国台湾 中国香港	72元	13元
二区	日本	67元	14元
二区	朝鲜 韩国	72元	16元
三区	菲律宾 柬埔寨 马来西亚 蒙古 泰国 新加坡 印度尼西亚 越南	76元	17元
四区	澳大利亚 巴布亚新几内亚 新西兰	92元	23元
五区	美国	95元	29.5元
六区	爱尔兰 奥地利 比利时 丹麦 德国 法国 芬兰 加拿大 卢森堡 马耳他 挪威 葡萄牙 瑞典 瑞士 西班牙 希腊 意大利 英国	110元	28.5元
七区	巴基斯坦 老挝 孟加拉国 尼泊尔 斯里兰卡 土耳其 印度	131元	38元
八区	阿根廷 阿联酋 巴拿马 巴西 白俄罗斯 波兰 俄罗斯 哥伦比亚 古巴 圭亚那 捷克 秘鲁 墨西哥 乌克兰 匈牙利 以色列 约旦	131元	45.5元
九区	阿曼 埃及 埃塞俄比亚 爱沙尼亚 巴林 保加利亚 博茨瓦纳 布基纳法索 刚果（布）刚果（金）哈萨克斯坦 吉布提 几内亚 加纳 加蓬 卡塔尔 开曼群岛 科特迪瓦 科威特 克罗地亚 肯尼亚 拉脱维亚 卢旺达 罗马尼亚 马达加斯加 马里 摩洛哥 莫桑比克 尼日尔 尼日利亚 塞内加尔 塞浦路斯 沙特阿拉伯 突尼斯 乌干达 叙利亚 伊朗 乍得 南非	173元	45.5元

图 6-5

关税：不同的国家、不同的产品，收费标准不一样。

时效：3~8天，不包括清关时间。

查询：http://www.ems.com.cn。

对于时间比较长的包裹，也可以查1~3个月。

体积和重量限制：不同地区情况不一样。

赔偿政策：

（1）已申报价值的物品类邮件发生丢失、损毁，按申报的实际价值赔偿；内件部分丢失、损坏的物品，按实际损失赔偿，但最高赔偿额均不超过每件$500+60W$（元人民币），其中W为用千克整数表示的邮件重量，小数点后零数进为1kg。

（2）如果邮件发生丢失或损毁，除按相关规定赔偿外，退还已收取的邮费和特殊查询费。

EMS主要有以下几个突出的优点：

（1）邮政的投递网络强大、覆盖面广、价格比较合理，不算抛重，以实重计费。

（2）无须提供商业发票即可清关，而且具有优先通关的权利，即使通关不过的货物也可以免费运回国内，而其他快递一般都要收费。

（3）EMS适合发小件、对时效要求不高的货物，还可发送敏感货物，不易产生关税。

但是EMS也存在几个比较明显的缺点：

（1）EMS相比于商业快递来说速度会偏慢一些。

（2）查询网站信息滞后，一旦出现问题，只能进行书面查询，且查询的时间较长。

2）商业快递

速卖通平台常用的商业快递方式包括TNT、UPS、FedEx、DHL、Toll、SF Express等，不同的国际快递公司具有不同的渠道，在价格、服务、时效方面都有区别。下面我们重点介绍几种常用的国际商业快递方式。

（1）UPS：即联合包裹服务公司。目前速卖通平台支持的UPS发货方式包括红单和蓝单。红单价格较高，速度快；蓝单价格较低，速度相对来说较慢。

UPS价格：分为文件费和包裹费，和EMS一样，以500g为一个计量单位，不同国家的收费标准不同。

UPS附加费：商业快递附加费较多，其中分为更改地址收费（80元/次）、有申报价值的附加费（价值800元以内不收费）、递送确认签名费（16元或22元），不能发送带电池的产品（上网本可以，需要申报），同时跟其他的物流渠道一样有抛重费（EMS是唯一一种不计算抛重的物流方式），抛重费为"长×宽×高/5000"。

UPS参考时效：2~4个工作日（除去清关时间）。

UPS赔偿政策：对于整箱和整票快件遗失，根据申报价值进行赔偿，但最高赔偿金额为100美元，且不赔偿运费。

（2）FedEx：和UPS一样，FedEx也分为红单（IP）和蓝单（IE），以500g为一个计量单位，分为文件费和包裹费，同时存在几项附加费，如计抛、偏远地区附加费、更改地址费、关税、体积费，还有重量限制。

（3）DHL：DHL大致和以上两种物流方式相似，只不过发送地区优势略有不同。DHL发送西欧、北美有绝对优势，适合发送大件。2~4个工作日到达，物流信息及时。缺点是对托运物品要求严格，发送小件货物价格不划算。

5．海外仓物流

海外仓物流是指已备货到海外仓的货物所使用的海外本地物流服务。

1）海外仓渠道分析

仓库是现代物流中连接买卖双方的一个关键节点，将这个节点置于海外不仅有利于海外市场的拓展，同时也能降低物流成本。拥有自己的海外仓库，能从买家所在国的本土发货，从而缩短订单周期，完善用户体验，提升重复购买率，让销售额突破瓶颈，更上一个台阶。

简单来说，海外仓是针对广大中国电子商务卖家的需求，为卖家提供的仓储、分拣、包装、派送等项目的一站式服务。卖家将货物存储到海外仓，当买家有需求时，卖家可以第一时间做出快速响应，及时通知海外仓进行货物的分拣、包装，并且可以从该海外仓运送到其他国家或地区，提升了物流响应时间。同时，结合海外仓当地的物流特点，可以确保货物安全、准确、及时、低成本地送到终端买家手中。

中国卖家通过海运、空运或者快递等方式将商品集中运往海外仓进行存储，并通过物流承运商的库存管理系统下达操作指令。

步骤一：卖家将商品运至海外仓，或者委托承运商将货物发至承运商在海外的仓库。这段国际货运可采取海运、空运或者快递方式到达仓库。

步骤二：卖家在线远程管理海外仓。卖家使用物流公司的物流信息系统远程操作海外仓的货物，并且保持实时更新。

步骤三：根据卖家指令进行货物操作。使用物流公司海外仓自动化操作设备，严格按照卖家指令对货物进行存储、分拣、包装、配送等操作。

步骤四：系统信息实时更新。发货完成后，系统会及时更新，以显示库存状况，让卖家实时掌握货物信息。

海外仓储费用=头程费用+仓储及处理费+本地配送费用

头程费用：货物从中国运到海外仓所产生的运费。

仓储及处理费：客户货物存储在海外仓和处理当地配送时产生的费用。

本地配送费用：在英国、美国、澳大利亚和欧洲等地对客户商品进行配送时产生的本地快递费用。

2）海外仓选品

宜选：

（1）重量超重、体积超大的商品。速卖通平台要求所有货物除非选择海外仓，否则都需要空运，这样一来就会产生很高的费用。

（2）敏感货物。液体、带电、粉末，这三种货物就是我们常说的敏感货物，发送空运的时候往往需要特殊渠道。而特殊渠道往往价格较为昂贵，所以敏感货物是比较适合走海外仓的。

（3）销量较大的商品。销量较大的商品最适宜选择海外仓。

（4）对时效要求较高的商品。有保质期的商品、时尚类的商品等适宜选择海外仓。

忌选：

（1）自认为销量较高的商品。有可能是虚假销量，从而导致大批量货物发送到国外，一旦出单量降低，货物很难发送回来。

（2）违法违规的商品。海外仓选品切记不要和地方法规产生冲突。

6.1.4 线上线下发货对比

1．选货代

一直以来，所有平台的卖家都在为一件事情而苦恼，那就是货代公司的选择。货代公司是一个让人又爱又恨的群体。它们具有提供各种发货的职能，能够为我们提供代打包服务，同时还能为我们保存商品，作为临时的仓储。但也有很多地方让我们感到很尴尬，如 SKU 发送错误、较高的折扣，以及物流原因导致的纠纷赔偿等，无不让卖家倍感煎熬。而线上发货及时解决了这一问题，在这里一语带过：如果物流方面有很多事情搞不清楚，则首选线上发货或者无忧物流，在价格方面不会吃亏，并且在时效方面也有保障，如图 6-6 所示。

图 6-6

2. 谈折扣

线上发货的价格可能高于部分货代公司的报价，但是这些货代公司对货物的要求通常是××件以上。换句话说，如果前期货物量不多，则很难跟货代公司达成一个适宜的价格，而线上发货能够直接给出较为优惠的价格，如图6-7所示。

图6-7

3. 付运费

笔者有过很多类似的经历，与货代公司的业务员关系良好，没事线上开玩笑，线下也偶尔聚会，但是各货代公司有一个共同特点，就是如果存在货款余额不足问题是不能发货的，需要先完成欠款（运费）的支付（货代公司往往有自己的ERP系统，一旦欠款，将不能继续发货）。然而，大家都知道，外贸平台和内贸平台有所不同，资金流转问题一直都会存在，也就是说，资金链往往不够顺畅。而线上发货是怎样收费的呢？线上发货是当货物产生物流信息之后，自动从所成交的这笔订单中抽出国际运费（按照结算时的汇率进行结汇）。换句话说，卖家如果选择了线上发货，就不需要再预付国际物流费用，从而减缓了资金的压力，如图6-8所示。

第 6 章 跨境电商服务质量运维策略

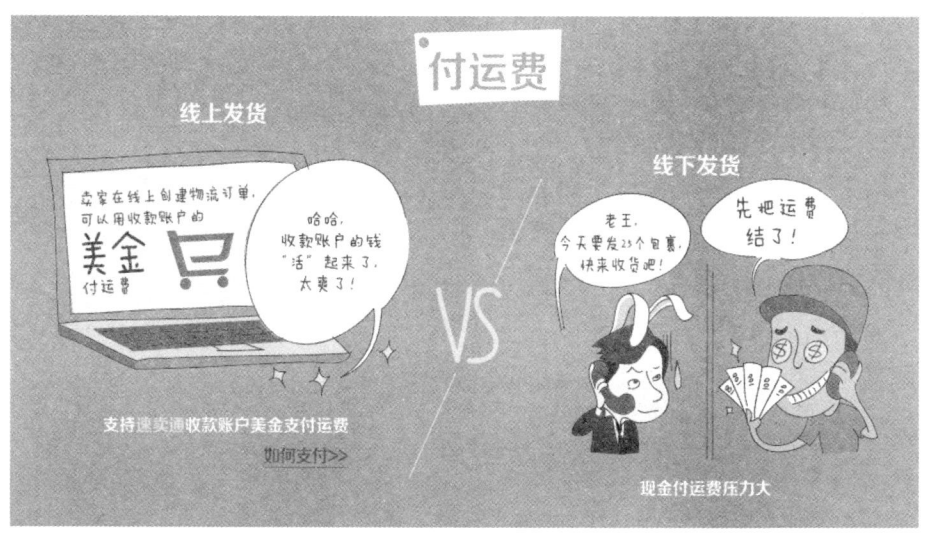

图 6-8

4. 时效

线上发货在时效方面较为稳定,同时,速卖通平台会严格根据卖家所选渠道进行发货;而线下货代公司经常会为了更多的利益而选择速度相对较慢的物流渠道,如图 6-9 所示。

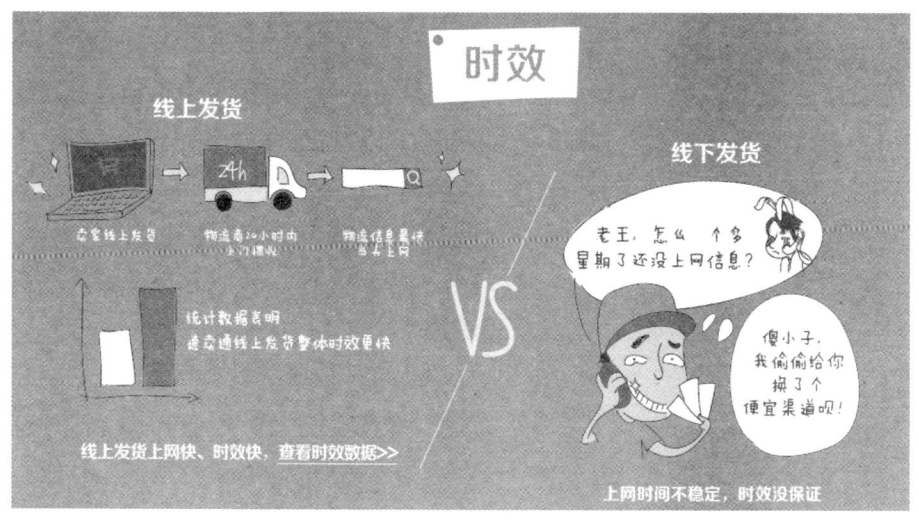

图 6-9

113

5. 赔付

外贸平台常常会产生由于物流问题而导致的纠纷,一旦出现纠纷问题就会比较尴尬。物流问题导致的纠纷无外乎货物退回、地址填错、没有物流信息、货物运输时间较长等。一般由于物流问题而导致的纠纷往往会产生赔付。线上和线下发货的赔付流程往往差异较大,线上发货较为透明,只要能够提供充足的证据就会产生赔付;而线下货代公司往往会一拖再拖,"大事化小,小事化无",如图 6-10 所示。

图 6-10

6.1.5 国际物流选用原则

(1)时间:国际物流选择最重要的一项原则就是时效性,尤其和节日有密切关系。比如圣诞节的圣诞礼物,即使商品质量再好,如果发送时间过长,买家没有在圣诞节之前收到货物,则一样会导致买家满意度的降低及产生纠纷的可能性。

(2)成本:做外贸不是做慈善,不可能为了追求买家的满意度而不计成本地选择物流渠道。什么时候应该追求时效性,什么时候应该有所保留,需要卖家自己权衡。

第6章 跨境电商服务质量运维策略

（3）货物限制原则。

①是否超过 2kg：超过 2kg 的商品则不能选用专线、中国邮政挂号小包等，只能选用商业快递、EMS、中国邮政挂号大包等。而商业快递价格较高，所有只能参选 EMS、中国邮政挂号大包。这时有一个参照原则，即 EMS 以 500g 为一个计量单位，而中国邮政挂号大包以 1kg 为续重。部分国家发送首重价格较高，而续重价格较低，也就是说，货物越重，这些国家发送的价格与中国邮政挂号大包相比越为便宜。同时，如果货物的重量为 4.45kg，由于 EMS 以 500g 为一个计量单位，则可能也会导致 EMS 价格较中国邮政挂号大包低。

②是否带电池：带微量的电池是可以的，如纽扣电池（2g 以内是可以发送的）。但是如果发送的货物中电池较多，则一般的物流渠道不能选用，只能选择 EMS、瑞典小包、新加坡小包等。

（4）货物价值原则：如果货物价值较低，则可以选择平邮（不挂号）；而同时，如果订单实际支付金额低于 5 美元，则此订单不计入考核。但是这里请注意，如果选择平邮，那么所有国家只支持速卖通线上平邮，而不认可线下平邮。卖家需按照如下的物流政策选择物流渠道。

①俄罗斯。

- 订单实际支付金额＞5 美元：不可使用经济类和简易类物流服务发货。
- 订单实际支付金额＞2 美元且≤5 美元：不可使用经济类物流服务及线下简易类物流服务发货。
- 订单实际支付金额≤2 美元：允许使用标准类、快速类物流服务、线上经济类及简易类物流服务，不可使用线下经济类物流服务（无挂号平邮）及线下简易类物流服务。

②美国。

- 订单实际支付金额＞5 美元：允许使用标准类物流服务中的 E 邮宝（E 邮宝不支持寄送的特殊类目除外）、AliExpress 无忧物流-标准及快速类物流服务，不可使用其他标准类物流服务及经济类物流服务。
- 订单实际支付金额≤5 美元：允许使用标准类、快速类物流服务及线上经济类物流服务，不可使用线下经济类物流服务（无挂号平邮）。

③西班牙。

- 订单实际支付金额>5美元：只可选择AliExpress无忧物流-标准或快速类物流服务（无忧物流不支持寄送的特殊类目除外），不可使用经济类和简易类物流服务。
- 订单实际支付金额≤5美元：可使用经济类物流线上发货的中外运-西邮经济小包、线上简易类物流服务、标准类物流服务、快速类物流服务，其他物流服务不可用。

④巴西、乌克兰、白俄罗斯。所有订单不可使用经济类物流服务。

⑤法国、荷兰、智利。

- 订单实际支付金额>5美元：只可选择AliExpress无忧物流-标准或快速类物流服务（无忧物流不支持寄送的特殊类目除外），不可使用经济类和简易类物流服务。
- 订单实际支付金额≤5美元：只可发送线上中国邮政平常小包+。

⑥除俄罗斯、美国、西班牙、巴西、乌克兰、白俄罗斯、法国、荷兰、智利外的其他国家。允许使用标准类、快速类物流服务及线上经济类物流服务，线下经济类物流服务（无挂号平邮）不可使用。

具体的物流政策如图6-11所示。

收货国家	订单实际支付金额	经济类		简易类		标准类		快速类	
		线下发货	线上发货	线下发货	线上发货	线下发货	线上发货	线下发货	线上发货
俄罗斯	>5美元	不可用	不可用	不可用	不可用	可用	可用	可用	可用
	≤5美金且>2美元	不可用	不可用	不可用	可用	可用	可用	可用	可用
	≤2美元	不可用	可用	不可用	可用	可用	可用	可用	可用
美国	>5美元	不可用	不可用	—	—	E邮宝、AliExpress无忧物流-标准可用，其他不可用（E邮宝不支持寄送的特殊类目除外）		可用	可用
	≤5美元	不可用	可用	—	—	可用	可用	可用	可用
西班牙	>5美元	不可用	不可用	不可用	不可用	AliExpress无忧物流-标准可用，其他不可用（无忧物流不支持寄送的特殊类目除外）		可用	可用
	≤5美元	不可用	中外运西邮经济小包可用，其他不可用	不可用	可用	可用	可用	可用	可用
法国、荷兰、智利	>5美元	不可用	不可用	不可用	不可用	AliExpress无忧物流-标准可用，其他不可用（无忧物流不支持寄送的特殊类目除外）		可用	可用
	≤5美元	不可用	不可用	不可用	可用	可用	可用	可用	可用
巴西、乌克兰、白俄罗斯	所有订单	不可用	不可用	不可用	可用	可用	可用	可用	可用
其他国家	>5美元	不可用	可用	—	—	可用	可用	可用	可用
	≤5美元	不可用	可用	—	—	可用	可用	可用	可用

图6-11

第6章 跨境电商服务质量运维策略

具体物流渠道的价格及服务质量查询可通过速卖通平台的工具进行对比,单击"交易"按钮,找到左侧"物流服务"中的"物流方案查询"即可。

功能一:选择物流方案。输入收货地、货物类型、货物价值、包裹信息等即可查询物流方案并试算运费,如图6-12所示。

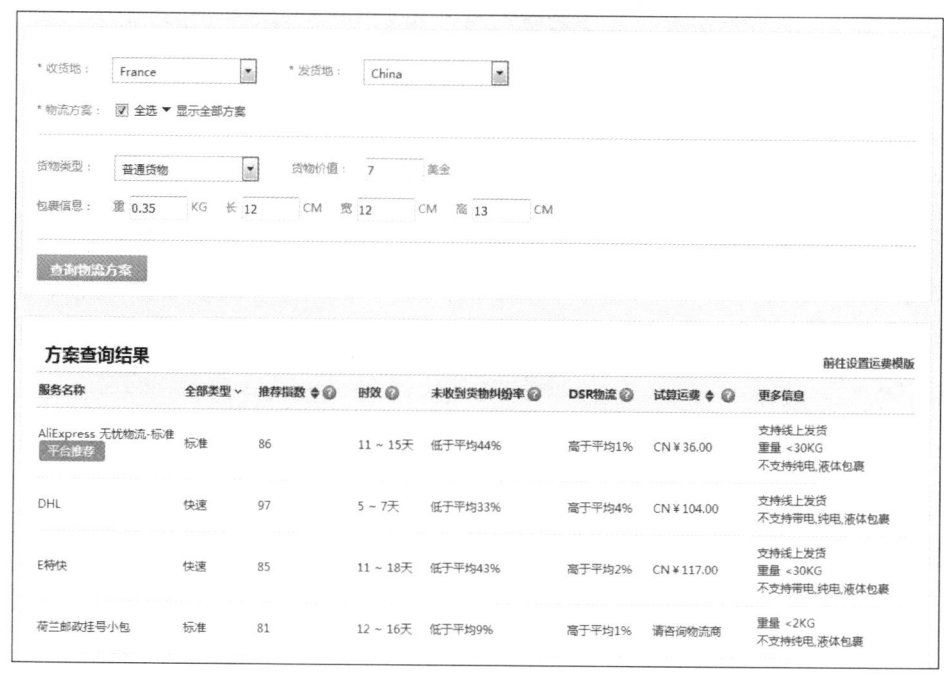

图 6-12

功能二:查询物流数据。速卖通平台新增时效、未收到货物纠纷率、DSR物流等指标,可供用户轻松判断物流方案的优劣。

功能三:优质物流推荐。速卖通平台新增物流渠道推荐,帮您选择优质物流渠道,提升物流服务。

例如,某店铺的服务分为"及格",其中"未收到货物纠纷率"高于行业平均水平,需要更换物流方案,提升物流服务。以优化西班牙的物流方案为例,进入查询页面,"收货地"选择"Spain",单击"查询物流方案"按钮,如图6-13所示。

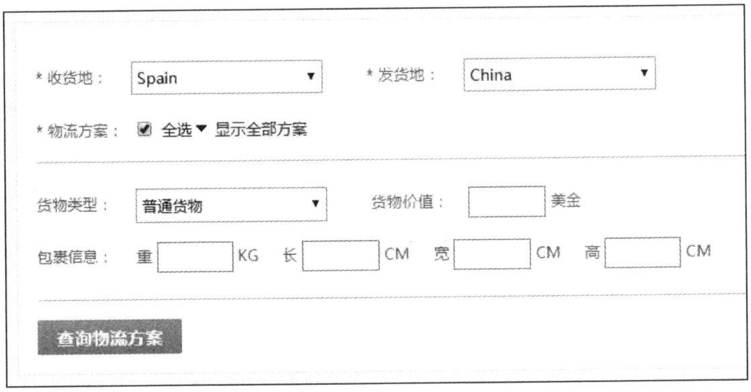

图 6-13

系统会显示所有发往西班牙的物流方案及每个方案的“未收到货物纠纷率”、“DSR 物流”等指标。其中快速类物流中的“DHL”、标准类物流中的“AliExpress 无忧物流-标准”、经济类物流中的“中外运-西邮经济小包”在同档物流中“时效”及“DSR 物流”指标最好，“未收到货物纠纷率”最低，是平台推荐的物流方案，建议使用，如图 6-14 所示。

方案查询结果 前往设置运费模版

服务名称	全部类型	推荐指数	时效	未收到货物纠纷率	DSR物流	试算运费	更多信息
DHL 平台推荐	快速	63	6 ~ 11天	高于平均25%	高于平均2%	请输入包裹信息	不支持带电,纯电,液体包裹
AliExpress 无忧物流-标准 平台推荐	标准	61	14 ~ 19天	低于平均44%	高于平均0%	请输入包裹信息	支持线上发货 重量 <30KG 不支持纯电,液体包裹
中外运-西邮经济小包 平台推荐	经济	55	25 ~ 37天	低于平均5%	低于平均4%	请输入包裹信息	支持线上发货 订单金额 <20美金 重量 <2KG 不支持纯电,液体包裹
中外运-西邮标准小包	标准	59	14 ~ 19天	低于平均24%	高于平均0%	请输入包裹信息	支持线上发货 订单金额 <23美金 重量 <30KG 不支持纯电,液体包裹

图 6-14

6.1.6 运费模板制作

运费模板制作一向是物流工作的一个难点，我们首先需要明确什么叫运费模板。

我们在淘宝买东西的时候,可能会看到这样的两个案例。

案例一:收货地选择杭州的时候显示为包邮,而收货地选择哈尔滨的时候则显示为有物流费用。

案例二:我们选择卖家提供的物流方案时为包邮,而选择时效较快的物流方案(如顺丰)时系统会自动产生邮费。

系统是怎么做到的呢?实际上淘宝卖家给每个商品设置了一个运费模板,不同地区的买家购买及购买数量的多少会产生对应的物流方案结果,这就是运费模板的作用。

说到国际物流的运费模板,我们究竟需要设置多少个运费模板呢?答案很简单,不需要给每个商品都设置一个运费模板,只需给每种类型的商品设置一个运费模板即可。常见的运费模板如下:

(1)0.5~2kg的普货运费模板。

(2)2kg以上的重普货运费模板。

(3)0.5~2kg的带电运费模板。

(4)500g以内的轻普货运费模板。

(5)500g以内的带电运费模板。

(6)各重量阶段抛货的运费模板。

(7)平邮运费模板。

限于篇幅,笔者在此着重解读其中的一个运费模板——500g以内的轻普货运费模板。

在开始制作500g以内的轻普货运费模板之前,我们先来熟悉一下运费模板的界面。首先打开产品管理界面,然后单击"运费模板",输入运费模板名称,先假定为"500g Free Shipping"。之后单击"展开设置",弹出如图6-15所示的界面。

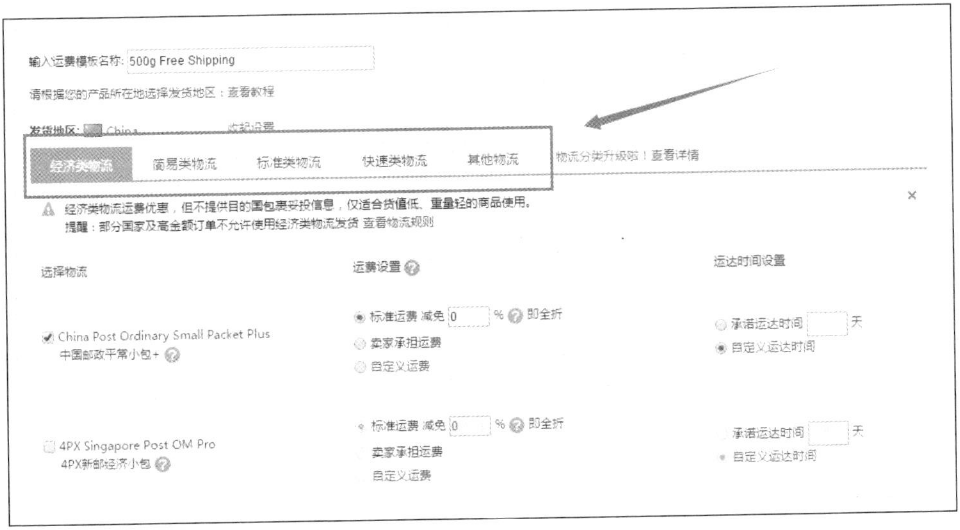

图 6-15

从图 6-15 中可以发现，速卖通平台将物流渠道大致分为 5 类：第一类为经济类物流，主要包含的是各种非挂号小包，价格较为便宜；第二类为简易类物流；第三类为标准类物流，是我们常用的价格中等、时效较快的小包；第四类为快速类物流，包含 EMS 和商业快递等；第五类为其他物流，包含海外仓等。

"500g Free Shipping" 这个运费模板都应该包含哪些物流渠道呢？很多人的想法是只包含其中的一个物流渠道。然而，外贸平台跟国内平台有所不同，我们不能只为买家提供一种物流方案，而应提供更多的物流方案，让买家自行选择。例如，这个运费模板，笔者认为，至少应该提供"E 邮宝"、"中国邮政挂号小包"、"EMS" 这三个物流渠道。其中，E 邮宝是负责发送至部分国家和地区的物流渠道；中国邮政挂号小包是负责发送至绝大多数国家和地区的物流渠道；EMS 作为备选优质渠道由买家自行选择，是提供额外邮费的更具时效性的物流渠道。下面我们逐一讲解。

1. E 邮宝

回顾我们之前的讲解，E 邮宝发送至美国、俄罗斯、乌克兰、新西兰 4 个国家的时候，挂号费仅为 8 元或 9 元，每克的价格低于中国邮政挂号小包，同时物流速度远快于中国邮政挂号小包，所以这 4 个国家首选 E 邮宝进行发送。单击"自

第6章 跨境电商服务质量运维策略

定义运费",之后选择这4个国家,在"设置发货类型"里选择卖家承担运费(包邮),这是第一个运费组合。之后再在第二个运费组合里面选择其他国家和地区,选择不发货。这样就做到了美国、俄罗斯、乌克兰、新西兰这4个国家的买家端能够看到E邮宝包邮的情况。将其余国家和地区设定为不发货(这部分国家我们使用中国邮政挂号小包发货),如图6-16所示。

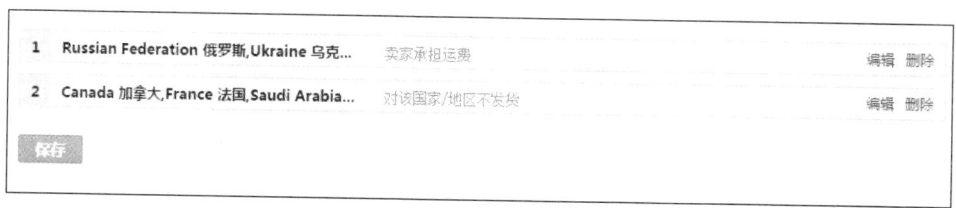

图 6-16

2. 中国邮政挂号小包

同E邮宝一样,我们应该先考虑其中会产生几种运费组合。回顾之前讲解中国邮政挂号小包资费的时候,我们发现中国邮政挂号小包的价格分为10个区,不同区的价格不同,1~8区的价格平均约为100元/kg,第9区的价格为142元/kg,第10区的价格为169.5元/kg。由于价格不同,所以我们需要制作不同的运费组合。

(1)包邮的国家:这里是指发送价格较为便宜(1~8区的国家),且局势稳定的国家。在制作运费模板的时候,国家分为红色字和黑色字,红色字代表常常产生贸易往来的国家,黑色字代表贸易往来不多的国家。红色字基本都为包邮国家,但是也有很多特例,如亚洲的格鲁吉亚为不包邮国家;非洲的埃及、尼日利亚由于邮费较高,也不包邮;欧洲的阿尔巴尼亚不包邮;南美洲的阿根廷、哥伦比亚不包邮(前者是因为根据国家法规会产生较高的税额,后者是因为邮费较高)。同时黑色字也并非全部不包邮,具体国家为:亚洲的国家中除了阿富汗、伊拉克全部包邮;欧洲的克罗地亚、马耳他、斯洛伐克、卢森堡可以包邮(价格较低)。

(2)不发货的国家:亚洲的阿富汗、伊拉克;非洲的马里、索马里;北美洲的美国(选择E邮宝);欧洲的俄罗斯、乌克兰(选择E邮宝);大洋洲的新西兰(选择E邮宝)、也门;南美洲的阿根廷(关税严苛,很容易产生关税)。

以上国家只是笔者的建议,每个人都有不同的发货渠道,大家可以根据自己的实际情况进行选择。

(3)发货不包邮的国家(142元/kg):亚洲的格鲁吉亚(欧亚交界,价格较高);欧洲的阿尔巴尼亚、安道尔、法罗群岛、直布罗陀、冰岛、列支敦士登、摩尔多瓦、留尼旺、圣马力诺、塞尔维亚、梵蒂冈;大洋洲的黑山。

(4)发货不包邮的国家(169.5元/kg):除了以上国家,剩余全部选中。

3. EMS

由于不同国家的收费标准差异较大、所分区域较多,所以EMS需要创建的运费组合较多。其原理与之前的中国邮政挂号小包一样,都是选中国家之后进行不同运费组合的处理,唯一的区别是在"设置发货类型"里增加了"标准运费"这一项。所谓标准运费,就是可以自行在所选国家中填写运费减免率。运费减免率是指买家所需减少支付的比例。在中国邮政挂号小包里也会面对这个问题,如中国邮政挂号小包的第9区,每千克的价格为142元,那么运费减免率应为(100+8)/(142+8)=72%,其中,8元为挂号费,100元约为发往全世界包邮国家每千克包裹的平均价格,142元为发往第9区每千克实际的价格,所得的72%就是运费减免率,也就是说买家只需支付国际物流费用的28%即可。EMS的原理也是一样的,只要分别计算出运费减免率,配合选出不同的国家,即可完成EMS的运费组合创建。

6.2 客户服务规范与体系

6.2.1 跨境电商客服体系的构建

1. 客服人员岗位设置及要求

随着速卖通平台的发展和变化,跨境电商卖家为了提升客户的消费体验,纷纷组建强大的客服团队。我们暂且将客服团队分为售中客服和售后客服两个部门。不同部门之间的客服人员组成及要求不尽相同,接下来将对不同的岗位进行细致的讲解。

售中客服的主要职能是在线解决买家询盘事宜，解决买家疑问，从而促成订单，故而要求为：

（1）能够及时回复店铺站内信、订单留言。

（2）积极保持与其他职能部门同事（采购、物流、库房等）的有效沟通与联系。

（3）具备客户服务意识、销售和沟通技巧。

（4）英文水平至少达到四级以上，越高越好，同时尽量招聘小语种客服。部分国家的买家在进行询盘时，翻译软件无法给出准确的翻译结果，这时，小语种客服的优势便显现出来。

（5）能够熟练使用ERP系统、Office办公软件等。因为客服人员对系统和办公软件的熟练程度直接影响后期效率。

（6）性格开朗、思维敏捷、开朗大方，具有良好的沟通能力、学习能力等。

售后客服的主要职能分为三部分：

（1）及时解决买家购物存在的问题。

（2）提升店铺好评率，降低纠纷率。

（3）提升老买家的订单数。

故售后客服的工作要求为：

（1）订单留言回复及时，能够处理纠纷，解决和减少客户差评，从而确保店铺信誉度。

（2）能够熟练使用ERP系统、Office办公软件等。因为客服人员对系统和办公软件的熟练程度直接影响后期效率。

（3）英文水平要求达到六级以上，具备一年以上外贸平台经验的优先录取。

（4）能够熟练地用英文或小语种进行口头对话（外贸平台经常需要给买家打电话进行沟通）。

（5）售后客服工作较烦琐，要求做事耐心、细心，能够承受工作压力。

（6）能够总结售后存在的问题，及时报告上级，从而进行调整。

2. 客服团队绩效管理

判定客服负责人工作是否优秀，体现在他带领的客服团队工作是否优秀，仅仅考核他个人的数据是毫无意义的。这非常容易理解，客服团队做得好，客服负责人就做得好；客服团队做得不好，客服负责人就做得不好。所以在针对客服负责人进行绩效考核的时候，可以采用这几个指标：客服团队询单转化率、客服团队客单价及客件数、客服团队平均响应时间、客服团队销售额占比等。

3. 新型客服岗位猜想

目前客服岗位及具体分工大致如上所述，但是其中仍然存在很大的问题。下面先来分析一下客服岗位的工作特点。

（1）工作松散：由于时差问题，客服岗位一般在上午较忙，而下午工作已经完成，长此以往，就会导致工作热情降低。

（2）不接地气：客服岗位更多接触的是买家，然而其对产品本身、物流、运营并不了解，无论是售中客服还是售后客服，在与客户沟通的时候都存在很多对产品本身、物流的盲点，这些盲点可能会造成客服工作不接地气。

（3）易怒：尤其是针对售后客服，他们每天的工作大都是解决买家提出的问题，买家在反映问题时难免心存抱怨及指责。同时由于客服人员对产品及运营本身不了解，不能做出及时的判断，而终日面对这样的问题就会产生易怒现象。

综上所述，笔者认为现在客服岗位的工作安排并不理想，于是大胆提出一种新的客服岗位职能，具体工作范畴及工作方向如下。

（1）客服本职工作不能放：客服人员依旧要处理好本职工作。

（2）参与到产品发布中来：之前客服人员的一个通病就是不了解产品本身，同时工作松散，很多时间被浪费掉了。可以将其安排到产品发布工作中，既增加了工作内容，又使售后客服增加了对产品本身的了解。

（3）参与物流信息处理工作：80%的纠纷原因是货物在途，可以让客服人员参与到物流工作中来，从而对物流知识有更多的了解。

6.2.2 客服工作目标

1. 确保账号安全

什么叫确保账号安全？其实质并非防止盗号之类，而是指要确保店铺的信誉度。速卖通平台将卖家的服务等级分为"不及格"、"及格"、"良好"和"优秀"。

当月服务等级是根据上月的每日服务分的均值计算得来的，用以给予每日服务分持续较好的卖家更多的奖励；不同等级的卖家将在橱窗数量、平台活动、店铺活动等方面享有不同的资源。等级越高的卖家享受的资源奖励越多，"优秀"卖家将获得"Top-rated Seller"标志，买家在搜索商品时可以快速发现优秀卖家，并选择优秀卖家的商品下单。指标表现较差的卖家将无法报名参加速卖通平台的活动，且在搜索排序上会受到不同程度的影响，如图6-17所示。

	不及格	及格	良好	优秀
定义描述	上月每日服务分均值小于60分	上月每日服务分均值大于等于60分且小于80分	上月每日服务分均值大于等于80分且小于90分	上月每日服务分均值大于等于90分
橱窗推荐数	无	无	1个	3个
特殊标识	无	无	无	有
平台活动权利	不允许参加	正常参加	正常参加	优先参加
营销邮件数量	0	500	1000	2000
直通车权利	无特权	无特权	开户全额返利15%，充值金额返利5%（需至直通车后台报名）	开户全额返利20%，充值金额返利10%（需至直通车后台报名）

图 6-17

不及格：是指店铺上月每日服务分的均值分数低于60分。一旦店铺等级达到"不及格"，就会导致：

（1）商品排名下降。

（2）无法参加速卖通平台活动。

（3）没有橱窗展位。

（4）无营销邮件数。

及格：是指店铺90天内考核订单分数为60~80分。这时店铺可获得的资源包括：

（1）正常曝光。

（2）没有橱窗展位。

（3）正常报名平台活动。

（4）产生500封营销邮件。

良好：是指店铺90天内考核订单分数为80~90分。这时店铺可获得的资源包括：

（1）店铺商品优先排名。

（2）产生1个橱窗展位。

（3）正常参加平台活动。

（4）产生1000封营销邮件。

优秀：是指店铺90天内考核订单分数为90~100分。这时店铺可获得的资源包括：

（1）店铺商品优先排名。

（2）产生3个橱窗展位。

（3）优先参加平台活动。

（4）产生2000封营销邮件。

（5）有特殊标识"Top-rated Seller"。

由此可见卖家服务等级对店铺的重要性。为了确保卖家服务**等级的**稳定提升，客服人员需要确保好评率、纠纷率等指标。

2．增加老客户购买率

谈到这个话题，笔者不禁想起自己在淘宝购物的经历。那个**时候不仅**是笔者，身边人也一样，在网上购物的时候几乎没有购买**惯性，**向来都是看到**价格较低、**评价也还可以就下单。但是近一两年来，购买同一家店铺商品的**概率越来大，**

这就是购买惯性在起作用。我们在一家店铺里买过东西，对其品质、服务比较满意，就会更加信赖这家店铺。我们来分析一下具体原因。

（1）买到的东西是正品。

（2）品质很好，性价比高。

（3）物流速度令我们很满意。

（4）害怕去其他店铺购买类似商品存在假货、残次品等。

综合以上分析，我们不难得出结论：无论是内贸平台还是外贸平台，凡是在一家店铺里购买过商品的买家，如果想再次购买类似产品，或者向朋友推荐类似产品，就会优先选择曾购买商品的店铺。

这样一来，增加老客户购买率就成了客服人员的工作范畴。那么，究竟如何提升老客户购买率呢？笔者认为应做到如下几点：

（1）针对每一笔订单都做好服务、售后、品质，自然而然地会让国外客户产生信任和购买黏性。

（2）在售中客服环节，在买家向我们询盘的过程中，一定要努力挖掘大客户，充分打消买家的疑虑，在恰当的时候做出适当的价格让步，从而促成批发交易。

（3）营销邮件不要浪费。我们可以通过营销邮件给购买过的买家、加购物车的买家、加收藏夹的买家发送营销邮件。前者作为我们的老客户，本身就对我们的店铺存在好感，适当地发送优惠券很容易刺激其进行二次购买。后两者之所以将商品加入购物车或者收藏夹，是因为喜欢我们的商品，只是价格问题让买家产生了犹豫，这时候发放适当的优惠券，就会促成订单。这时可能会有读者产生疑问：优惠券怎么能说发放就发放，产生亏损怎么办？这里笔者只能说，不要一上来就考虑利润的问题，先做好品质和服务，可能前期不赚钱，但是后期一定能补足。

3．降低售后成本

售后成本是由于售后问题所需支付的额外费用，大部分是由于纠纷导致的，下面我们一一列举。

（1）买家提出不退货退款方案：当买家没有收到货物，或者收到的货物有破损时，买家就会提出此项方案。若货物货值较高，则需要自己斟酌，及时和买家沟通解决，争取部分退款或者重新发送。

（2）买家提出部分退款方案：当买家提出的商品问题不是特别严重，并非无法解决时，卖家可以和买家商议，以部分退款的形式进行补偿。

（3）买家要求重新发送货物方案：当货物货值较低的时候，如果买家要求全额退款，则可以与买家沟通争取重新发送；同时为了取得买家的信任，我们可以让买家重新下单，当作一笔新的订单来处理。

（4）发放优惠券方案：这是笔者较为喜欢的方案，和给买家重新发送货物一样，我们可以让买家取消纠纷，从而降低店铺纠纷率、提升店铺评分。同时，当买家提出部分赔偿的时候，及时发放优惠券不仅能减少纠纷率，而且还能促成下一笔订单，这也是一种把买家争取为老客户的有效方式。

6.2.3 平台规则与卖家服务等级

1. 买家购买流程

这里我们要说的绝不是简单的买家下单付款的过程，而是要分析买家在下单过程中如果遇到问题都会经历哪些步骤，在此我们一一研讨。

（1）买家按照类目或关键词进行搜索，选中我们的商品，加入购物车。

（2）扫描有没有优惠券信息或者满立减信息，下单，付款。

（3）等待卖家发货。如卖家发货时间过长或商品存在缺货的现象，买家可以申请取消订单。

（4）卖家发货2~3天后可以查到物流信息。

（5）如果长时间没有物流信息，或者物流信息显示货物长时间在一个地方没有移动，则买家可以提出纠纷。

（6）卖家填写发货跟踪号之后，根据不同的物流方式，买家可以在不同的期限内提起退款申请。

①系统默认时间。

- 商业快递：第 6~23 天。
- EMS/顺丰：第 6~27 天。
- 航空包裹发货：第 6~39 天。若设置的运达时间小于等于 5 天，则卖家发货后，买家即可提起纠纷。

②若设置的运达时间大于系统默认的运达时间，则以卖家设置的承诺运达时间为准。

③平台于 2015 年 6 月 18 日更新规定，交易完成后的 15 天内，买家依旧可以提起纠纷，但由于以下情况提起的纠纷，平台不予保护：商品影响二次销售；买家操作不当导致的质量问题。

（7）买家收到货物之后，发现商品破损或者商品与描述不符等，同样可以提起纠纷（Open Dispute）。提起纠纷后，平台会要求卖家在 5 天之内"接受"或"拒绝"买家的退款申请。如果卖家在 5 天之内没有单击"接受"或者"拒绝"按钮，则钱款会自动转回买家账户。

（8）如果买卖双方经协商达成一致，则按照双方达成的协议进行退货或退款。如未达成一致，则需提交至速卖通平台进行裁决。

（9）若买家提起纠纷退款，则只要卖家拒绝了纠纷，在等待买家响应或者等待卖家响应阶段，买家都可以将订单升级到平台进行裁决。

（10）若买家第一次提起退款申请后 15 天内未能与卖家协商一致达成退款协议，买家也未取消纠纷，则系统会在第 16 天自动提交速卖通平台进行裁决。

（11）若卖家提起的退款申请原因是"货物在途"，则系统会在限时到达后的第 6 天自动提交速卖通平台进行裁决。

（12）若整个购物期间买家不存在问题，则可确认收货，并且给予评价。

2. 订单处理流程

（1）买家下单。

（2）买家付款成功或不付款。

（3）若买家只是下单成功而没有付款，则可以催付款。但有一种特例，就是巴西的 Boleto 付款方式。这种付款方式是买家已经付款成功，但是需要买家去银行进行确认，确认后钱款方能转至卖家账户。

（4）等待资金审核通过。

（5）资金审核通过后，卖家可以发货。

（6）将货物运单号填至速卖通后台。

3. 卖家服务等级考核原理

前面我们说过卖家服务等级对店铺的重要性，那么卖家服务等级分数是怎么得来的呢？一个月统计一次卖家服务等级分数，即将每日服务分之和除以当月天数。换句话说，每月服务分是由每日服务分决定的。现在我们对每日服务分项进行一一讲解。

（1）成交不卖率（10 分）：即销售出去的订单，卖家未在规定的时间内填写运单号的行为。同时，如果接到买家提出发送空包裹、未产生物流信息等投诉，则也易成为成交不卖订单。成交不卖是所有错误类型中最伤害买家感情的行为，卖家一定要设置好库存量，避免成交不卖这种事情发生。

（2）未收到货物纠纷提起率（15 分）：卖家在上传产品时会填写发货期限（这里指的是工作日，除去节假日和周末），买家下单付款审核通过之后，若在发货期内卖家没有及时填写运单号，平台就会自动视为成交不卖，成交不卖会对卖家造成很大的影响。若成交不卖率较高，则不仅 15 分会被取消，同时会产生负分影响。

（3）货不对版纠纷提起率（15 分）：即由于货不对版所提起的纠纷率。不同类目有不同的 90 天考核指标，若超过该指标，则直接关闭类目经营权限。这个指标可以在"账号及认证"板块的"店铺类目指标"中查询。

（4）DSR 商品描述（30 分）：所谓 DSR，即店铺的动态评分。DSR 商品描述的含义是买家在对商品进行评价的时候，在商品描述方面所给出的评分。需要注意的是，DSR 商品描述给出的分值为 30 分，在满分为 100 分的情况下，30 分的 DSR 商品描述可谓重中之重，所以在产品本身质检及采购方面卖家需要格外注意。和货不对版纠纷提起率一样，不同类目有不同的 90 天考核指标，若超过该指标，则直接关闭类目经营权限。这个指标可以在"账号及认证"板块的"店铺类目指标"中查询。

（5）DSR 卖家服务（15分）：一直以来，网上流传一句话，"电子商务没有卖家服务"，有一定的道理。曾经的电子商务卖家服务是什么？买家进行询盘，卖家回复了叫服务；买家下单付款，卖家发货了叫服务。除此以外，买家和卖家的沟通很少，几乎谈不上服务。但是随着电子商务的发展，买家和卖家都越来越重视服务这一领域。那么，卖家可以提供哪些服务呢？

① 节日的问候：这个环节在国内电商中已经屡见不鲜，而跨境电商买家则更加重视这个环节。客服人员需要总结国外不同地区的节日，定期问候。

② 良好的售后：这里主要是指买家购物出现问题时卖家高效的处理能力。一旦出现问题，很多卖家的第一反应是推卸责任，而非处理问题，需要卖家引起注意。

③ 及时的询盘回复：这里要切记，务必在买家询盘的 12 小时内进行回复，买家长时间等待也会间接导致卖家服务评分降低。

④ 高速的物流：这个无须多言，物流速度不仅影响 DSR 物流得分，同时也会极大地影响卖家服务得分。笔者有过很多类似的经历，买家反馈商品质量一般，但是高效的物流让买家很满意，直接给予全 5 星评价。物流绝对是电子商务的一大重点。

⑤ 礼品：这里有一个误区，即无论买家购买店铺内的何种商品，卖家所赠送的礼品都是一样的，而且礼品本身不能和所销售的商品产生相关性。所以笔者要说的是礼品的选择非常重要。

⑥ 产品包装：下文会有重点介绍。

（6）DSR 物流（15分）：即物流评分，越快的物流速度，物流评分越高。

此外再说一下好评率。好评率虽然在新规中不再直接决定店铺得分，但店铺好评率是 DSR 商品描述、DSR 物流、DSR 卖家服务的最终表现形式，我们在此简单说明一下。

好评率，即店铺好评率，通过好评数量除以总评价数（买家未给予评价的订单不算）得出。也就是说，中评也会对好评率造成影响。还有一点要注意的是，若订单实际成交金额小于5美元，则该笔订单不会被计入考核。

订单实际成交金额小于5美元是什么意思呢？举两个例子：

（1）买家看中了一款产品，产品售价为4美元，但是产品本身不包邮，邮费为2美元，也就是说买家实际应付金额为6美元，大于5美元，那么该笔订单会被计入考核。

（2）买家欲购买一款售价为6美元的产品，但认为售价较高，经过与卖家协商，卖家同意调整价格为4美元，随后买家付款成功，该笔订单买家实际消费金额为4美元，小于5美元，那么该笔订单不会被计入考核。

6.2.4 纠纷原因及解决方案

1. 物流纠纷

由于物流原因导致的纠纷大致分为以下几种。

（1）货物海关扣关。有两种可能：一是产品本身存在问题，如产品本身不合格、含有违禁物品等；二是产生了关税。一旦产生关税，卖家应及时和买家进行沟通，避免不必要的经济损失，争取能够做到买家、卖家各出一半或由买家全部承担。

（2）货物未产生物流信息。同样存在两种可能：一是卖家错误地填写了运单号，这只能由卖家自行注意；二是物流信息上网速度慢，笔者推荐"www.17track.net"这个网址，一旦速卖通后台显示物流信息不完整，可登录该网址进行物流信息查询。

（3）发送地址出错。这种情况一般很少出现，因为卖家都是从网上下载买家地址等信息的，所以导致出错的概率不大。

（4）物流时间过长。这类纠纷原因是物流类纠纷的常见原因，有三点：

①收货地国家严查阶段，货物在国外海关清关速度较慢。

②特殊原因及各种不可抗力因素导致的物流速度过慢，如地震、火山爆发、国外邮政罢工等因素。

③卖家选取的发货渠道价格较为低廉,从而导致物流速度较慢。建议卖家多多研究各种物流的特点,因地制宜,合理选用物流渠道。

2. 描述不符纠纷

商品描述不符也是常见的纠纷现象,同时上文提到,由于货不对版导致的纠纷对店铺综合得分影响非常大。下面我们开始分析商品描述不符导致的纠纷可能性。

(1) 货物发送错误。这是新手卖家常常犯的错误,笔者建议建立 SKU 数据库(建仓),对不同商品的库存量进行统计整理,发货的时候直接输入 SKU 编码,从而减少犯错的可能性。

(2) 商品本身上传的时候存在问题。例如,标题、属性、详情页等增加了原产品本身不具备的属性。虽然我们在标题、属性中增加一些热搜词可能会导致产品本身增加大量曝光,但笔者不建议大家这么做,原因有两点:

①增加了曝光,但由于产品本身并无关键词所描述的特点,从而降低了点击率和购买率,降低了产品的可成交性,看似增加了曝光,实则导致产品排名下降。

②这样做极大地增加了可能存在的纠纷项,造成店铺综合得分下降,得不偿失。

3. 商品破损纠纷

商品破损纠纷,究其原因有三:

(1) 商品发货之前质检不到位。

(2) 商品运输途中产生破损。

(3) 买家恶意为之。

以上三点原因的解决方案:

(1) 将产品破损率与库管人员工资直接挂钩,或者直接增派人手,确保货物入库安全性。

(2) 易碎商品增加包装安全性(后文提及产品包装会着重叙述)。

（3）产品出库留视频或照片作证。很多恶意买家常常提供虚假照片，表明收到的货物存在破损，或者声明卖家发错货物。强烈建议卖家将贵重货物留好照片、视频等证据。

6.3 包装设计与开箱体验

6.3.1 包装设计

1. 包装设计的目标

前文说到卖家服务的时候，我们也提及了产品包装设计，在此我们对包装设计的目标进行统计。

（1）确保包裹安全及包装重量的控制：确保包裹安全性绝对是第一要素。跨境电商物流周期较长，多为 14～45 天，产品包装的好坏决定了产品破损率的高低，从而直接影响纠纷率。

（2）物流成本控制。跨境电商物流渠道主要以每克或者每 500g 为一个计费单位，所以包装材料的选择与使用会直接影响整个物流的成本，如图 6-18 所示。

邮政标准尺寸无字纸箱	尺寸（毫米）	价格（元）	重量（kg）	适用范围
1号标准5层	530*290*370	4	0.85	大件商品
2号标准5层	530*230*290	3	0.65	箱包等
3号标准3层	430*210*270	2.1	0.4	箱包及鞋子等
4号标准3层	350*190*230	1.5	0.23	鞋子等
5号标准3层	290*170*190	1.2	0.16	装饰品等
6号标准3层	260*150*180	0.9	0.135	化妆品、饰品等
7号标准3层	230*130*160	0.8	0.1	化妆品、饰品等
8号标准3层	210*110*140	0.6	0.08	化妆品、饰品等
9号标准3层	195*105*135	0.5	0.07	化妆品、饰品等
10号标准3层	175*95*115	0.45	0.055	化妆品、CD等
11号标准3层	145*85*105	0.38	0.045	化妆品、CD等
12号标准3层	130*80*90	0.28	0.035	化妆品、小饰品

图 6-18

尺寸越大的外包装箱也就意味着产品包装后重量越重，同时会导致国际物流费用的增加。我们按每克的平均价格为 0.1 元计算，一只普通的 4 号标准 3 层纸箱重为 0.23kg，也就意味着我们为此需要花费 23 元人民币，折合 3.5 美元，直接导致商品售价的上升。那有没有什么较好的方式能够在保证商品包装较轻的同时确保货物运输的安全呢？

笔者曾经发送一个宠物自动喂食器，通体由塑料组成，怕磕碰、易碎，产品本身不重，但是体积较大，需要用较大纸箱进行包装，同时为了保证货物安全性，需采用 5 层的纸箱进行包裹，每只纸箱重达 300g，也就是说我们需要在包装方面浪费 30 元人民币。这款产品销量较高，但是由于纸箱的重量一直没能成为利润款，偶尔发往物流费用较高的地区，还可能产生经济损失，于是我们做出以下尝试：

①将货物不再用纸箱进行包裹，改用包装袋，在包装袋内侧放置气泡垫，强行将包装重量减轻了 200g，但是由此导致部分商品发生破损，买家提交纠纷，不得不做出赔偿，尝试以失败而告终。

②将货物不再依靠 5 层纸箱进行包裹，改为较薄的单层纸箱，纸箱内部放置气泡垫，同时为了保证纸箱不会在运输途中产生破裂，将纸箱外包装缠上了几层透明胶布。接下来卖家不再反馈商品破损，一直也没有出现什么问题。一个月后，有一件商品被海关退回，我们为了明确包裹里是哪件商品，将包裹进行了拆包，发现拆包过程过于烦琐，先是用剪刀剪，而后用蛮力撕。我们便开始反思，这样的包装一定会给买家带来不好的开箱体验，卖家应有的服务精神荡然无存。

③一次偶然的机会，笔者在国内某购物网站购买了一罐铁盒茶叶，收到快递后拆包，发现包装很精致，用了一层一层隔开的气泡囊将铁盒包裹了起来，相当于将整个铁盒悬浮在纸箱中间。笔者将包裹重新封装，检测包裹安全性，经过抛、扔、站立其上等多种检测方式，发现拆包后商品都没有破损迹象。于是我们开始使用此类包装方式，既减轻了重量，也增加了包裹的安全性。

④我们又重新考虑了一下货物发送的物流渠道。这件货物包装后为 1.87kg，发送部分国家 EMS 的价格低于中国邮政挂号小包及 E 邮宝的价格（EMS 以 500g 为一个计量单位）。于是更改了此件商品的运费模板，部分国家直接发送 EMS。

2. 包装设计元素使用

在研究包装设计时，我们必须围绕包装艺术语言特色的要求研究美的规律，即在设计形式上一切都是为了在瞬间或较短的一段时间内达到简明、快捷地向客户传达商品信息的目的。所以，在设计中，要选择最恰当表现内容及尽可能完美的形式，使包装具有最佳的视觉效果，以达到良好的市场效应。

1）文字——包装设计的点睛之笔

文字作为平面设计中的三大要素之一，是人类最普遍使用的传递信息的工具。由于其存在的普遍性和应用的大众化，它的设计概念和传播功能往往被忽视，但文字在传递产品信息和企业形象、确立产品品牌时，往往又最易于被大众接受。

在立足产品特性和企业形象、放眼市场规律、抓住受众心理的前提下，将字中插图、字中插字、字与图形、字与字母进行大胆组合，利用变形、变色、笔画特异、字形夸张等手法，体现文字的艺术魅力。

2）色彩——传递包装情感

在包装上，形式要达到美感，除要符合包装造型的美，图案、文字、色彩、线条的秩序美，以及在整个过程中的宾主、均衡、方圆、疏密等对比的美，还要符合下述要求：形式要服从商品的需要，突出商品的概念，即商品个性与特点，根据商品属性的变化而有所不同，不能概念化和简单化，为产品选择适当并且美观的外观颜色，在设计和搭配时要遵循一定的原则。这时，产品的功能特点和它的使用环境就应该被充分考虑。色彩纯度的高低、色调色彩的冷暖等诸多因素在不同的环境下会给人不同的感受。

3）创意——让产品跳出来

包装所表达的相关信息需要通过一定的表现形式才能传播，选择恰当的表现形式是正确传播企业形象和商品信息的关键环节。恰当的表现形式可以起到以一当十的作用，增强产品的商品性；反之，则模糊了产品的商品信息。

许多产品很难用一种确切的形象来体现它的实质内涵，为此，在创意时只有把色彩、图形、文字等诸多因素运用得准确、到位，传递出产品的相关信息，唤起人们的猜想，才能达到最终目的。

3. 包装设计案例

这里笔者以国内电商做得较好的一家店铺——三只松鼠为例,玩了一次开箱体验分解。

(1)跳过售前沟通,直接下单、付款,直到收到发货短信,并有客服与我联系,如核对收货地址。

收到货后,发现纸箱质量优于其他同类商品店铺。接货时,快递员抱在手上,可以明显看到比其他箱子结实。

厚度、纸质、手感都很优秀,一般纸箱用手捏偏软,而松鼠纸箱偏硬,而且颜色偏亮,可能是纸质更纯的原因。这里注意,形象植入统计:1次,如图6-19所示。

图6-19

(2)封箱标签:小标签是和箱子风格统一设计的,非常自然地将店铺元素融入一张小标签里。松鼠Logo(到处都是"松鼠"两个字)、松鼠代言人(松鼠小美温馨提示)、松鼠星球(继续为卖萌热身、加温,同时留下联系方式)、松鼠外围关系("快递哥哥们,你们辛苦啦!"以此来降低被快递暴力踩蹋的发生率,但是大家要明确,其实这段卖萌也是写给客户看的)。

形象植入统计:7次(这部分小标签出现了6次,松鼠、松鼠、松鼠,到处都是松鼠,如此频繁地出现,有哪处让你感觉不舒服了吗),如图6-20所示。

图 6-20

（3）绝不放过任何一处植入自己品牌的机会，充分利用空间，如图 6-21 所示。分解：印或不印这里，于成本而言几乎没有影响，关键需要恰当舒服的设计。卖萌次数永远不会少，就看你的文案功底强不强、美工配合是否默契。

图 6-21

（4）强化品牌的电商基因，展示自己的二维码入口，让买家产生购买惯性，如图 6-22 所示。

图 6-22

6.3.2 开箱体验

1. 开箱体验的重要性

包装设计最主要的功能是保护商品,其次是美化商品和传达信息。值得注意的是,对于现代消费来说,后两种功能已经越来越显示出重要性。随着人们生活水平的不断提高,人们不再只满足于温饱问题,转而对商品的要求越来越高。因此,一个好的开箱体验设计除了能够解决基本包装问题,还要着重研究消费者的心理活动及消费预期,这样才能让自己的商品在同类产品中脱颖而出。一次好的开箱体验会带来以下效果:

(1)即使在买家对商品本身并不十分满意的情况下,依旧会给予较高的评价。

(2)当卖家所提供的纸箱较为牢固且美观时,买家会将纸箱留存以作他用。这样一来能让买家不经意间想起这次购物经历,促使买家再次购买。

(3)卖家牢固的包装既能够确保商品的安全性,也能让买家感受到卖家的良苦用心,从而获得较高评价。

(4)建议包裹内赠送日常生活用品或能够跟单品本身产生联系的小商品作为礼物,让买家更能感受到卖家的贴心。

2. 开箱体验案例

(1)国内三只松鼠品牌最先使用的"开箱神器"。将该"神器"贴于包装一角,同时在包装上添加标注,方便买家开启包裹,避免日常用钥匙、圆珠笔等开箱的不便和尴尬。

（2）一封感谢信，如图6-23所示。现在的网络流通商品里附带一封感谢信已经非常普遍了，有时候两家店的不同商品感谢信的内容竟然完全一样，这说明一些感谢信并不是原创的，没有什么诚意。笔者认为，朴实的、带有卖家真情实感的感谢信更能起到良好的效果。建议感谢信最好自己创作并且避免被抄袭。有些感谢信的结尾部分还附带五星好评的图解。笔者不建议这么做，因为只要卖家坚持做好品质和服务，好评会随之而来。一味地向买家要好评，效果可能适得其反。

图 6-23

（3）许多商品都会有赠品。其实赠品都不贵，但是会平息因物流态度不好等造成的小风波。赠品的选择也要用心设计一下，比如，孕妇服可以赠送宝宝的小袜子。同时，可以赠送一些附带中国特色的小礼物，如具有中国特色的小挂件、小摆件、小中国结等。赠品的选择标准为价格低、重量轻，只代表一份心意。切忌赠送带有大量文字广告的小礼品，效果反而不佳。同时，买家普遍拥有的商品不要作为赠品，如带大量文字广告的鼠标垫。图6-24为三只松鼠品牌原创的小钥匙扣，既达到了赠送礼品的目的，又完成了品牌形象的植入。

图 6-24

（4）售后服务卡。虽然很多商品发出后是没有售后服务的，但是附赠一张售后服务卡则会给买家一种很专业的印象。同时，如果买家在购买过程中确实存在售后问题需要解决，则也可以引导买家主动联系卖家，避免发生不必要的纠纷。

（5）发货单的必要性。图 6-25 所示为三只松鼠的一张发货单。发货单本身并不会产生较大的费用，但页面设计大方、简洁的发货单会使买家产生良好的购物体验，相当于又一次进行了品牌形象植入。

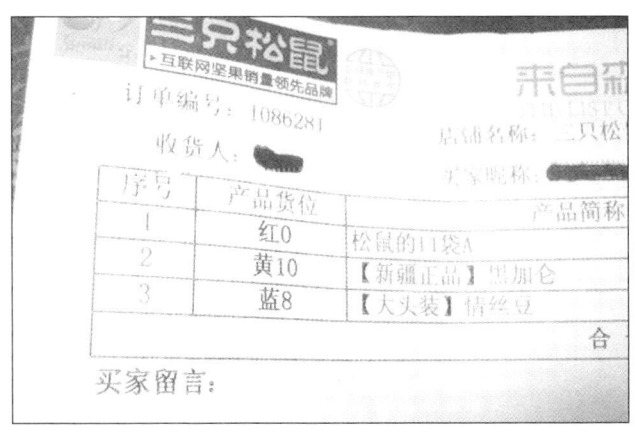

图 6-25

3. 关于开箱体验的两点建议

其实关于开箱体验，要说的还有很多，但是限于篇幅，只能先谈到这里。笔者比较喜欢一句话："纸上得来终觉浅，绝知此事要躬行。"关于开箱体验，笔者有两点建议：

（1）我们作为卖家，每天做得最多的是包货，而不是拆包，把自己当作局外人一样地去拆开自己封装的包裹，看看会有怎样的购物体验，开箱体验做得好坏显而易见。

（2）可以适度地向同行学习。国内电商平台上有很多卖家在产品维度、服务意识、电商思维等方面做得非常出色，我们要不断取他人之所长，不断学习、不断进步，这才是互联网精神！

第 7 章

跨境电商财务体系建设策略

本章要点：

- 财务数据的记录与来源
- 财务数据的整理与分析

1. 建设跨境电商财务体系的意义

一个行业的发展速度往往会超出行内人的认知水平和预期。转眼间,跨境电商就经历了从"新兴行业"到"成熟市场"的快速蜕变。在这种行业发展的洪流之中,作为沉浸其中多年的小水滴,笔者也在不断跟随行业的脚步,刷新着自己的认知。

作为行业成熟的一个标志,财务体系的完善与成熟是与行业发展同步的。跨境电商从最早一批尝鲜卖家手中的"生意"变成惠泽众多公司型运营团队的"商业模式",在这种蜕变中最明显的就是财务体系的形成。

各个跨境电商行业的经营主体在结合其他行业财务工作经验的前提下,根据自己行业的规律,逐步摸索、总结出适合行业特性的财务方法,最终形成了可以在业内复制的财务体系。这就是本章将要尝试探讨的内容。

在正式展开本章内容之前,我们先探讨一下建立"跨境电商财务体系"对于广大卖家,特别是公司型运营团队的意义。

1)做到更好的资金管理

资金对企业发展至关重要,如果将企业比作人体,那么资金就是人体中的血液。可以说资金是跨境电商运营过程中必不可少的条件。在跨境电商行业发展初期,由于订单琐碎、买家所处目的国众多,造成成本利润的精准核算十分困难;加之国际运输时间长与平台扣、放款政策的限制,很多卖家经常会在"总体盈利"的情况下面临资金周转不灵、可用现金太少的问题。这就需要财务人员在合理的财务体系下,基于对市场和平台放款周期的分析,综合各方面的信息数据,来支配跨境电商运营团队的资金,从而利用有限的资金投入带来最大的产出,促进运营效益的提升。

2)达到精准的成本控制

影响跨境电商出口企业利润的因素有很多,如不同批次采购成本的变动、国际运输费用的复杂多样、市场供需关系的变化等。跨境电商的成本因素由于其行业特性,导致难以精准控制,但成本因素又是影响企业利润的主要因素之一。

财务人员运用科学的方法,在保障企业正常运转的前提下,严格控制企业中不合理的支出，包括对产品成本的控制、对物流费用的控制、对营销和售后维护费用的控制及对职工薪酬、福利、保险和劳动保护的管理等，从而达到降低企业生产成本、增加企业利润、提高企业经济效益的目的。

3）实现财务的管理监督功能

企业的正常运转需要一整套完善的管理监督体系。财务管理中的管理监督体系使得企业在跨境电商运营过程中步步为营，确保企业始终朝着正确的方向前行。不仅如此，在完善的管理监督体系下，企业能有效地利用各种资源，最大限度地挖掘自身产能，优化企业的经营与管理，从而能够以较小的成本投入获得较大的经济效益。

2. 建设跨境电商财务体系的基本思路

1）建立有效的跨境电商销售成本/利润预算机制

从实用主义的角度来说，跨境电商经营者在建立自己的财务体系时需要解决两个问题：第一是厘清所售产品或提供服务的各项预算成本、费用，对业务的盈利水平进行合理预估，进而考量对业务的人力、资金、时间投入；第二是建立对跨境电商业务全流程的财务数据监控体系，保证每项费用的支出都能精准记录，每项成本的发生都能准确统计。

而在这两项基本工作中，预算体系的设计与建立是商家的首要工作。没有精确的预算，所售产品的盈利情况得不到客观的预估，则无异于一场盲目的赌博，更谈不上对人力、资金的投入优化及对库存水平的合理控制。

因此，在本章中，跨境电商零售的"销售产品预算"将是我们首先要讨论的课题。

2）对跨境电商运营全流程进行精准的财务数据记录

在谈财务数据的分析之前，首先要解决"数据从哪里来"的问题。不同于行业数据、平台数据等外部数据资源，企业自己的销售数据是无法从别人那里买到的，必须脚踏实地地去做统计工作。

而依笔者在跨境电商行业8年的从业经验来看，零售电商，特别是跨境零售电商的日常数据统计是最烦琐、最复杂的。举个简单的例子，我们先只谈物流运费这一项。如我们销售的甲产品,产品净重 200g,假设每日售出 20 单,那么我们在统计与计算这 20 笔订单时将会面临以下问题。

(1)这 20 笔订单的国家和地区是不同的,针对不同的国家和地区,我们将会选取不同的物流方式。以速卖通平台的卖家为例,为保证主要销售国家和地区的运输时效与运费的经济性,一般的卖家至少需要准备 3~5 种常用的物流方式,而这些物流方式的运费计算是千差万别的。比如,我们经常会用到以下几种物流方式。

- 中国邮政挂号小包:运价为 60~170 元/kg+8 元/包裹。
- 中俄航空 Ruston:运价为 80 元/kg+7.4 元/包裹。
- 中外运-英邮经济小包:运价为 60.4 元/kg+4.4 元/包裹。
- 中外运-西邮标准小包:运价为 49.5 元/kg+16.8 元/包裹。

注:以上价格均来自速卖通线上发货物流方案的报价,随市场变化可能有所调整。

以上我们只列举了 4 种物流方案,可以看出,针对不同的国家和地区,不论是在每只包裹的挂号处理费上,还是在"称重计费"上,各种物流方案的差别是巨大的。

(2)就算我们只针对一种物流方式,比如"中国邮政挂号小包",由于国家和地区距离远近不同,也会导致成本差异巨大。上面提到的 20 笔订单寄往不同国家和地区,其运费也会天差地别。以中国邮政挂号小包的报价表为例,如图 7-1 所示。

分区	中国邮政挂号小包 速卖通在线发货报价	配送服务费原价 (重量按克计费) 元(RMB)/kg	挂号服务费 按包裹数量计费 元(RMB)/包裹
	国家		
1	日本	60	8
2	韩国、马来西亚、泰国、新加坡、印度、印度尼西亚	69	8
3	爱尔兰、奥地利、澳大利亚、保加利亚、比利时、等国	78	8
4	土耳其、新西兰	82	8
5	阿曼、阿塞拜疆、爱沙尼亚、巴基斯坦、巴勒斯坦、白俄罗斯等国	87.5	8
	俄罗斯	88	8
6	南非	101	8
7	阿根廷、巴西、墨西哥	106	8
8	阿富汗、阿拉伯联合酋长国、巴林、不丹等国	115.5	8
9	阿尔巴尼亚、安道尔、冰岛、法罗群岛(丹)、梵蒂冈等国	142	8
10	阿尔及利亚、阿鲁巴岛、阿森松岛(英)、埃及、埃塞俄比亚等国	169.5	8

图 7-1

可以看到，一件重 200g 的商品，假设包装后重 250g，分别寄往日本和阿尔及利亚，其运费差别会高达 (169.5-60) × 0.25 ≈ 27.38（元）。我们知道，现在速卖通平台可以向全球 200 多个国家和地区销售产品，即使只讨论中国邮政挂号小包这一种物流方式，每天发出的 20 笔订单也可能会有 10 种不同的运价。

（3）我们刚刚只是探讨了运输报价的差别，还没有讨论产品本身的重量。我们知道，由于产品的包装过程只能完全靠手工操作来完成，那么不同的人、不同的包装方法处理的产品包装后的重量有可能会有很大差别。举个例子，笔者销售过一段时间的陶瓷制刀具，由于产品易碎，负责包装的同事想了各种不同的办法来保护产品。净重 300g 左右的陶瓷刀具，经过不同的包装方法，有些重 350g 左右，有些则重达 400 多克。即使使用相同的物流方式、寄往相同的国家和地区，每只包裹的运输费用也会产生 0.5～1 美元的差距。这就给运输费用的统计带来很大难度。

上述几种情况的叠加只是跨境电商零售业务在财务统计时遇到的各种变数的一个小小侧面，综合考虑产品的多样性（大多数商家的店铺产品数量超过 200 种）及每日订单的数量不断攀升，精准地统计每笔订单的所有成本、忠实地记录每笔订单发生的所有费用就会变得十分烦琐。我们做过一个实验，在全程人工记录的情况下（人工记账、人工称重、人工计算），每名财务人员每个工作日最多记录 200 笔左右的订单数据，而且准确率也是无法保证的。当每日订单量超过 500 笔、1000 笔时，仅订单财务数据的核算统计就是一项繁重的工作。当面临海量的财务工作和业务增长需求的矛盾时，卖家如果没有更好的方法，自然就要放弃财务的精准统计，把时间更多地留在开拓业务上。这也就是为什么早期的跨境电商卖家往往无法做好财务工作的一个重要原因。

要彻底解决这一问题，就需要专门针对跨境电商零售行业而设计的财务系统工具的介入。从 2011 年开始，行业内众多卖家就意识到了财务系统工具对跨境电商行业的重要性。到今天为止，市场上涌现出了一大批"跨境电商 ERP 企业资源管理系统"、"跨境电商订单-库存管理系统"等系统工具。在本章的后续内容中，笔者将会与诸位深入探讨数据记录、整理的思路，以及挑选合适的财务系统工具的方法。

3）对记录的财务数据进行整理与分析

数据统计只是跨境电商财务工作的第一步。我们都知道，数据是死的，其本身并不能告诉经营者任何直接的有用信息。要充分发挥数据的功能，指导我们的经营行为和企业管理，就必须对数据进行整理排序，做深入的分析整理，进而实现在供应商管理与议价、库存控制、费用管控、利润预/核算、人员奖惩激励等各个方面的工作更加精准、科学。因此，在本章中，我们将会引入一系列财务指标，用于整理每日统计的所有成本、费用、收入等基本数据，进而建立阶段性的财务数据报表，帮助跨境电商经营者在各方面的工作中做出相对准确、客观的判断。

4）通过财务数据分析反过来指导企业管理与库存控制

财务工作的最终意义并不是简单地告诉我们每天赚了多少钱、付出了多少成本，更重要的是对我们过去工作中的每一个细节进行客观的回顾，并对企业运作的各个环节从财务的角度进行指导，从而做出调整。

在采访众多跨境电商从业者，特别是中小型团队领头羊的过程中，我们经常得到这样一种反馈：做跨境电商好几年了，订单增速快，利润状况好，但是总见不到现金，"钱不知道都赚到哪里去了"。经过对几位遇到这一问题的同行的财务报表、动态库存表及订单数据表的整理，我们逐渐找到了出现这种情况的原因，即经营者没有做好"充足库存以保证发货时效"与"合理降低库存以提高现金比例"的平衡。在传统模式下，经营者对库存的预估与准备往往基于"个人经验"与"日常经营中对业务的熟悉程度"，通过人工预估的方式来控制库存。由于个人经验的局限性，从理论上讲，这种方式一定会出现两种极端的偏差：或是某些产品的库存不足，导致经常性的发货不及时，甚至成交不卖，降低店铺整体表现和买家满意度；或是某些产品库存过量，超过日常销售的正常库存需求，在旺季与淡季的转换过程中变成积压库存，长期难以消耗。这也就是之前提到的卖家极易出现的库存过多占用大量资金的情况。

而从根本上解决这些问题的关键就在于建立一套完整的财务分析系统，该系统的终极目的是实现对跨境电商企业"三流"（资金流、信息流、产品流）的无缝整合，通过对数据的整理分析，形成一整套财务报表制度，定期对卖家的经营行为进行指导和纠错。

7.1 财务数据的记录与来源

7.1.1 跨境电商产品销售的预算方法

凡事预则立，不预则废。在开展跨境电商业务之前，无论是在产品开发、市场调研还是在营销方案上，我们都要做大量的准备工作，而销售行为的预算工作是前期准备中最重要的一环。正如我们在前面提到的那样，跨境电商零售由于其产品的多样性与买家所在国家和地区的不可控，在进行预算时容易出现失真的情况。而尽量准确的预算不论是对投资者还是对经营者而言，都是打好手中一把牌的第一步。

作为财务工作的基础，我们先列出销售预算需要用到的几个基本公式：

毛利润=销售额-采购成本-国际运费-平台成交费

毛利润率=毛利润/销售额

净利润=毛利润-推广营销费用-售后服务费用与成本-行政管理费用-
公司财务费用-公司税务支出-其他费用

净利润率=净利润/销售额

以上罗列的4个公式非常简单，但我们仍需对其中的几个指标做出解释。

（1）销售额：指跨境电商销售行为所带来的所有售出金额的总和，通常以美元、欧元、日元、英镑等外币的形式出现。但为了统计方便，我们必须把该指标统一为统一币种——人民币，即：人民币销售额=外币销售额×汇率。

而在这一换算过程中就涉及"汇率"的问题。一般而言，我们换算时使用的汇率是中国银行每日实时更新的"现汇买入价"，这个价格也就是当国外付款人（或者销售平台支付中介，如"国际支付宝"）将外汇资金以电汇的形式转移到我们的国内银行账户，再由我们通过银行办理"结汇手续"所适用的换汇价格。中国银行的外汇牌价官方网站为http://www.boc.cn/sourcedb/whpj/，外汇牌价如图7-2所示。

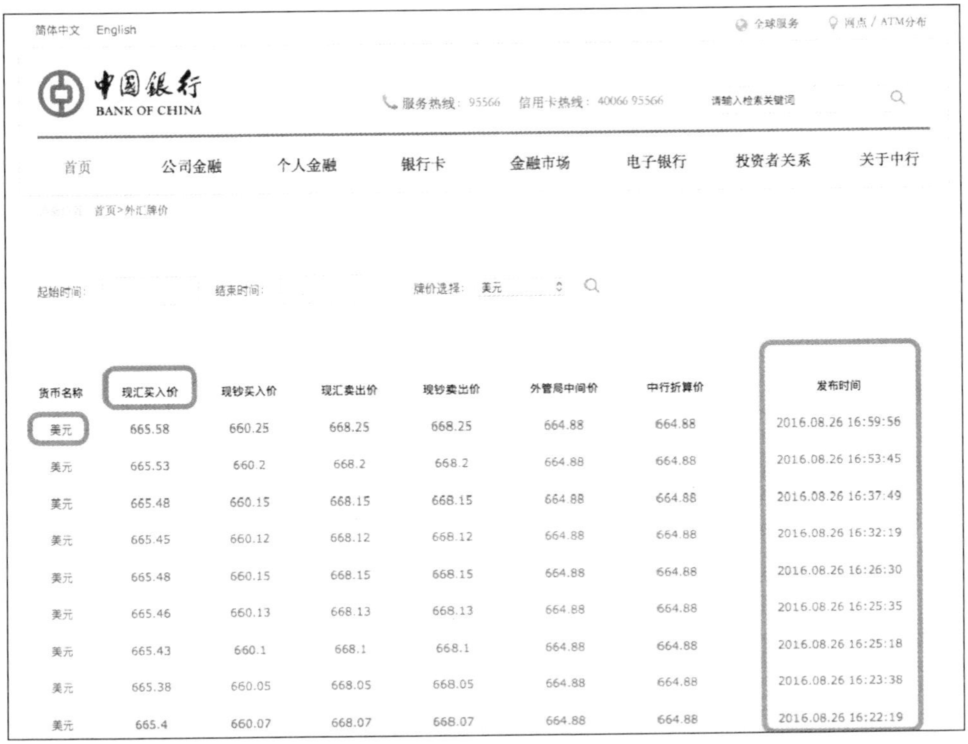

货币名称	现汇买入价	现钞买入价	现汇卖出价	现钞卖出价	外管局中间价	中行折算价	发布时间
美元	665.58	660.25	668.25	668.25	664.88	664.88	2016.08.26 16:59:56
美元	665.53	660.2	668.2	668.2	664.88	664.88	2016.08.26 16:53:45
美元	665.48	660.15	668.15	668.15	664.88	664.88	2016.08.26 16:37:49
美元	665.45	660.12	668.12	668.12	664.88	664.88	2016.08.26 16:32:19
美元	665.48	660.15	668.15	668.15	664.88	664.88	2016.08.26 16:26:30
美元	665.46	660.13	668.13	668.13	664.88	664.88	2016.08.26 16:25:35
美元	665.43	660.1	668.1	668.1	664.88	664.88	2016.08.26 16:25:18
美元	665.38	660.05	668.05	668.05	664.88	664.88	2016.08.26 16:23:38
美元	665.4	660.07	668.07	668.07	664.88	664.88	2016.08.26 16:22:19

图 7-2

另外，我们也注意到，中国银行在工作日期间，每隔 5 分钟便会更新一次外汇牌价。一般来讲，为了统计方便，同时考虑到汇率在每日变动的幅度较小，我们可以固定每周某个时间点，如周一早上 11:00 的“现汇买入价”作为当周的预算参考汇率（当然，在特殊情况下，如国际经济形势变化异常导致的汇率短期大幅波动期间，如 2014 年年末至 2015 年年初俄罗斯卢布大幅贬值，跨境电商销售者应适当提高更新汇率的频率到一周两次，甚至更频繁）。

（2）采购成本：指的是售出产品在销售者取得时所付出的成本价，包括出厂价格和国内入仓运费。这里有一个财务上的概念需要我们注意，当我们开展采购工作时，所支出的“采购支出”不能马上作为“成本”，而是先作为“库存商品”进入财务体系与仓库中。在财务概念上，“库存商品”还没有售出时属于“企业流动资产”的一部分，而不是“成本”；只有当产品售出后，对应的售出产品的成本金额才会从“库存商品”转换为“成本”。举个例子，本周我们从供应商那里花费

1000元采购了100只杯子,那么在我们的财务账目上,1000元就从现金转换为100个总价值为1000元的"库存商品"。在这个过程中,企业的1000元流动资产只是从"货币资金"转换为"库存商品",形式上有变化,但性质未变(所有权归我们的企业);但是一周后,如果我们售出了40只杯子,那么这40只售出的杯子就从"库存商品"变成了"销售商品成本"(所有权已经转移给买家),我们的库存减少了40×10=400(元),成本增加了400元(当然,我们的销售收入也相应增加了),剩余的60只杯子仍然以"库存商品"的形式存在。

(3)国际运费:指从销售者的仓库出库后,到商品最终投递给国外买家的全程运输费用。

(4)平台成交费:指在跨境电商平台销售产品需要支付给平台的费用。在阿里巴巴速卖通平台上,这项费用一般为销售额(含收取买家的运费)的5%左右(部分行业产品的成交费率可能更高)。

(5)有了以上4个"基础指标",我们就能得出"毛利润"与"毛利润率"。这两个指标比较粗糙,但是贵在计算简便,并与销售工作紧密相关,可以用来方便地指导我们的预算工作,快速估计产品的利润水平,及时地对销售行为做出调整。

(6)净利润:等于毛利润扣除经营过程中的各项杂费的最终利润金额,是企业追求的核心利益。这一数据的计算方法在不同的企业里有不同的规定。如某些企业会把"营销费用"放在"毛利润"而不是"净利润"里计算。在这里笔者仅将自己团队多年使用的方案拿给大家作为参考,以作抛砖引玉之用。

(7)与计算净利润相关的指标。

①推广营销费用:一般包括诸如"直通车费用"、"联盟营销费"等。由于计算方法的不同,对这项费用的计算范围可以做很大幅度的调整。比如,某些卖家的定价非常"干",很少有虚假提价再进行打折的行为,那么他们可能会在统计时将"打折让利"与"买家使用的优惠券"也作为"营销费用"来计算;又比如,某些卖家使用站外营销推广比较多,那么他们可能会将"SNS社交网络推广费用"或者"搜索引擎广告费用"也计入"营销费用"。

②售后服务费用与成本:一般包括售出产品后为解决买家遇到的问题而产生的退款,加上"重发替换产品"所产生的费用与成本。这项费用有一个同行业参

考标准,一般在"占当月销售总额的"2%~3%之间是可以接受的。这个标准也是用来衡量企业客户服务水平的重要标尺。

③行政管理费用：主要指为企业运营所支出的人工费用（如工资、福利、保险等）及行政管理支出的各项费用（如房租、水电费、仓租等）。

④公司财务费用：指企业在生产经营过程中为筹集资金而发生的筹资费用，包括企业生产经营期间发生的利息支出（减利息收入）、汇兑损益等。

⑤公司税务支出：指企业支出的各项税费的净支出额（减去退税收入）等。需要注意的是，跨境电商零售的经营者本质上属于"出口企业"，所售出的产品实际上是有机会享受国税的"出口退税"待遇的，具体的原理与操作将在本章后续小节中与诸位探讨。

大概了解了几个重要的预算指标（也是后面要讨论的核算的基础指标），要做到销售预算的准确控制，可参照以下操作要点与操作方法。

1. 实时动态更新成本的变化情况

我们知道，卖家所售出的产品，在取得这些产品的过程中，其"进价"并不是一成不变的。对于生产型卖家而言，当一件产品生产得越来越多时，开发这个产品时的"开模费用"与"边际成本"（每增加一件产品所产生的新成本）会被逐渐摊平，成本越来越低；对于采购其他工厂产品的卖家而言，一件产品卖得越多，与供应商的"议价能力"会随之增强，拿货价格必然也会降低。

因此，在进行预算时，卖家需要实时关注成本的变化。一方面要统计每次采购价格的调整；另一方面，当一件产品被逐渐打造成爆款时，要及时与供应商沟通，压低成本，获取更多的利润与竞争空间。

2. 合理计算运费的变化，取一个合理的预算运费值

正如我们在本章开头提到的，跨境电商由于买家分散于不同国家和地区，而运费成本天差地别，在核算时（产品售出后）需要精准记录与计算，但在预算时（产品售出前）如何去估计可能发生的运费呢？对于很多销售日用快销品（如时装、家居用品）的卖家来说，他们往往希望做到"全球主要国家和地区包邮"，那么在不同国家和地区不同档次的运费表中，以哪个运费作为预算的基础，就成为一个

第7章 跨境电商财务体系建设策略

需着重考虑的问题。毕竟我们不可能为每个国家和地区的买家单独去做预算,并同时满足"全球主要国家和地区包邮"这样一个目标。

为了解决这个问题,我们在预算过程中一般推荐采用计算"月度平均重量运费"的方法作为预算时计算运费的标准。在这种方法下,我们通过统计上一月度某一物流方式的总运费、总重量、总件数(这三个数据可以很方便地从物流公司那里获得),经过简单处理,计算出每千克产品的平均运费值,再用这个值来指导下一月度的运费预算。

具体方法我们可以通过一个例子来说明。

比如,众多卖家使用最广泛的"中国邮政挂号小包",假设上一月度我们共计发货1000件,共花费100000元运费,而所有1000只包裹的总重量为1100kg。

那么我们可以做出如下计算:

(1) 1000只包裹,总挂号费为 8元/件×1000件=8000元。

(2) 由包裹重量产生的运费为 100000元-8000元=92000元。

(3) 平均每千克运费为 92000/1100=83.64元。

由此我们可以得出,"中国邮政挂号小包"在上一月度的发货过程中,其"月度平均重量运费"为83.64元/kg+8元/包裹。

那么在下一月度中,我们就可以用这个基础数值来进行每件产品的运费预估。

例如,一件包装后重300g的产品,假设一笔订单卖出了一件产品,那么这只包裹的预估运费为 0.3×83.64+8=33.09(元)。

有人必然会问:这个数据既然是一个平均值,那么一定会有订单的实际运费与这个平均值不符的情况出现,这怎么解释呢?

其实很简单,继续刚才的例子,如果购买者是一位日本买家(运费为60元/kg+8元/包裹),那么实际运费必然比我们的预算运费低,相当于我们比预算"多赚了一点";反过来说,如果买家是一位巴西客户(运费为106元/kg+8元/包裹),那么实际运费就会比我们的预算运费高,相当于"少赚了一点"。但是我们需要考虑的是,从统计学角度来看,基础数值越大,数据的倾向性和稳定性必然也会越明

153

显。对于一家每月发出几千单甚至上万单的店铺而言，在一定时间内（如一周、一个月内），其店铺的产品结构和买家的国家分布基本上是稳定的。如果店铺上个月有 40%的订单来自俄罗斯买家，10%的订单来自美国买家，那么下个月的分布情况基本也是持平的，虽然会有些许变化，但在短期内比例关系不会从根本上发生逆转（除非极特殊情况发生，如 2015 年年初俄罗斯经济产生巨大变化所带来的卢布急速贬值，以及相应的俄罗斯客户在短期内骤减）。

由于这种数据在短期内的稳定性，以及产品结构与买家国家分布的相对固定性，所以计算"月度平均重量运费"才有其合理性。使用这种方式进行运费的预算，我们无法保证每笔订单的利润水平都与预算时的情况一致，但是"这笔订单多赚一些"、"那笔订单少赚一些"，放到全月范围来看，一件产品在整月销售后的实际利润率往往会非常接近该产品在预算时的水平。

另外，这种运费的预估方式也要结合每月的定期回查与更新。

笔者的操作模式为：每个月都会重新计算上一月度的"月度平均重量运费"，检查是否与上个月的预算费用一致；同时每个月新计算出来的"月度平均重量运费"又会更新到下个月的产品预算表格中，方便业务人员和销售人员使用。

3．在预算过程中遵循"适当手紧"的操作原则

预算的目的是对未来的销售工作进行前景预估与风险评估，并指导我们的销售、囤货策略。因此，在预算阶段，为了良好地控制预估的风险，我们应当遵循"适当手紧"的原则。对于一些收入相关数据，如销售额、返点、资金回转时间等，应当采取适当谨慎的态度，为可能的风险做准备；对于一些支出相关数据，如成本、各项费用，要尽量放宽估计的额度，为可能的额外支出预留空间。

4．所有数据都要汇总到专用的产品销售利润预算表中

为方便业务人员和销售人员快速、准确地计算所有产品的具体"成本-费用-利润"情况，及时地调整营销与定价策略，我们需要设计一张简单方便的"产品销售利润预算表（成本-利润表），如图 7-3 所示。

第 7 章　跨境电商财务体系建设策略

	A	B	C	D	F	G	H	I	J	K	L	M
1	品名	SKU编码	件数	单价	订单金额	进价	成交费	重量	运费	毛利润	利润率	美元汇率
2	商品甲	A0001	1	US$11.00	US$11.00	¥17.00	¥3.47	0.2	¥22.90	¥25.94	37.42%	6.3
3	商品乙	A0002	1	US$6.50	US$6.50	¥6.50	¥2.05	0.239	¥25.81	¥6.60	16.11%	6.3
4	商品丙	A0003	2	US$7.50	US$15.00	¥15.00	¥4.73	0.199	¥37.65	¥22.12	23.41%	6.3
5												

图 7-3

下面以图 7-3 中的第二行为例进行简要介绍。

（1）表格中的品名、SKU 编码（卖家仓储编码）、件数、单价（美元）、进价（人民币）、重量（kg）都属于"变量"，在每次对一件新产品进行预算时都要单独填写。

（2）"美元汇率"为稳定性变量，一般不变。实际操作中建议一周更新一次，以每周固定某日的中国银行现汇买入价为准。类似地，"运费"也是稳定性变量，计算公式为：运费=件数×重量×74.5 元/kg+8 元/包裹（J2=C2*I2*74.5+8）。正如我们在前面提到的，这个用作预算的平均运费（74.5 元/kg+8 元/包裹）是相对固定的，一般每月更新一次。

（3）其余几列均是使用公式自动计算的，也就是我们需要的"预算结果"，下面分别做出解释。

- 订单金额=件数×单价（F2=D2*C2）。
- 成交费=订单金额×5%手续费×美元汇率（H2=F2*0.05*M2）。
- 毛利润=订单金额×美元汇率-进价×件数-成交费-运费（K2=F2*M2-C2*G2-H2-J2）。
- 利润率=毛利润/(销售额×美元汇率)（L2=K2/(F2*M2)）。

这样一张简单的预算表可以帮助跨境电商经营者很方便地实现以下功能：第一，销售人员在开发、维护每件产品的时候，仅需输入进价与包装后的毛重，即可快速、准确地计算出产品的预算成本、费用与利润；第二，当运费折扣、汇率等重要因素发生变化时，可以借助 Excel 方便的公式套用功能，批量更新所有产品的成本-利润预估，从宏观上准确掌握全店铺的利润水平变化；第三，读者应该注意到，我们在设计这张表格时，特别强调要为每件产品输入对应的 SKU 编码，这是为了在产品销售一段时间后，可以很方便地通过 Excel 的字段查找功能快速回查产品初期的定价与预算情况,在市场竞争或者供应价格等外部因素发生变化的情况下,帮助卖家对产品的定价与营销方法进行调整。

另外,需要注意的是,我们在图 7-3 中列出的这张预算表仅为最基础的版本,卖家可以根据自己的产品特性、个人喜好或者财务工作习惯添加更多的变量。比如,某些卖家为了更好地控制全店铺的整体费用支出情况,会在预算时把"营销推广费用"或者"售后退款重发总成本占销售额的比例"(前面提到的"售后服务费用与成本")也添加到这张预算表中。这些做法都可以作为参考。

依据本小节我们介绍的全套跨境电商产品预算方法,再结合本店铺过往的销售数据及店铺成长预期,经营者可以举一反三,根据产品的利润水平推算出店铺的整体盈利水平。

7.1.2 数据记录的基本思路

介绍完跨境电商销售的"预算",我们再来探讨一下跨境电商经营的"决算"(也可以称之为"核算"),这也是跨境电商财务体系的核心内容。

对于这个问题,笔者打算从两个角度来探讨:一是财务数据的记录;二是财务数据的整理。在本节中,我们先来聊聊财务数据的记录。正如我们在本章开头谈到的,跨境电商零售业务由于产品种类庞杂、买家国家(或地区)众多、运费结构复杂,因此在对日常经营的数据进行整理时往往难以下手。

我们在跨境电商财务工作中的数据记录需要遵循如下几个原则。

1. 明白需要记录哪些数据

跨境电商日常销售中要记录的数据可以分为两大类:一类是"与具体订单紧密相关的数据";另一类是"与具体订单非紧密相关的数据"。

"与具体订单紧密相关的数据"指的是该数据无论是收入还是支出,其产生可以落实到具体的每一笔订单上,如订单销售额、售出产品成本、订单运费、订单的包裹跟踪号等。这些数据可以帮助卖家快速核算出每笔订单的毛利润情况。

"与具体订单非紧密相关的数据"指的是这些收入或者支出的数据暂时并未关

联到具体某笔订单上,因而无法定量计算到某笔具体订单的核算中。例如,全店铺的"店铺装修模板费",营销推广费用,工人的工资、福利、社保等管理费用,公司的房租、水电等行政费用。这些数据虽然无法落到某笔订单上,但是在每个财务月度的结算日,财务人员可以很方便地从宏观角度将全公司的这些数据进行统计,并采用"摊销"的财务处理方法将这些费用分摊到所有营销行为上。这也就是我们每月进行的"净利润"与"净利润率"的计算过程。

2. 统一财务数据记录的时间标准

在进行财务数据的统计时,对于数据统计的时间,我们需要做出统一规定。比如,在没有统一规定的情况下,单就"订单产品成本"这一数据的记录,公司的销售人员可能就会和采购人员产生分歧。例如,甲产品在今天售出,销售人员根据之前记录的采购价格计算出该笔订单的利润,但是假设该产品在今天没有库存,采购人员今天采购并在3天之后到货,那么有可能新货物三天后到仓的成本价会产生变化。这时数据的记录就变得不准确,甚至可能产生数据重复记录或者遗漏的情况。

为了杜绝这种情况,各个跨境电商团队规定了不同的统计时间标准,有些团队以客户付款时间为准,而有些团队以买家付款到达国际支付宝账号为准。

笔者的建议是,对于订单紧密相关的财务数据,都统一以"产品从仓库实际发货时间"为准。因为当产品从卖家仓库发出时,卖家可以确保已经实际完成了"销售—采购—入仓处理—分拣出库—包装—匹配物流方式—发货"全流程的订单处理动作,每个动作所产生的成本与费用都是实际发生的,而不是预计的金额,在这一时间统计的数据是最贴近订单真实情况的数据。

以"产品从仓库实际发货时间"为时间标准的另一个好处在于,当产品从仓库发出后,产品的"所有权"产生了根本性的转移。正如前文所提到的,采购来的产品进入仓库不算"成本",而是公司的"库存",是公司资产的一部分。而当产品从仓库发出后,"库存"彻底转化为"售出产品的成本",而且与"运费"、"包装费"等费用项目同时发生,在统计上最符合财务原理。

3. 所记录的数据必须有强烈的时效性

探讨了数据记录的"时间点"问题,我们还需要特别注意在财务数据记录过程中要保证数据的"新鲜度"。如产品的采购成本,由于销量的变化(由少到多),我们对供应商的议价能力必然会逐渐增强,那么每次的采购价格必然会有所不同,而这些不同必须记录到财务统计中。再举个例子,对不同销售水平的卖家,速卖通的"提前放款保证金"是浮动变化的。每个月速卖通平台会根据卖家上个月的销售金额变化调整保证金的额度。在整理财务数据时,这些变量都需要实时更新。

4. 物理性数据必须有物理的记录方法

与预算时的"取平均值"进行适当谨慎的估算不同,在进行财务核算时需要所有数据真实有效。那么针对一些物理性的数据,如产品包装后的实际重量、长宽高尺寸等,需要用物理手段去实际称量,才能保证随后计算出的运费的准确性。这无论是在公司内部的财务统计上还是在与外部物流公司的对账过程中都是至关重要的一个环节。

5. 搞清楚所有权的转移标准

看似简单的一个问题,在实际操作中却很容易被卖家所忽略。

举个例子,在近年的跨境电商零售操作过程中,越来越多的卖家选择将产品先通过一般贸易的方式,采用海运或者空运渠道放置到买家所在国家和地区的海外仓,在买家下单后,再通过海外仓的操作系统下单,由海外仓对买家直接发货,快速完成"最后一公里"的派送工作。在这个过程中,很多卖家在产品出口后即在账目上将发往海外仓的产品记为"成本发生",变成了公司的一项在销售之前产生的成本。然而以财务的思维来看,笔者认为这种记账方式是有问题的。

首先,虽然出口到海外仓的产品需要做"出口报关",甚至要做一份"出口销售合同"才能完成相关的结售汇与退税工作,但是产品进入海外仓,其所有权仍然归卖家所有,在产品实际售出并从海外仓发出之前,产品的所有权没有发生转移。也就是说,实际上卖家的产品只是从一个仓库(卖家国内仓库)转移到卖家所控制的另外一个仓库(一般是第三方物流公司的海外仓)。

其次,将产品出口到海外仓直接记为"成本",也会在后续的财务处理中产生新的麻烦。大家都知道,海外仓都是有仓租与处理费的。如果产品进入海外仓时已经记为"成本",那么这些产品之后产生的仓租等各项费用如何计入相应的产品费用呢?从财务角度来看,一旦某些产品计入了"成本",这些产品的所有权就已经发生了转移，那么这些产品之后产生的费用为什么还要记入我们的账目呢？这在逻辑上是有矛盾的。

仔细考量"所有权的转移标准"这一原则，那么针对进入海外仓的产品，正确的记账做法应当是在产品发送到海外仓时，将这些产品统一记入一张"产品调拨单"中，相当于将一批产品从企业的一个仓库调拨到企业所控制的另外一个仓库。在这个过程中，根本不涉及成本的发生。而"库存调拨"过程中所发生的国内/国际运费、海外仓仓租费、海外仓处理费，以及出口报关、退税所产生的费用/收入，均在互相冲抵、叠加后，作为这批产品的"仓储费用"来进行记账。仅当海外仓产品售出后，产品从海外仓发出，这时再将实际售出部分的产品记为"成本"，并将海外仓的派送费（如果由卖家承担）记为新产生的费用。按照这种处理方法，所有海外仓产品的所有权清晰，每项费用与产品和订单一一对应，在财务逻辑上也是通顺的。

类似的原理也适用于其他情况的处理。比如，美工向仓库借调产品去拍照，这时就应当作"调拨单"而不是"出库单"，拍照完成后归还借调产品，再制作一张反向的"调拨单"，在全过程中没有成本的发生，并且可以严格监控产品在公司内部的借用情况；而当员工自己购买公司的产品自行使用（我们称之为"内购"）或者公司把一些产品当福利免费发给员工时，就要做"内销单"或者"出库单"，因为产品所有权发生了转移，对这些产品在财务上要计入成本，相应地就会产生"盈亏"的情况。

7.1.3　数据记录的基础方法

前面谈了跨境电商数据记录的基本思路，也解决了跨境电商企业在进行记账时常见的一些误区。这些理论相对比较抽象，下面我们来介绍一些具体的跨境电商财务数据记录的方法。这些方法比较原始、简单，却是构建跨境电商财务体系过程中必备的功课。

1. 产品采购的记录方法

产品采购的记录主要涉及两个方面的数据：一个是与产品直接相关的数据，

包括货品名称、SKU、供应商名称、采购单价（每次可能有所变动）、采购数量、采购单运费；另一个是与操作人员或部门相关的数据，包括采购仓库（具体进入卖家的哪个仓库）、采购员、采购日期与预计到达日期等。我们整理为一张比较清晰的 Excel 表格，如图 7-4 所示。

采购单号	采购单运费	采购仓库	采购员	采购日期	SKU	货品名称	采购币种	采购单价	采购数量	供应商名称	预计到达日期
P00010	75元	本地仓库1	采购员甲	2016-08-27	tx0359_23	产品1	CNY	13.5	20	供应商甲	2016/8/31
		本地仓库1	采购员甲	2016-08-27	tx0365_5	产品2	CNY	22.5	100	供应商乙	2016/8/31
		本地仓库1	采购员甲	2016-08-27	tx0370_11	产品3	CNY	5.6	30	供应商甲	2016/8/31

图 7-4

这些数据一方面忠实地记录了每笔费用的产生，并将这些费用精准地落实到具体的产品上，如其中的"采购单运费"指的是为采购这批产品所支出的国内运费，可以按照产品的重量分摊到各个库存产品上；另一方面，对采购日期、预计到达日期、采购仓库等信息的梳理，可以有效地帮助采购人员与仓库人员做好工作衔接。在实际操作过程中，许多仓库人员的工作都是靠这样一张张"采购-到货单"来进行有序安排的。

2. 物流费用的记录方法

对物流费用的计算，说复杂，在记录过程中确实比较烦琐，但是其原理还是很简单的。简而言之，就是记录以下几个数据：包裹号（或者速卖通的订单号）、重量、目的地、运输方式、跟踪号。然后再根据运输方式（参见其运费报价表）、重量与目的地，分别算出每只包裹的实际运费。我们在这里整理为一张"运费记录表"以供读者参考，如图 7-5 所示。

包裹号	收件人	目的地	重量(g)	运费	发货时间	运输方式	跟踪号
P30853098	Pelletier Dyna	CA	1000	¥78.80	2016/8/27 11:25	中邮挂号	RA1234567890CN
P30782041	marie semple	GB	97	¥13.78	2016/8/27 11:18	中邮挂号	RA1234567891CN
P30777648	fernando	ES	94	¥13.57	2016/8/27 11:13	中邮挂号	RA1234567892CN
P30778451	melanie poulin	CA	402	¥35.74	2016/8/27 11:13	中邮挂号	RA1234567893CN
P30862883	Sanna Hyvarinen	FI	211	¥20.70	2016/8/27 11:13	中邮挂号	RA1234567894CN
P30851949	Margarete bruechner	DE	149	¥16.74	2016/8/27 11:13	中邮挂号	RA1234567895CN
P30747032	margaret donald	NZ	314	¥27.30	2016/8/27 11:13	中邮挂号	RA1234567896CN

图 7-5

如图 7-5 中所展现的，国际运费的记录并不复杂，唯一可能会花费卖家大量时间的实际上是逐只包裹称重并按照目的地分别计算运费的过程。正如我们之前提到的，这项工作效率非常低，仅凭手工来做，当订单量增多时将会是无法完成的任务。但是不用担心，这样一个让人头疼的问题早就有人想办法解决了，在后续的小节中，我们将会看到市场上现有的大量跨境电商第三方工具可以轻而易举地解决这些问题。

3. 产品内部调拨的记录方法

前面提到，在"发送产品到海外仓"或者"产品从仓库借调到美工部门进行拍照"等情况下，产品的所有权是不会发生转移的，这时我们需要对这些行为设计一张"调拨单"作为财务记录，如图 7-6 所示。

调拨单号	发货仓库	收货仓库	运费	出库状态	入库状态	出库日期	入库日期	创建人	SKU	产品名称	调拨数量	已入库数量
AL00001621	青岛仓库1	德国海外仓FBA		已出库	未入库	2016-08-27 18:31		操作员1	d0914_4	产品1	20	0
AL00001621	青岛仓库1	德国海外仓FBA		已出库	未入库	2016-08-27 18:31		操作员1	d0920_4	产品2	12	0
AL00001621	青岛仓库1	德国海外仓FBA	520元	已出库	未入库	2016-08-27 18:31		操作员1	d0921_1	产品3	25	0
AL00001621	青岛仓库1	德国海外仓FBA		已出库	未入库	2016-08-27 18:31		操作员1	d0921_2	产品4	10	0
AL00001621	青岛仓库1	德国海外仓FBA		已出库	未入库	2016-08-27 18:31		操作员1	d0921_3	产品5	20	0
AL00001621	青岛仓库1	德国海外仓FBA		已出库	未入库	2016-08-27 18:31		操作员1	d0921_4	产品6	30	0

图 7-6

在我们设计的"调拨单"中，有发货仓库及对应的出库日期、调拨数量，有收货仓库及对应的入库日期、已入库数量。调拨单一方面在财务体系中记录产品的存储位置，保证库存数据的准确；另一方面也为仓库之间产品的流动提供了工作记录与操作参考。

4. 平台费用的记录方法

平台费用主要指在跨境电商销售平台上进行销售所需支付给平台的成交费用或者收款中介费用。以速卖通平台为例，平台费用主要指平台会在交易完成后收取卖家订单成交总金额（包含产品金额和运费）5%的手续费，某些特殊类目可能会收取更高的比例。

平台费用的记录方法有两种。第一种是按照买家支付金额（含产品金额与买家支付运费），减去取消订单、退款等情况的金额，直接乘以 5%，由卖家自行计算并记账。退还给买家的那部分金额平台不会收取手续费。比如，一笔订单的费用为 100 美元，买卖双方达成部分退款 70 美元的协议，那么平台会针对成交的

30 美元收取交易手续费，即 30×5%=1.5（美元），针对退款的金额平台不收取手续费。因此其计算公式为：

$$(成交总金额-退款金额-取消订单金额)×0.05$$

这种由卖家自行计算的方法在快速对短期订单进行核算的时候非常方便。

第二种方法更加直接、准确，即通过到速卖通或类似平台的后台下载平台交易数据，从中直接提取出平台收取的手续费。这种方法我们会在后续的小节中提到。

5. 各项杂费的记录方法

跨境电商零售业务中所涉及的各项杂费，最常见的有包装材料费（包装袋、胶带、纸箱、牛皮气泡袋）、打印物料的消耗、库存正常损耗等各项无法直接划归到具体订单中的费用支出。这些费用的记录原则比较简单，就是"定期清点，每日流水记录消耗与每周（或每月）盘点相结合"。这些杂费在记录后，经过每月的定期盘点，在确认消耗属实、正常后即可用摊销的方式分摊到当月的净利润计算过程中。

6. 管理费用、行政费用、财务费用与税务支出的记录方法

跨境电商零售行业的管理费用、行政费用、财务费用与税务支出的记录方法与其他各个行业在这些费用上的记录方法没有本质的不同。出纳与财务人员只需按照标准的出纳-财务操作流程进行相关费用的收支并记录流水账即可。这些数据在每财务月度整理损益表（利润表）、现金流量表与资产负债表时，整合进入公司账目进行记录整理，即可得出公司净利润、现金流量情况、资产负债变动情况等完整的公司财务报表。

7.1.4 速卖通平台财务数据下载与整理

在探讨了跨境电商财务数据的记录原则与具体操作方法后，我们已经基本清楚了本行业在日常财务工作中要解决的一些基本问题。接下来，我们更多地希望上述数据的获得过程可以变得"更聪明"，也更容易。

第 7 章 跨境电商财务体系建设策略

其中针对阿里巴巴速卖通平台的卖家，我们很高兴地发现速卖通在卖家后台已经为广大卖家准备了很多平台官方的数据获取渠道，很多报表可以方便地帮助卖家整理与订单直接相关的数据。

从理论上讲，凡是通过速卖通平台操作取得的数据，如销售额、成交费、速卖通在线发货的运费（含无忧物流）、纠纷退款、提前放款金额、账号提前放款保证金等，都是可以从速卖通卖家后台直接下载的。笔者在日常的速卖通财务工作过程中主要用到三个下载入口。

1. 速卖通的第一个数据下载入口——订单批量导出

速卖通卖家后台第一个可以下载财务数据的入口如图 7-7 所示。

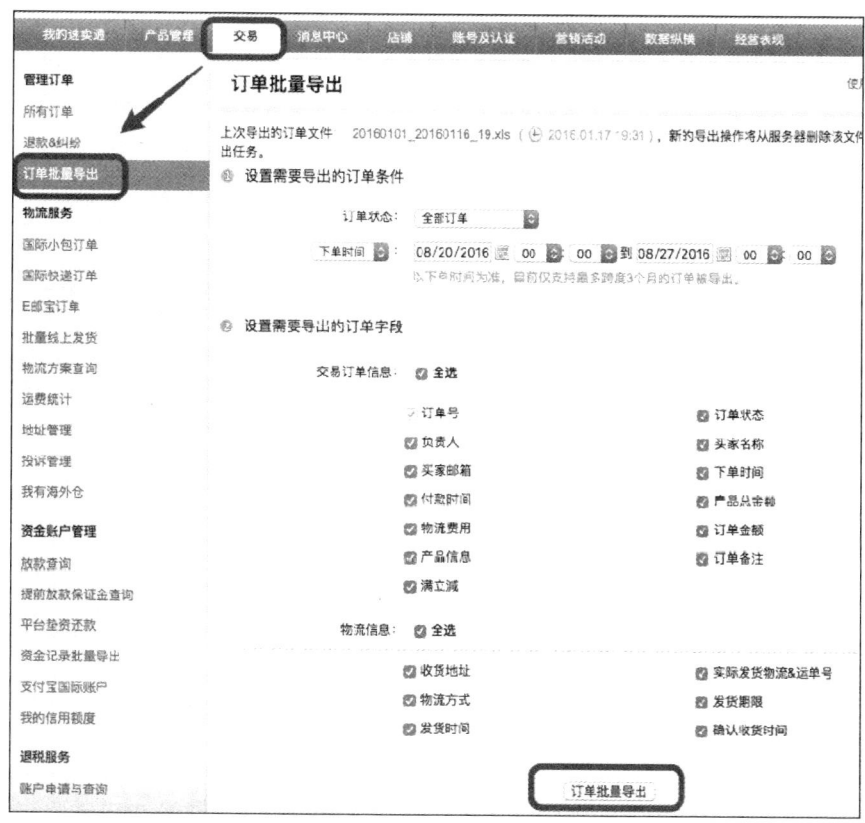

图 7-7

163

进入速卖通卖家后台，依次单击"交易—管理订单—订单批量导出"，进入订单原始信息批量导出的界面。在这里每次可以选取需要导出的订单字段，并根据订单的状态（等待发货、等待买家收货、等待买家付款等）对所需整理的订单进行区分。每次可以下载的数据最大跨度为三个月。由于这种方法下载的原始数据可导出的字段和内容非常多，印刷的书籍不便于展示，如果要更多地研究这类数据，则需要各位卖家自行到自己的卖家后台进行下载。

这个界面下载的数据是最原始的，其宝贵之处在于非常真实，极少出现统计错误的情况。但是这些数据有两个先天性的不足：

其一，这些数据太过于原始，在整理的过程中有诸多不便。如订单信息中非常重要的"商品品名"与"商家产品编码"这两条信息就是以全文字的方式混排在一个单元格里的。因此，如果想要以这份文件为基础，整理出一份 Excel 透视表来展示不同产品的月度总销售额，就需要大量的 Excel 公式处理，甚至要用到一些"Excel 宏"的较复杂的处理技巧。这给财务人员的工作带来诸多不便。

其二，原始数据中只能记载订单在速卖通平台上发生的数据，诸如采购成本、线下发货的国际运费等不在速卖通平台里直接发生的成本与费用就完全不涉及，甚至在速卖通平台发生的"线上发货运费"与"提前放款保证金"等数据也没有体现出来。

因此，这份文件更多地被卖家用作每日导出订单、打印发货地址条的数据来源，用作财务统计有诸多不便。

2. 速卖通的第二个数据下载入口——资金记录批量导出

速卖通也有另一个专门为方便卖家进行财务统计工作而设计的数据接口，在速卖通卖家后台的"交易—资金账户管理—资金记录批量导出"界面，如图 7-8 所示。

在这个界面中，我们可以下载 5 种财务数据。根据笔者近年的财务操作经验，使用比较方便的表格有 3 种，分别是"放款记录明细"、"售后退款明细"与"保证金冻结解冻记录"。我们一起来简单认识一下。

第 7 章 跨境电商财务体系建设策略

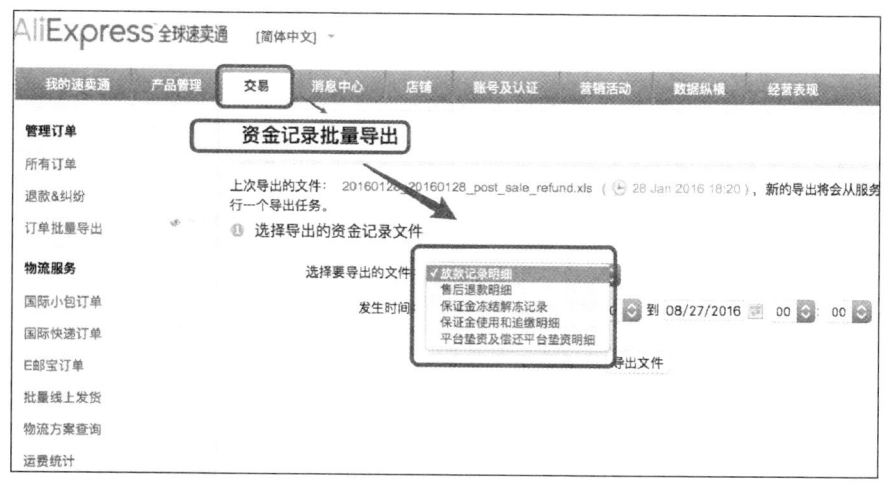

图 7-8

1）放款记录明细

放款记录明细用于向卖家展示一定时期内速卖通对卖家收到的订单付款进行放款操作的明细，分别记录了"特别放款（速卖通提前放款计划）"与"普通放款"两种放款形式，并记录了订单金额、本次放款金额、扣除平台佣金等一系列详细数据，如图 7-9 所示。

订单金额	包含退款金额	扣除平台佣金	扣除联盟佣金	本次放款金额	放款币种	是否特别放款订单
USD 2.79	USD 0.00	USD -0.14	USD 0.00	USD 2.65	美元	特别放款
USD 8.64	USD 0.00	USD -0.43	USD 0.00	USD 8.21	美元	特别放款
USD 2.79	USD 0.00	USD -0.14	USD -0.14	USD 2.51	美元	特别放款
USD 2.79	USD 0.00	USD -0.14	USD 0.00	USD 2.65	美元	特别放款

订单金额	包含退款金额	扣除平台佣金	扣除联盟佣金	本次放款金额	放款币种	是否特别放款订单
USD 0.01	USD 0.00	USD 0.00	USD 0.00	USD 0.01	美元	普通放款
USD 2.62	USD 0.00	USD -0.13	USD 0.00	USD 2.49	美元	普通放款
USD 0.01	USD 0.00	USD 0.00	USD 0.00	USD 0.01	美元	普通放款
USD 9.60	USD 0.00	USD -0.25	USD 0.00	USD 4.74	美元	普通放款

图 7-9

为了在书本上展示方便，我们只截取了财务相关数据，该表中的订单信息、产品信息等均省略。表中的这些数据可以清晰地告诉财务人员，在下载数据这一刻，每笔订单有多少资金已经通过放款进入卖家可提现的"国际支付宝账户"，有多少资金成为"速卖通平台扣除的佣金或联盟推广佣金"。

2）售后退款明细

售后退款是指发生在订单放款之后的退款。退款金额一般直接从卖家的支付宝国际账户中扣除。这些订单在平台放款给卖家后，由于各种原因，订单进入纠纷并最终退款给买家。这些数据中包含订单与产品的详细信息（订单号、产品ID、下单与退款时间等），同时也详细记录了相关资金的变动情况，如图7-10所示。

订单金额	本次订单退款总额	平台佣金退款金额	联盟佣金退款金额	本次卖家退款金额
USD 25.99	USD -25.99	USD -1.30	USD 0.00	USD -24.69
USD 2.62	USD -2.62	USD -0.13	USD 0.00	USD -2.49
USD 21.00	USD -12.79	USD -0.64	USD -0.64	USD -11.51
USD 2.99	USD -2.99	USD -0.15	USD 0.00	USD -2.84

图 7-10

图7-10中展示的是该表的主要资金数据。其中不但列出了每次退款的详细金额，而且随着卖家对买家的退款，平台也退还给卖家相应金额的"平台佣金"。同时我们也注意到，在"联盟推广"方式下售出的产品，订单退款后相应的"联盟佣金"也退给了卖家。

3）保证金冻结解冻记录

保证金冻结解冻记录指的是针对加入"提前放款计划"的卖家，速卖通平台在特别放款的订单中，会针对每笔订单的每个商品冻结一定比例的保证金，用于特别放款订单的退款。

在新的提前放款政策下，平台会根据单个店铺一段时间的销售额，一次性冻结一笔保证金，之后大部分的订单都可以享受全部订单金额的一次性提前放款（当然，每笔订单在提前放款前，平台会自动进行订单的风险扫描与审核）。

同样，在新的提前放款政策下，当卖家的销售数据出现变化时（如每月销售额大幅增加或减少），平台也会相应地增加保证金的冻结金额，或解冻部分保证金，如图7-11所示。

时间(美国时间)	类型	币种	金额	原因
2016-07-06 18:59:10	解冻保证金	USD	-296.07	特别放款解冻保证金
2016-07-06 18:59:10	解冻保证金	CNY	-120.00	特别放款解冻保证金

图 7-11

3. 速卖通的第三个数据下载入口——资金记录批量导出

我们刚刚谈到的两个数据下载入口都用于下载和整理一些与订单在速卖通平台上的操作直接相关的数据。除此之外，我们知道近年来速卖通平台逐渐成熟的线上发货与无忧物流的国际物流方式越来越多地被卖家接受并使用。速卖通通过整合线下物流资源的方式，将大量优秀物流渠道整合到平台上，卖家可以方便地通过在速卖通卖家后台在线下单、通知揽收的方式，将货物发送给指定的物流公司，由速卖通统一组织物流公司的运输处理，并保证物流的时效与质量。

那么，针对使用了在线发货功能或者无忧物流功能的速卖通订单，我们可以在速卖通后台的"交易—物流服务—运费统计"界面中清晰地下载到所有相关订单的物流费用，如图7-12所示。

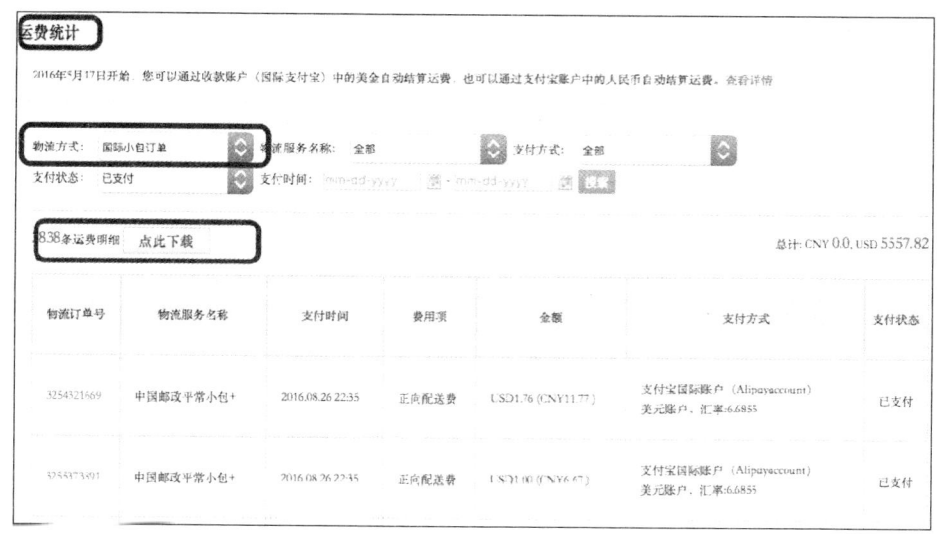

图7-12

基于在线发货与无忧物流的使用，对于这部分订单而言，相当于速卖通帮助卖家直接做了运费统计这项庞杂的工作。当然，我们需要知道的是，在"运费统计"界面中下载的在线发货的服务商所做的费用统计只是在企业之外的第三方服务商所做的工作。从财务原则上来讲，我们不但要参考外部（速卖通线上发货对接的物流公司）做出的统计数据，更重要的是要自己做好数据的统计工作，才能真正完成内部账单与外部账单的对账工作。

7.1.5 通过 ERP 系统实现财务数据的准确记录与整理

在上述内容中,关于跨境电商财务数据的搜集与记录,我们先介绍了基本的数据记录思路与手工记录方法,再详细展示了通过速卖通平台如何下载与平台交易直接相关的在线数据。从理论上讲,综合以上两种方法,分别解决物理财务数据(库存、仓库处理、线下发货等)与线上财务数据(速卖通下载数据)的记录问题,基本就可以完成一家企业在初期对跨境电商零售业务进行财务数据监控的基本功能。

但是对于任何工作来讲,"能做"与"做好"之间是有很大区别的。单就跨境电商财务数据的记录搜集而言,我们需要一个更智能、更准确,同时在逻辑上也更严密的方法来帮助我们处理日益增长的订单数量,进而帮助企业在扩张团队规模的过程中更科学地完成管理职能。

因此,这就涉及第三方工具的应用。在速卖通卖家页面中,我们看到一个专门的页面向卖家推荐所有被速卖通官方认可的第三方卖家服务软件(fuwu.aliexpress.com),如图 7-13 所示。

图 7-13

第 7 章 跨境电商财务体系建设策略

在这个页面中,我们可以看到各种针对卖家不同的需求所设计的第三方工具软件,有些专门针对产品刊登、流量营销来设计,有些偏重于仓储管理的职能,而有些则是按照"企业资源计划管理软件"(Enterprise Resource Plan,ERP)来为跨境电商业务全流程管理来设计的。

笔者无意在这里帮助任何一种第三方软件做广告,但是单单针对完整地解决跨境电商财务数据的记录与整理这一问题,在挑选合适的系统工具时,我们可以探讨一下几点最核心的需求。当一款服务软件能够满足这些需求时,就是能够在财务工作上给予我们帮助的好工具。

1. 跨境电商财务统计系统必须能够精准统计所有成本与费用的发生

一款好的软件要帮助我们解决财务的问题,首先就要有能力精准记录我们在日常工作中发生的每一笔成本与费用。这里所说的数据记录不但包括我们最容易想到的"售出产品成本"与"售出订单运费"这些基本项目的记录,还包含一支团队中每个人员所做的每个动作可能产生的费用。比如,我们前文提到的库存货物在售出之前在卖家的不同仓库之间进行"调拨"可能产生的调拨运费,而采购商品时除了支出产品价格还要支付国内运费;又比如,当货物出现如受潮、破裂等货损情况时,无论是返厂维修还是"销毁出库"都会产生成本与费用;再比如,我们每包装一笔订单,都会使用诸如塑料袋、纸箱、牛皮纸气泡袋等包装材料,而这些材料都是有成本的。上述在日常业务运作中产生的各项费用数不胜数,虽然每一项看起来都不起眼,但是随着团队规模的扩大与业务量的增多,在"聚沙成塔"的效应下,这些细微的成本都会极大地影响财务数据统计的准确性。而这些费用如果靠人力去统计,则可以想象其难度。

2. 能够对成本与费用的变化及时更新,并准确记录变化时间点

除了各项费用、成本的发生记录,在日常财务数据的维护过程中,我们必须使用系统及时地记录所有成本、费用或者相关指标的变化情况,并精准记录这些变化所发生的时间点。最常见的例子是汇率,比如,上一周我们使用的美元结算汇率是 6.30,而在本周一汇率产生较大波动,变化为 6.55,这时首先需要我们及时地把汇率的变化情况更新到系统的"美元汇率"指标项中,其次系统也要能够准确地区分汇率变化的时间点,并将不同的汇率套用到不同时间的订单上。在全

财务月度结束时的统计表中,对上周收到汇款的订单,需仍然按照 6.30 来核算成本利润,而对本周一后收到汇款的订单,就应当套用 6.55 的新汇率了。

同样的情况也适用于产品成本的变化。比如,之前某产品的采购价为 10 元/个,假设库存剩余 20 个时,我们又向供应商下单采购了 100 个,这次的采购价降低到 8 元/个。那么,当这个产品售出后,每笔订单都应当先按照 10 元的成本消耗上次采购剩余的 20 个商品,再按照新的 8 元的成本消耗第二次采购的 100 个商品,而不是说由于采购价格下调,就没有区别地将所有售出产品的成本降低。

3. 能够将所有的订单数据与每一项成本费用的发生紧密对应,并核算每一笔订单的毛利润

在理想状态下,企业的每一项费用与成本的发生都需要归集到具体的某笔订单上,并通过精准的记录来核算出每笔订单的毛利润。这样我们就能够及时发现各个产品的问题,对不同的营销方式做出调整,并对不合理的成本、费用进行及时的控制。

4. 能够将记录的所有数据方便地回传平台并导出数据表

对各项费用、成本、收入的记录只是数据的一个"生产"过程,而经过处理,数据是可以有"产出"的。一个优秀的跨境电商财务管理系统,一方面会在忠实记录所有财务数据后,将平台需要的数据(如发货时间、国内/国际物流单号等)及时回传平台并通知客户,给卖家节省大量的维护时间;另一方面也会从不同的维度(如国家、站点、账号、业务员、产品系列等)对数据进行归集整理,产出各种有用的"数据报表"。正如我们在前面提到的,无论是手工统计还是从速卖通平台下载数据,其数据都有各自的局限性。而从与整个销售、生产、仓储、物流等行业全流程紧密结合的财务系统中导出的数据,其全面性和真实性都是最好的。

上述 4 个适用于跨境电商财务统计所需的工具需求,实际上在过去的几年中已经有大量的优秀第三方服务软件完整地做到了。如笔者最常接触的通途 ERP、马帮 ERP、芒果店长等均已实现了较为完整的财务功能,大家可以在选择时多做一些尝试。

实际上,现在几款较受欢迎的"跨境电商 ERP 系统"不仅能帮助企业做好财

务工作，更是在工作流程管理、订单管理、客户维护管理、仓储管理、采购量智能建议等各方面提供了周到的服务。在后续的数据整理与分析过程中，我们许多举例的数据和表格就是由第三方 ERP 导出的结果。

无论是老卖家还是刚刚涉足这个行业的新团队，从长期发展的角度来看，笔者建议用系统的思维来对团队的流程管理与财务工作进行构建，较早选用一款适用的第三方管理工具，不仅前期投入小，而且有利于后期帮助员工养成系统化的工作习惯。

7.2 财务数据的整理与分析

正如数据本身的特性，对跨境电商财务数据的整理过程是烦琐细碎的。我们在 7.1 节花费了大量的篇幅对财务数据的记录与整理过程进行了详细的阐述。相应地，在日常的跨境电商财务工作过程中，最耗费体力和时间的也是日常数据的积累。但是这些繁杂的工作都是极为有意义的。对于一家企业的会计人员而言，当得到精准的数据，确立好明确的项目财务标准后，将数据套入相应的表格，进行财务层面的分析，就变得轻车熟路了。从本节开始，我们将会引入几张重要的跨境电商零售业务所涉及的财务报表。我们将会从基本的主营业务过程——跨境电商零售中的各项收入、成本、费用等出发，进而对企业运营过程中所产生的各项费用进行归纳整理，并结合固定资产折旧、摊销处理等常用财务工作方法，努力将跨境电商零售业务的全流程纳入财务统计与分析的框架之中。

我们知道，在通用的财务准则中，财务报表体系既是财务工作的出发点，也是所有分析工作的核心。财务报表也称对外会计报表，是会计主体对外提供的反映会计主体财务状况和经营状况的会计报表。最常见的财务报表包括资产负债表、损益表和现金流量表，我们可以称之为"财务工作三大件"。笔者认为，在三张表格中，损益表与我们日常经营活动的关系最为密切，可以直接指导我们每个月、每个财务季度的业务工作调整。因此，从指导跨境电商零售日常经营的目的出发，我们的研究主要围绕对损益表的分析展开。

我们先来看一下典型的跨境电商零售企业损益表的基本构成，如图 7-14 所示。

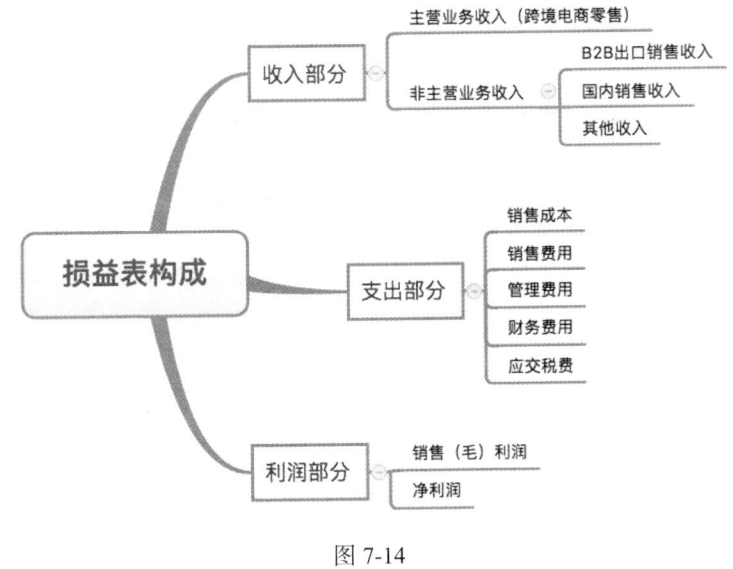

图 7-14

我们看到，损益表主要由三部分构成：其一为收入部分，包括主营业务收入与非主营业务收入两个方向；其二为支出部分，包括在主营业务中产生的各项成本与费用，以及销售过程之外产生的其他各种费用支出；那么相应地，当企业的收入部分减去支付部分后，经过简单的财务处理，我们就能够清晰地得出企业的销售利润（毛利润）与净利润等数值，进而分析出团队的管理费用水平、合理库存水平及资金周转率等与我们的业务紧密相关的数据。

从逻辑的顺序出发，在了解了损益表的构成后，我们从一张张基本的日常数据梳理表出发，从销售与毛利的核算表开始，进而整理各项费用、归纳各项指标，并用一些最常用的财务处理手法对一些财务数据进行处理，最终将所有表格数据回归到"损益表"之中，形成一个对跨境电商零售业务进行财务分析的完整闭环。当然，资产负债表和现金流量表在企业财务工作中也同样有着不可替代的作用，但是从指导日常业务经营的角度出发，这两张财务表格的制作与分析更多地与一个时间段中整个企业的财务宏观状况相关，使用的分析与整理方法不像损益表那样具有强烈的行业特色，故在本章节中不再展开探讨。

书归正传，先来看看与每笔订单都息息相关的"销售与毛利核算表"。

7.2.1 销售与毛利核算表整理与分析

我们在前文中讨论跨境电商财务的预算工作时，最核心的就是对每一个售出产品在销售平台上的销售成本-费用-利润预估，我们姑且称之为"销售成本利润预算表"。那么，有了预算，在经历了一段时间的销售之后，我们需要一份完整的核算过程来验证我们在业务开始时对利润水平的预估情况，进而对下一阶段的定价策略与销售工作进行调整。这时就引入了"销售与毛利核算表"，如图7-15所示。

A	C	D	E	F	G	H	I	J
平台账号	订单数	货品数量	销售收入	运费	成本	平台费	毛利	毛利率
test1	4670	12384	317724.71	120496.74	98564.52	15886.24	82777.21	26.05%
test2	6933	10734	339809.73	140075.46	111014.59	0.00	88687.38	26.10%

图 7-15

销售与毛利核算表的基本构成与前文提到的"产品销售利润预算表"（图7-3）在计算项目与逻辑上是一样的。不同点在于，预算表中的各项成本、费用是根据预算时的估计成本与各项费用的市场平均水平进行的估算；而到了核算表中，每一个数据项都来自之前我们所提到的跨境电商财务数据的记录与归纳过程。所有这些数据都是在上一个财务月度实际发生的，它们来自一笔笔实际发生的订单，并进行了合并汇总。

这是一张基本版本的核算表，这张表格清晰明了，但是遗漏了一些重要的因素，比如，在营销过程中为了达到短期营销目的而做的低价策略产品（往往与折扣、满减等营销方式相结合）。为了将这些低价售出的促销订单进行整理监控，我们往往在销售与毛利核算表中额外添加一张"低毛利情况表"，如图7-16所示。

R	S	T	U
低毛利情况			
负毛利销售额	负毛利占比	低于15%销售额	低于15%占比
11069.27	3.48%	34200.24	10.76%

图 7-16

如同在图7-16中所展示的，在营销活动期间，负毛利情况的订单与低于15%毛利的订单被额外筛选出来。在实际操作过程中，我们往往将负毛利或者低于某一毛利水平的订单定义为"类似于促销活动"的营销方式的一部分，那么在计算相关业务人员的销售绩效时，就要对这部分订单与其销售额进行相应的特殊处理。在笔者的团队中，对负毛利的占比是有严格限制的；而低于15%毛利的订单，其销售额只能在绩效考核中计为实际销售额的70%。事实上，这种规定也是对业务人员营销方式的一种引导。

另外，如同我们在前文中提到的，我们在关注营销收入-利润情况的同时，也不应当忽略跨境电商售后服务中所产生的新的成本与费用，如图7-17所示。

退款重发情况					
退款额	退款销售占比	重发成本及运费额	重发成本运费占比	退款重发额	退款重发销售占比
2,638.35	0.83%	3034.88	0.96%	5,673.23	1.79%
2617.22	0.77%	147.42	0.04%	2,764.64	0.81%

图 7-17

在图7-17中，我们首先整理了所有的退款额与退款额占本月销售额的比值，这个数据可以从前文提到的速卖通后台的财务数据下载页面轻松得到；然后通过对客服与仓库发货记录的整理，计算出本月所有重发订单所产生的新的产品成本与国际运费；最后，通过加总所有在售后服务过程中产生的退款与重发成本、费用，我们得到了一个重要数值——各账号的"退款重发销售占比"。在图7-17中，test1账号的退款重发销售占比为1.79%，而test2账号的占比为0.81%。我们在前文提到，在跨境电商零售行业内，这个占比的数值控制在3%以内是可以接受的水平，控制在1%以内是相对优秀的水平。

那么在下个月度的单个产品利润预算表中，test1账号的产品在定价时需要预留2%的售后维护费用空间，而test2账号在定价时预留1%的售后维护费用空间就足够了。

需要注意的是，退款重发销售占比并不是越低越好。这个比值在考虑维护卖家利润水平的同时也要平衡买家的售后体验。适当放宽所售产品的售后服务政策，在一定程度上可能增加卖家的售后成本，但如果能有效提高买家的购物体验，则对增加客户回购率、提升品牌口碑都是大有裨益的。

在扣除了售后维护的成本、费用，并针对低利润订单的数据情况进行调整后，我们可以得到一张更加合理的"销售与毛利核算表"，在隐藏了计算过程指标后，我们提炼出这样一张直接的数据表，如图7-18所示。

销售收入	运费	成本	平台费	低毛利情况		退款重发情况		实际毛利情况		
				负毛利销售额	负毛利占比	退款重发额	退款重发销售占比	实际销售额	实际毛利额	实际毛利率
317724.71	120496.74	98564.52	15886.24	11069.27	3.48%	5,673.23	1.79%	315,086.36	80,138.86	25.43%
339809.73	140075.46	111014.59	0.00	5223.46	1.54%	2,764.64	0.81%	337,192.51	85,955.04	25.49%

图 7-18

这张表格就是一支跨境电商零售团队最直接的主营业务收入与毛利情况表。

7.2.2 费用明细表整理与分析

在对主营业务的毛利情况进行粗略统计后，我们知道支撑一家企业的除了业务活动，还有很多其他诸如人力、采购、财务等支持部门的工作。而在企业中，无论是人员还是事件，每一个动作都会伴随着费用的产生。在日常流水账的记录过程中，各项费用都被忠实地记录下来是我们对费用进行分析的前提。有了这些费用明细，我们只需将它们按照如下的基本分类进行归纳整理即可。在图 7-19 中展示并归纳了跨境电商零售团队最常涉及的一些费用项。

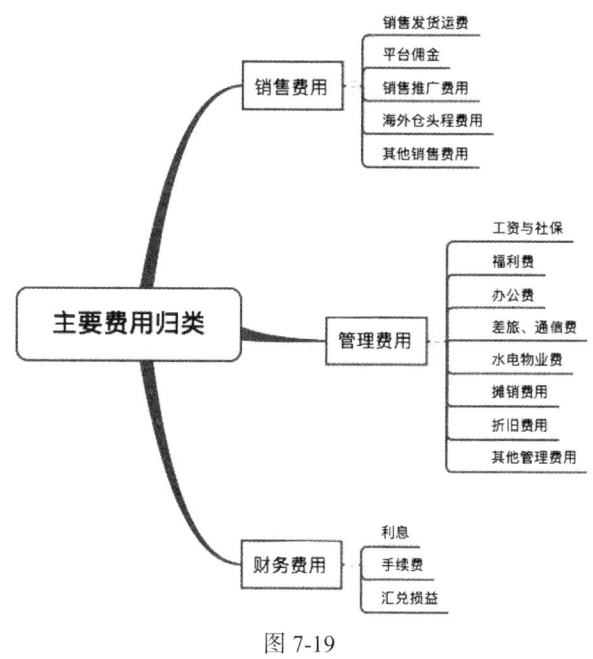

图 7-19

有了这样一个费用的归类大纲，在日常流水账的记录过程中，我们就可以有意地为每一笔费用做一个归类记号，方便每月月底进行费用归纳。

7.2.3 固定资产折旧表整理与分析

对团队中一些诸如电脑、货架、包装设备、加工器械等固定资产，我们无法在购入时直接将产生的资产购置费用与某个月份的销售活动挂钩，如果都计入购置当月，那么在这个月份的费用就会很高，但是这些设备的实际使用又是有时间跨度的。这个矛盾在财务工作中非常常见，也很容易解决，只需要一个相对合理的折旧计划来进行财务处理。在会计工作中，经常需要计提固定资产折旧，可以将每月需要提取的折旧数值计算出来并显示在一张表格中，每个月打印一份，作为计提折旧记账凭证的附件，如图7-20所示（为方便查看，分两行显示）。

日期：	2016年8月30日			折旧方法：		平均年限法			使用年限	残值率%	预计净残值	已使用月份
编号	名称	使用部门		入账日期	单位	数量	原币单价	购进原值				
	设备合计						41,902.00	41,902.00			-	
1	笔记本电脑及鼠标	业务部		2015/12/21	台	1	4,508.00	4,508.00	3	0%	0	8
2	笔记本电脑	业务部		2015/12/31	台	1	3,299.00	3,299.00	3	0%	0	8

固定资产类别：	办公设备、运输工具类				单位:元	
本月折旧	累计折旧	净值	月折旧额	实际计算截止日期	累计折旧计算值	上月累计折旧计算值
943.34	3,902.53	37,999.47	1,163.95		3,902.53	2,959.19
125.22	1001.76	3506.24	125.22	2016/8/30	1001.76	876.54
91.64	733.12	2565.88	91.64	2016/8/30	733.12	641.48

图 7-20

在 7-20 中，数据中第一条"笔记本电脑及鼠标"在 2015 年 12 月 21 日入账后，我们采用平均年限法按照 3 年（36 个月）来进行折旧处理，每个月折旧 125.22 元，进而得出这台设备的累计折旧、净值，以及全部门固定资产（设备）的折旧合计数值。经过这项处理，固定资产的折旧即可与每个月的销售活动挂钩。

7.2.4 待摊费用明细表整理与分析

类似于对固定资产的折旧处理，对办公室租金、仓库租金、物业费用等基于公司基础运营而产生的年度费用，可以使用待摊费用明细表来进行处理，如图 7-21 所示。

待摊费用明细表

编号	名称	待摊金额	摊销时限（月）	开始摊销月份	结束摊销月份	月摊销额	已摊销月份
1	办公室租赁费	37000	11	2016.2	2016.12	3363.64	2.3.4.5.6.7.8
2	仓库费用	53365.1	9	2016.1	2016.9	5929.46	1.2.3.4.5.6.7.8
3	速卖通年费	10000	12	2016.1	2016.12	833.33	1.2.3.4.5.6.7.8
4	物业费	4524.6	5	2016.2	2016.6	904.92	2.3.4.5.6.7.8
5	空调费	6787	3	2016.7	2016.9	2262.33	7.8

图 7-21

7.2.5 汇总的损益表整理与分析

经过对收入、成本、费用的逐项归纳与拆解，当将各项发生额归纳到相应的表格之后，原本杂乱的财务数据逐渐变得井井有条，通过财务分析可能得出的很多结论也逐步显现出来。为方便团队与企业管理者对一段时间的运营情况进行判断，我们可以将之前几张表格中整理出来的结论数据进行归集，最终得到一张完整的"损益表"。如图 7-22 和图 7-23 所示就是一张完整的适用于跨境电商业务的损益表。

损益表

项目	1.1-3.31	4.1-5.15	5.16-6.15	合计
销售收入				
跨境电商零售收入				
出口销售收入				
批发收入				
其他收入				
销售成本				
平台帐号成本				
出口销售成本				
批发成本				
其他成本				
应交税费				
销售费用				
销售发货运费				
平台佣金				
销售推广费				
海外仓头程费用				
其他销售费用				
销售利润				

图 7-22

管理费用				
工资与社保				
福利费				
办公费				
广告费				
差旅费				
摊销费用				
折旧费用				
其他管理费用				
财务费用				
利息				
手续费				
汇兑损益				
税前利润				
所得税				
净利润				
净利润率				
成本收入比				
销售费用收入比				
管理费用收入比				
其中：工资社保收入比				

图 7-23

要对损益表进行分析，首先要将几个重要的财务指标进行串联，这些财务指标来自之前我们分别探讨的"销售与毛利核算表"、"费用明细表"、"固定资产折旧表"、"待摊费用明细表"等分项表格，最终在"损益表"中会师。这些数据的基础关系如下：

销售利润（毛利润）=销售收入-销售成本-销售费用-应交税费

在这个公式中需要注意的是，对应交税费的财务处理各家企业会有所不同。有些企业在计算销售利润（毛利润）时计算的是税前收支情况，将所有应交税费作为后续计算净利润的一项指标；而有些企业会将应交税费在计算销售利润（毛利润）时就进行处理，这是因为考虑到跨境电商零售隶属于"出口贸易"的一种，而在出口产品的过程中，一旦企业进行"报关退税"，那么退税的收益将会成为严重影响销售利润的因素之一。如大部分服装类产品，在近年的国家退税政策下，对出口报关的产品最高有17%的退税率。这在很大程度上为跨境电商的价格竞争力提供了额外的砝码。基于这点考虑，我们在损益表的计算过程中，要将应交税费放到毛利计算阶段进行统计（包括出口退税的进项与伴随进货成本而产生的增值税税点支出）。当然，跨境电商零售作为出口贸易的一种新模式，在出口退税的办理上也与一般贸易有较大的不同，这部分内容我们会在本书的后续章节中进行讲解。

税前利润 = 销售利润（毛利润）- 管理费用 - 财务费用

净利润 = 税前利润 - 所得税

有了各项费用的计算方式，最终的税前利润、净利润等对企业股东来讲最重要的数值就可以轻松得出。但是从指导企业经营发展的角度来看，单个数值是没有意义的，只有当数据和数据之间产生比值关系，而这些比值可以在同行业中乃至跨行业进行比较时，才会对我们的管理经营产生指导作用。

在日常经营过程中，笔者所在团队最常用的一些数据分析比值如下。

销售利润率（毛利润率） = 销售利润 / 销售收入×100%

销售利润率（毛利润率）指标能够明确地体现跨境电商团队的盈利能力。它表明企业每单位营业收入，也就是每笔订单能带来多少销售利润，反映了企业经营业务的获利能力，是衡量企业经营效率的指标。该指标反映了在考虑销售成本、国际运输费用等直接成本、费用的情况下，业务团队通过销售获取利润的能力，是评价团队经营效益的主要指标。销售利润率越高，说明企业商品销售额提供的营业利润越多，企业的盈利能力越强，从而说明企业营销策略得当，市场竞争力强，企业发展潜力大，获利水平高；反之，则说明企业盈利能力较弱。

当然，这是一般性的分析逻辑，在实际经营过程中，团队决策者也需要根据自己的产品情况、营销阶段性目标，对销售利润率做出更加详细、客观的判断。比如，针对团队中的冲量型产品，这些产品一般在市场上已经获得消费者的普遍认可，同时也可能出现大量同行业跟随者，这时候该类产品的主要战术目标是"冲击更大的单品销售额，为店铺获取稳定流量与转化率"，因而不能苛求这些产品线的高利润率。一般来说，对于冲量型产品，或者团队处于旺季大促阶段（如每年的速卖通全球"双十一"购物节），销售利润率在20%～25%是较为正常的。与之相反的例子，假设一些销售团队在经历了1～2年的产品深度开发与品牌认知积累后，前期投入基本稳定，就可以着手逐步引导整个团队提高销售利润率，以更专业的特色卖点产品与有序的产品迭代更新来提高整体利润率。按照一般经验，快销型的消费品，如服装、家居等行业，在店铺稳定期基本上可以尝试追求 30%~45%的销售利润率水平。

$$净利润率 = 净利润 / 销售收入 \times 100\%$$

不同于销售利润率（毛利润率），净利润率是在通盘考虑了销售毛利、管理费用、财务与税务费用等各项收入、支出因素后得到的数值。它更加全面、综合地反映了企业的整体盈利能力。这个数值既可以用于行业内不同企业间的纵向比较，也可以用于不同行业间的横向比较。一般来说，一支稳定的跨境电商销售团队，其净利润率可以达到 10%~20%。在销售策略有效并做到精细化管理的情况下，也不乏更高净利润率的案例。

$$成本收入比 = 销售产品成本 / 销售收入 \times 100\%$$

$$销售费用收入比 = 销售费用 / 销售收入 \times 100\%$$

这两个指标主要用来衡量售出产品的成本与销售费用（在跨境电商零售情形下，占绝对多数的主要是国际运费）占销售收入的比值。这个数值笔者一般喜欢按照不同的产品线分别进行计算。如服装类、运动类、家居类等不同大类的产品，这两个比值的差别很大，分开计算的好处就是方便企业决策者在宏观层面对产品的经营策略进行调整。如服装，特别是夏装，成本收入比与销售费用收入比一般分别在 30%左右，那么产品在中国存储，从中国直接用国际小包发出的模式是可行的；但是对篮球架、扩胸机等健身器材来说，由于产品极重，使得国际空运费用极高，导致出现成本收入比只有 20%而销售费用收入比达到 60%以上的情况，这时就必须对业务模式进行调整，采用海外仓存储+海外物流当地派送的模式降低物流费用在整个销售过程中的占比，帮助产品在定价上取得优势。

$$管理费用收入比 = 管理费用 / 销售收入 \times 100\%$$

$$工资社保收入比 = 工资社保总额 / 销售收入 \times 100\%$$

这两个指标的计算非常类似，其中工资社保收入比是从管理费用中提取出直接的人力成本——"工资 + 社保总额"来观察这些费用占销售收入的比值。这两个比值直观地反映出团队在人员管理上的效率。一方面，它直接反映了团队中单兵的作战能力，比值越低，说明平均每人的盈利能力越强；另一方面，这两个指标也反映了团队的协作水平,在充分优化团队协作流程,使用诸如 ERP 企业资源管理软件对企业不同部门、同事间的合作进行管理、协调的情况下,跨境电商零售的"工资、社保"占比可以优化到 2%~4%(而行业内一般水平为 7%~10%),总的管理费用占比可以控制在 5% 以内。

7.2.6　销售及库存报表整理与分析

使用损益表分析了在不同财务周期内企业的全盘盈利、成本、费用水平后,跨境电商经营者要面临的下一个常见问题就是对库存水平的控制。在我们与同行的交流中发现,一种普遍的情况是"销售额快速增加,账面盈利水平也不错,但就是见不到现金"。当然这种情况是由多种原因导致的,如新产品开发策略、国际运费的结算周期、平台的放款政策与速度等,但究其根本,最重要的影响因素是对库存水平的管理监控。

那么,如何判断一支跨境电商团队的库存水平是否正常呢?我们需要引入一张"销售与库存报表"及相关的一些指标来辅助判断。我们先来看看"库存报表",如图 7-24 所示。

中文名称	上次采购价	当前成本	价格差值	重量	可用库存数量	库存总金额
产品1	17.60	17.6	0.00	300	27	475.2
产品2	17.60	17.6	0.00	300	2	35.2
产品3	17.60	17.6	0.00	300	15	264
产品4	17.60	17.6	0.00	300	2	35.2

图 7-24

在这张表格中,我们对上次的采购价格与最近一次的采购价格(价格差值)进行监控,防止采购人员擅自提高采购成本。另外,请注意表格中的"可用库存数量"既包含"已经在库的产品",也包含"在途产品";既包含"在国内仓库的产品",也包含"在海外仓的待售产品"。按照粗浅的经验,一般企业的日常库存总金额不超过企业一个月的销售额都是大体上可以接受的水平。

但是只看库存数就对库存水平做出判断难免偏颇,这就需要综合考虑销售情况。因而我们往往把 7 天、30 天与 90 天的销量表与库存表综合起来,在进行一定的数据对比与处理后,再对不同产品的库存合理水平做出判断,如图 7-25 中对库存报表的补充表所示。

7天销量	7天周转天数	30天销量	30天周转天数	90天销量	90天周转天数	可用库存数量	库存总金额
9	23.00	22	40	91	29	30	202.5
3	11.00	4	37	32	14	5	33.75
3	53.00	15	46	41	50	23	155.25
6	29.00	28	26	138	16	25	168.75

图 7-25

在新增的几列中，我们通过跨境电商 ERP 系统分别统计了每个产品 7 天、30 天与 90 天的销量，并计算出一个重要的指标"7 天、30 天、90 天周转天数"，其公式为：

7 天周转天数 = (可用库存总数×7) / 7 天销量

如果要计算 30 天或 90 天周转天数，则将相应的 7 改成 30 和 90 即可。

7.3 小结

在本章中，我们先从数据的记录与统计思路、方法入手，对跨境电商零售业务中财务工作的数据统计进行了全面的梳理；然后结合企业一般财务工作的通用原则与思路，将日常统计的数据进行组合，通过各种报表整理各项数据之间的逻辑关系。

实际上，财务工作的方法在各家企业之间，甚至不同的财务会计之间，其具体操作都是千差万别的。但是通过对本章的研读，我们可以得到三个原则，而只要保证这三个"基本点"不出问题，那么我们在跨境电商财务工作上就是有迹可循的，我们的财务工作成果就可以放心地用来指导我们的项目经营。这三个"基本点"提炼如下：

（1）对于跨境电商财务的数据来源，在统计工作开始前必须明确几个特定的原则，如"销售发生时间点统一为发货时间"、"统计时明确物品所有权的转移标准"、"数据时效性需要实时更新"等。这是保证财务数据在逻辑标准上前后一致，防止数据重复统计或漏统计的关键。

（2）财务数据在进入财务报表中进行分析整理时，必须遵循通用的财务原则，防止出现重大的财务逻辑错误。

(3)财务数据在分析得出后,要及时反馈到下一阶段的经营中。诸如"月度平均重量运费"、"实时汇率变动"、"销售费用收入占比"等数据,在经过一个阶段的经营并得出核算数据后,需要及时反馈给各相关营销人员,以便团队在下一阶段的预算工作中,乃至对经营模式的调整中有实时、准确的依据。

每个行业的财务工作都有其行业特殊性,也有超越行业的一般共性。跨境电商财务工作作为一个新兴行业的新课题,笔者在此做了一些粗浅的研究,能力有限,难免会有纰漏。只是希望这种对财务工作进行研究进而指导、帮助跨境电商整体运营的思路可以给大家提供一些参考,权当抛砖引玉,期盼与大家进行更深层次的交流学习。

第 8 章

跨境电商团队管理

本章要点：

- 读懂跨境电商团队管理
- 管理的修炼三部曲
- 管理的团队文化
- 团队管理
- 管理工具

随着跨境电商的深入发展，团队竞争力已经成为当今跨境电商企业在竞争愈演愈烈的买方市场中战胜对手、赢得客户的一大法宝。面对经营规模、运营实力、产品特色、技术含量和价格定位等都近乎一致的众多同行业对手，如何建立一套科学而富有特色，并且对顾客具有吸引力的团队管理体系显得尤为重要。

跨境电商团队是跨境电商销售服务企业的重要组成部分，"一般有明确的客户服务理念、规范的客户服务内容和流程，其工作目标是提升企业知名度、美誉度和客户忠诚度"。

由此可见，团队管理的内容庞杂，涉及的环节和内容丰富，但限于篇幅，本章主要从跨境电商人力资源六大模块展开介绍，主要分为两个方面，即团队建设和团队管理。前者包括岗位设置与规划、岗位职责界定与招聘、团队培训与考核定岗；后者包括团队绩效考核与管理、薪酬福利设计与管理、劳务关系管理。在此基础上全方位地展现了团队建设与管理的各个知识点和操作方法，同时在本章最后加入了笔者对跨境电商团队建设与管理的实证研究与思考，期望能与读者产生更多的交流碰撞。

8.1 读懂跨境电商团队管理

跨境电商卖家提升客户的消费体验、拥有专业的团队十分关键。如今跨境电商企业大都通过建立以客户为中心的售前、售中和售后服务体系，实现对消费者的全程服务。跨境电商团队是用户在网上购物过程中的沟通桥梁，每当用户在线上购物出现疑惑和问题的时候，只有客服的存在才会给用户更好、更完整的购物体验。在与客户的沟通中，客服不仅仅代表自己，更代表整个企业。各跨境电商企业在接待用户、解答用户疑问、处理用户投诉方面的态度直接决定了用户的购物体验及企业形象。

为保证销售业绩稳步增长，有力的团队支持起到了举足轻重的作用，因而建设一支优秀的跨境电商团队势在必行。如图 8-1 所示是跨境电商团队建设的基本流程。

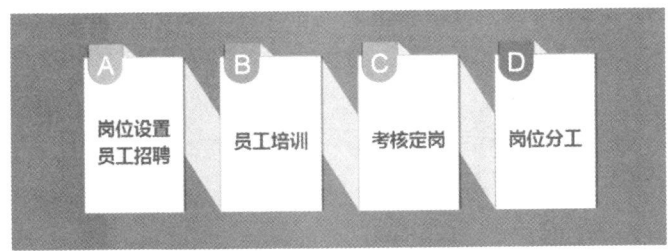

图 8-1

跨境电商企业大致通过 4 个环节来开展团队建设工作,即岗位设置与员工招聘、员工培训、考核定岗和岗位分工。

8.1.1 客服岗位设置与规划

1. 岗位设置

一般而言,卖家可以根据自身的实际发展需要进行个性化的岗位设置,整体分工大同小异,只不过在精细化程度上存在一定的差异。

2. 人力资源规划

人力资源规划一般涉及 5 个方面,即战略规划、组织规划、制度规划、人员规划和费用规划。

(1)战略规划通常是根据总体发展战略的目标,对人力资源开发及利用的方针、政策和策略的规定,是人力资源具体计划的核心,是事关企业全局的关键性计划。

(2)组织规划通常是对团队整体框架的设计,主要包括组织信息的采集、处理和应用,组织结构图的绘制,组织调查、诊断和评价,组织设计与调整,以及整体组织机构的框架设置等。

(3)制度规划通常是人力资源总规划目标实现的重要保证,包括人力资源管理制度体系建设的程序,以及团队制度化管理等内容。

(4)人员规划通常是对人员总量、构成及流动的整体规划,包括人力资源现状分析、定员、人员需求和供给预测,以及人员供需平衡等。

（5）费用规划通常是对人工成本及人力资源管理费用的整体规划，包括人力资源费用的预算、核算、结算，以及人力资源费用控制等。

人力资源规划又可分为战略性的长期规划、策略性的中期规划和具体作业性的短期计划，这些规划与组织的其他规划相互协调联系，既受制于其他规划，又为其他规划服务。跨境电商经营者在进行人力资源规划时，应注意因地制宜、实事求是，制定符合自身组织实际需要的规划，切记不可生搬硬套，否则为了规划而规划，往往得不偿失。

3. 岗位设置与规划范例

在此以选取客服岗位为例。客服团队主要由客服主管和各职能客服组成，其中职能客服按照所担负的职责不同而进行相应的岗位设置。跨境电商经营者在进行岗位设置的时候，与客服人力资源规划的注意事项一样，切不可盲目追求大而全，应该立足自身实际来进行客服岗位的设置，随着自身经营规模的扩大和管理水平的提高，再逐步细化客服岗位。

下面针对部分客服岗位举例说明相应的岗位特点及要求，以供参考，大家可根据自身实际稍作改动，即可成为自身组织的客服岗位职责。

1）客服主管岗位及要求

（1）及时回复客户的订单留言及站内信，处理客户纠纷，解决和减少客户的差评，保持店铺的好评率和良好的信用度。

（2）熟悉 ERP 系统的操作，记录工作中遇到的问题，并反馈给上级。

（3）积极保持与其他职能部门同事（如采购、物流等）的有效沟通与联系。

（4）修正商品的库存信息及其他数据统计工作。

（5）统一协调管理其他涉及客户服务的事宜。

（6）完成上级交代的其他事务性工作。

（7）具有客户服务意识、销售和沟通技巧，做事有条理、干脆利落。

（8）大学英语四级及以上水平，有较好的英语文字功底。

（9）熟练使用 Office 办公软件（Word、Excel、PPT），熟练操作电脑。

（10）思维敏捷，性格直爽，开朗大方，具有良好的沟通能力、学习能力及应变能力。

（11）做事细心、耐心，能承受一定的工作压力。

（12）性格开朗、主动热情，有团队合作精神和独立工作能力。

（13）具有高度的工作责任感和较强的团队意识。

2）职能客服岗位及要求

（1）独立管理阿里巴巴速卖通账号，工作内容主要涉及速卖通销售、产品信息发布、客户沟通、产品售后处理及推广促销新品等。

（2）负责开发新产品，制订产品营销计划。

（3）负责处理客户问题，包括售前咨询、售后维护，以及妥善处理各种争议。

（4）负责收集、分析市场情报及竞争对手状况，制订推广计划。

（5）完善店铺运营策略，保持店铺的好评率和良好的信用度，制作销售明细报表，进行销售分析。

（6）大学英语六级及以上，有一年以上速卖通外贸操作经验者优先。

（7）熟练使用 Office 办公软件（Word、Excel、PPT），能熟练运用图片处理软件进行简单的图片处理工作。

（8）有团队精神和服务意识，为人诚实守信，做事脚踏实地，有较强的学习能力、应变能力，对在线外贸有浓厚兴趣者优先。

8.1.2 岗位职责界定与招聘

1. 岗位职责界定

在此，我们承接上述将客服岗位职责进行简化处理，大家可以根据自身实际发展情况酌情增减。比如，在发展初期很可能是一人多岗，随着发展的成熟，会是一岗多人。所以，这里我们从客服所承担的主要功能来看，简化为产品管理客服、销售客服、售后客服和客服主管，其主要分工如图 8-2 所示。当然，实际工作过程中所要担负的具体工作远远不止这些，具体以实际为准，并没有严格的界定。

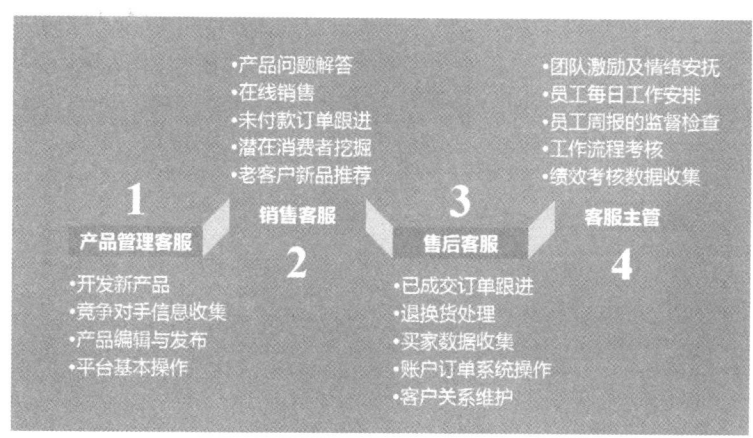

图 8-2

2．客服招聘

跨境电商客服人员的缺口很大，而且人员流动性也非常大，不少人员是为了积累经验才去从事跨境电商客服工作的，一旦学有所成便有可能辞职；还有一部分初入社会的人员因为暂时找不到更好的工作，便将之作为一个过渡，其心态极不稳定；加之跨境电商客服的工作内容相对而言比较单一甚至枯燥，而且由于网络交易的虚拟性，对文字交流不佳者是一大挑战，这些均是导致跨境电商客服人员不稳定的主要因素。

然而作为通过互联网实现的跨境交易，所有的客户体验指标最关键的便是客服这一环节，虽然对学历的要求不高，但是对敬业的态度、与客户沟通的技巧、操作跨境电商平台及相关软件的熟练程度要求很高，因此对所招聘的客服首先要求能吃苦，其次要有耐心，只有这样才能处理好交易环节中的各种困难，提升客户体验，从而促成更多的交易，获得更多的资料，维护好客户关系，形成一种良性互动。

8.1.3 团队培训与考核定岗

1. 团队培训

人员一旦招聘到位,应立即开展相关培训。为了帮助读者更清晰地了解客服团队培训的意义和具体的培训管理方法,下面以图例的方式对这两方面的内容加以介绍,如图 8-3 和图 8-4 所示。

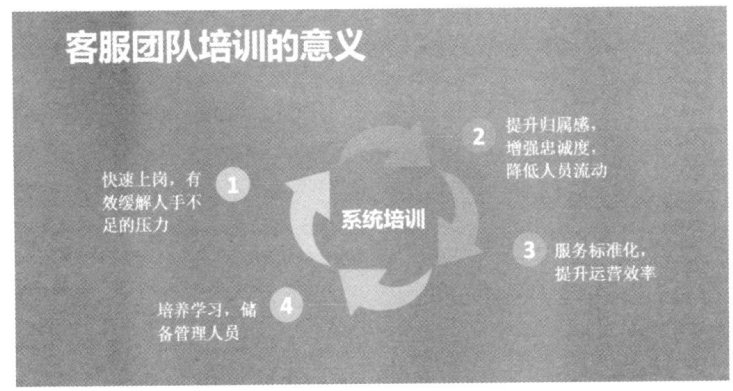

图 8-3

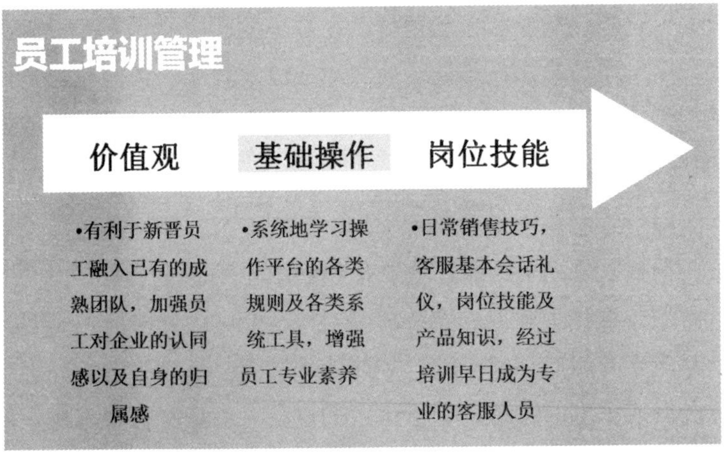

图 8-4

2. 考核定岗

在为期 2~3 周的系统培训过程中,每结束一个环节,新晋员工都会经历一次考核。考核方式一般为笔试和上机操作,以满分制为准,分数的高低作为分岗及转正考核的依据。主管的职位原则上优先考虑内部竞选,次要选择为外部招聘。

3. 客服考核定岗范例

通过系统培训和考核之后,综合考查新晋员工的综合情况,本着"品德第一,能力第二"的原则进行定岗,在此没有一个统一的标准,请根据自身实际进行衡量取舍。但总体而言,鉴于客服岗位的特殊性,新晋员工的软实力(人品方面)应该作为重要的考核依据,而对一个人人品方面的考查需要进行全面观察,并逐步积累资料。当然这对团队管理者而言也是一大挑战,团队管理者应该努力提升自我素养,只有这样才可能具备识人、用人的能力。

8.1.4 团队管理

笔者认为团队管理有三个要点:明确团队工作目标及销售计划;保持沟通渠道的畅通,听取员工意见;信息安全管理,如图 8-5 所示。

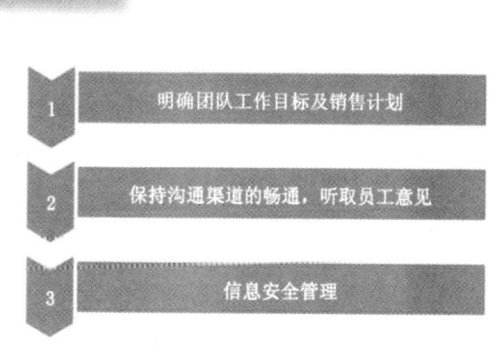

图 8-5

团队管理者在把握了团队管理要点之后,跨境电商的交易实质仍然是以销售为主导,那么明确团队工作目标并制订销售计划,结合实际情况,通过有效管控和调整计划,最终确保团队达成既定目标是一项十分重要的工作,详情如图 8-6 所示。

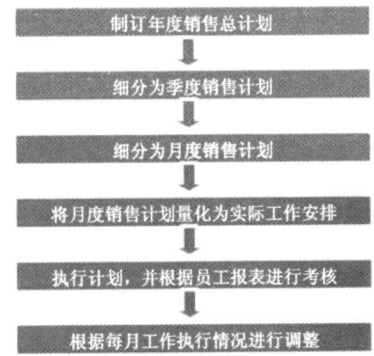

图 8-6

然而,作为团队管理者,在处理日常繁杂的管理事务之余,应该格外注意团队的沟通成本,务必确保组织内沟通渠道畅通,及时发现问题并予以解决,使得团队的主要精力永远放在改善工作业绩上。定期召开例会讨论相关工作、制订相关安排等不失为一条有效的途径,如图 8-7 所示。

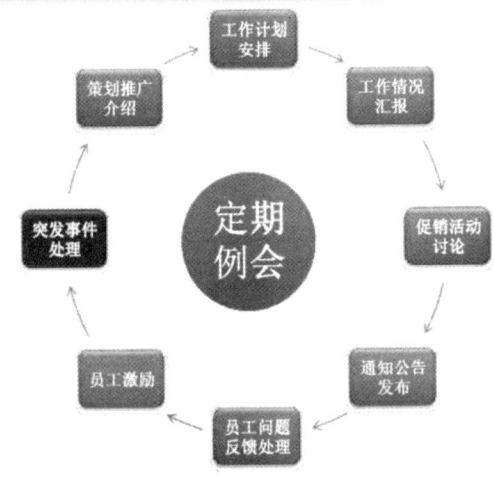

图 8-7

第 8 章 跨境电商团队管理

跨境电商企业在实际运营过程中应该重点关注信息安全，因为随着行业竞争的白热化，做好信息安全工作越来越引起众多企业的重视。信息安全管理涉及的内容多而广，下面结合图 8-8 简要介绍信息安全管理的范畴及应对策略。

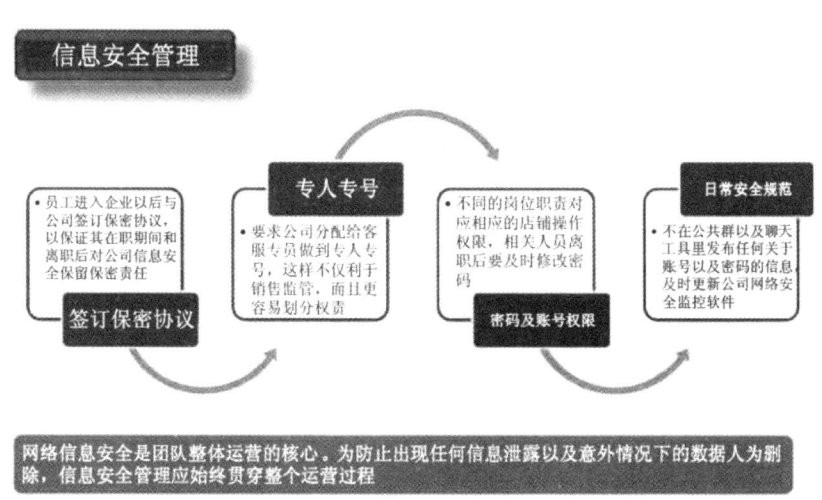

图 8-8

除此之外，关于团队管理问题，笔者在此与读者一起回顾管理学中的一些经典管理理论，期望对提升我们的管理水平起到一定的作用。

马斯洛需求层次理论是人本主义科学的理论之一，由美国心理学家亚伯拉罕·马斯洛于 1943 年在《人类激励理论》论文中提出。他将人类需求像阶梯一样从低到高按层次分为 5 种，分别是生理需求、安全需求、社交需求、尊重需求和自我实现需求。通俗地理解：假如一个人同时缺乏食物、安全、爱和尊重，通常对食物的需求是最强烈的，其他需要则显得不那么重要。此时人的意识几乎全被饥饿所占据，所有能量都被用来获取食物。在这种极端情况下，人生的全部意义就是吃，其他什么都不重要。只有当人从生理需求的控制下解放出来时，才可能出现更高级的、社会化程度更高的需求，如安全需求。

跨境电商客服人员在工作和生活中也存在上述需求，企业应该充分了解员工的基本需求，因地制宜地制定一系列激励措施，从根本上激励客服人员积极、努力、认真、耐心地工作。

非正式组织最早由美国管理学家梅奥通过"霍桑实验"提出，是人们在共同的工作过程中自然形成的以感情、喜好等情绪为基础的松散的、没有正式规定的群体。人们在正式组织所安排的共同工作和在相互接触中必然会以感情、性格、爱好相投为基础形成若干人群，这些群体不受正式组织的行政部门和管理层次等的限制，也没有明确规定的正式结构，但在其内部也会形成一些特定的关系结构，自然涌现出自己的"头头"，形成一些不成文的行为规范和准则。

当然，员工在一起工作与生活，正如上述所言，的确会因为感情、性格和爱好等形成一些小团体。团队管理者应该充分了解此类非正式组织的基本诉求，有针对性地提出一些激励和惩罚措施，逐步提高客服人员的工作水平。

8.1.5 团队建设与管理的变革和创新

跨境电子商务近年来才逐步进入公众视野并引起社会和行业的广泛关注，国家和地方政府层面陆续出台了一系列政策措施来鼓励跨境电商的发展，然而行业成熟度依然不够，越来越多的智力资本和资金资本逐渐涌入。

国内电商经过十多年的发展，相对较为成熟，很多从事国内电商的企业或人员转型进入跨境电商行业，鉴于其具有一定的国内电商运营经验，势必在发展跨境电商过程中加以借鉴。因而笔者认为跨境电商的发展会少走很多弯路，会呈现跳跃式发展，其发展速度也会十分惊人。

当然，事物在向前发展的过程中会不断地汲取外部力量，跨境电商行业唯一不变的就是变化，跨境电商从业者应始终以拥抱变化的心态来面对行业的变革与创新。毋庸多言，跨境电商客服团队建设与管理也同样随着行业的发展变化而面临一系列变革与创新。

1. 理念的变革与创新

由于跨境电商目前还发展得不够成熟，加之跨境电商很多是由"草根"创业者起家的，他们十分擅长运营，但在团队建设和管理方面普遍缺乏经验。

据悉，目前困扰跨境电商从业者的一大瓶颈就是团队的建设与管理。管理者在谋求团队的扩大和发展后，因自身缺乏管理经验和管理意识，在日常工作过程中过于随意，管理的成分较少，更别提制度化管理，从而导致经营效益不够理想，更有甚者组建团队后的经营状况甚至不如自己单枪匹马的战果。但是任何企业的经营形式永远不可能以个人为主，更多的是团队的形式，只有这样才有可能实现规模经营，自己也才能从繁重的劳动中解脱出来。但是管理经验不是一朝一夕就可以具备的，更多地依靠实践的积累。

为此，笔者认为，在跨境电商团队的建设和管理活动中，管理者应该提升自我修养，扬长避短，将团队成员当作合作伙伴，同时通过采取激励措施，让团队成员充分发挥自己的潜力，让他们看到希望、提升信心。而万万不能以所谓的老板身份自居，那样只会适得其反。正如前文所提及的非正式组织，当管理者也是非正式组织的一员时，可想而知团队的稳定性和开放性之大，毋庸置疑，这样的团队战斗力是惊人的。

管理者的理念变革与创新应朝着合作伙伴的方向去努力，以情感等因素为纽带，提升团队凝聚力。理念的变革与创新应该贯穿于管理的各个环节，否则仍然起不到应有的效果。

2. 行为的变革与创新

跨境电商虽然起步晚，但是一般在外贸发展较好的区域更加成熟。例如，珠三角和长三角等地的人员流动性通常较大，人力和办公成本较高，加之随着年龄的增长，不少人员有一种"落叶归根"的想法，逐步向内陆地区流动。而这些人具备一定的外贸工作经验，回到内陆地区后，由于内陆地区外贸发展水平不高，可能会更换职业。从某种意义上讲，这属于外贸智力资本的流失。

值得庆幸的是，有部分跨境电商企业鉴于各方面的考虑，正逐步尝试新型的企业运营行为，不妨将之形象地称为"异地操作"。一般是将采购和货运人员安排在沿海发达城市，将客服运营人员安排在内陆地区，这样就会使人力和办公成本大幅降低。加之内陆地区诸多地方也出台了一系列跨境电商利好政策，客服人员比较容易招聘，在同等待遇下，内陆地区人员稳定性较好，新员工的招聘工作也较为容易。通过这种行为方式的变革与创新，在某种程度上较大地提升了团队稳定性，为企业进行规模化经营提供了有利条件。

当然，这种操作方式也有不足之处，比如，阻碍了采购人员和客服人员的交流、客服人员对产品不够熟悉等，但是这些不足之处可以通过培训和定期沟通来解决。无论如何，随着内陆地区的经济发展及交通状况的改善，异地操作也是跨境电商行业内企业行为的一种变革和创新，若条件允许，则不妨一试。

3. 客服体系制度设计的变革与创新

跨境电商行业的发展与团队的建设管理密不可分，前文也提到了一些现代管理方法的运用，比如马斯洛需求层次理论和非正式组织等。但是在跨境电商实际运营过程中，随着平台规则的不断变化，企业的工作流程也应该随之做出适度调整，也就是人们常提及的工作流程再造，据此来变革过往不适宜企业发展和运营的一系列操作方法和规则。

跨境电商客服人员更多地承担着销售任务，从某种意义上讲是以销售为导向的团体，这就直接涉及所谓的管理岗位和专业技术岗位，正确地处理和设计好这类岗位的权责和福利关系到团队的稳定性。这类问题处理得好可以降低团队沟通成本和内耗，处理得不好会导致恶性竞争，甚至团队离散。引入职务和职级的制度设计，鼓励管理岗位和专业技术岗位的人员分别向自己擅长的方向去努力，奠定销售人员的地位，可以极大地促进良性竞争，提升销售业绩，从而促进企业快速发展。

另外，跨境电商目前的销售提成制度相对较为粗糙，有的企业按照销售额提成，有的企业按照利润提成。随着行业的发展，不同的平台经营策略不同，产品定位不同，仅就平台经营而言，有些引流款的订单没有利润甚至亏本，有些时候参加平台活动不为利润而为流量，但商业的本质仍然应该以利润为导向。笔者认为跨境电商经营者应该静下心来厘清经营中的各个环节，通过业绩提成制度的设计最大化地鼓励客服人员。如何鼓励客服人员抓住产品生命周期的前半部分，实现单品利润最大化？如何鼓励售后客服通过发挥自身主观能动性积极沟通解决订单纠纷，尽可能地减少损失？这些问题都摆在跨境电商经营者面前。

笔者在此提出"综合绩效考核之相对销售额"，其目的是让企业守住经营的利润红线，通过整体核算挖掘出实际销售额背后的真实利润，将跨境电商中重要一环（售后环节）的潜在利润价值最大化地挖掘出来，采用以奖励为主、以惩罚为辅的原则进行客服团队的绩效考核和管理，充分调动客服积极性，缜密设计各个环节，做到全方位不遗漏。由于篇幅限制，在此不再赘述。

4. 行业发展的变革与创新

随着行业的发展，一般而言，达到一定程度时都会催生第三方服务商的出现。正如国内电商的发展情况一样，按照行业和岗位的细分，专业的人做专业的事，国内电商逐步出现专门从事第三方服务的机构，而且能够把专业的事情做到极致，诸如代运营和国内电商培训等，内容涉及电商的诸多核心环节，如营销推广、数据分析和视觉美工等，这些细分带动了就业，并催生了新的企业。

随着跨境电商行业的发展，第三方服务一定会顺势而来。同样，诸如代运营和跨境电商培训等，内容涉及一系列核心环节，如海外营销推广、数据化运营、国际物流和视觉美工等，但是这些环节的难度远比国内电商要大，涉及不同国度、不同客户的消费习惯等，目前假如有企业能够将第三方服务做好，势必是一个商业蓝海。但是针对跨境电商代运营而言，笔者认为其市场体量不大，传统外贸企业转型一般不会一刀切，更何况传统外贸占比依然很大，并且传统外贸企业有自己的人员和产品，会逐步扩展跨境电商模式。

有意从事跨境电商第三方服务代运营的企业不妨改变一下自己的定位，跳过代运营阶段，凭借自己的优势帮助企业构建自身的跨境电子商务体系。这可谓行业发展的变革与创新，相较于代运营而言，势必会更受用户的欢迎。

8.1.6 跨境电商客服人才需求趋势预测与思考

跨境电商的发展步伐太快，相关人才紧缺显而易见，加之培训机构刚刚起步，跨境电商人才紧缺已经成为抑制行业发展的关键问题。

但即便如此，跨境电商经过这些年的发展也产生了一些变革，对客服的要求也逐步产生了变化。前些年从事跨境电商行业的人比较少，假如将这个时期称为跨境电商客服人才 1.0 时代，显然，现阶段应该属于跨境电商客服人才 2.0 时代。跨境电商客服人才 1.0 时代的经营管理模式属于劳动密集型，那时候的操作比较简单，只要多加客服人员，多加平台操作账号，一般都能取得较好的经营效益。

然而，现阶段仅靠劳动密集型操作策略显然已经满足不了行业的发展要求，靠人海战术基本上不能奏效。

跨境电商客服人才 2.0 时代要求客服人员具备更全面的素质。随着行业的发展与深度变革的开始，跨境电商逐步向新兴市场发展，多语言的要求、多地多区域的客服行为习惯，移动互联网交易由新趋势变为新常态，更多跨境电商平台的出现，目标市场的细分和产品的细分，跨境电商这些新趋势无不对客服人员提出了更高的要求。现阶段的客服更加注重运营管理的水平，因而行业对高端运营人才的需求居高不下，只有快速培养、历练新时代的跨境电商客服人才，才能促进跨境电商的大发展和大跨越。

当然，高端运营人才的出现势必对跨境电商行业人力资源管理提出更高的要求，否则人员的稳定性依然很差，对企业发展仍然不利。跨境电商客服人才 2.0 时代要求企业积极探索尝试新型激励政策，可能会突破传统的薪酬设计模式，上升到高于雇佣模式和合作模式的互助模式。

跨境电商的发展可谓一日千里，我们只有拥抱变化，以积极的心态去面对荣辱，不忘初心，方得始终。

8.1.7 小结

跨境电商团队的建设与管理是跨境电商企业生存和发展的重要因素之一。与国内电商的岗位略有不同，鉴于跨境电商的特殊性，该类人才极度匮乏。企业应该努力提升自我修养，探索科学的运营制度和流程，建立健全招聘、培训与晋升机制，争取少走弯路，从而提升自身品牌的知名度，优化客户体验环境。从这个角度而言，处于跨境电商高速发展时期的我们仍然面临诸多挑战，任重而道远。

8.2 管理者的修炼

著名管理学者、麻省理工学院教授彼得·圣吉于 1990 年完成其代表作《第五项修炼——学习型组织的艺术与实务》，提出了"管理者的五项修炼"：第一项修炼是自我超越；第二项修炼是改善心智模式；第三项修炼是建立共同愿望；第四项修炼是团体学习；第五项修炼是系统思考。如今，市场上也有过一些"管理者的五项修炼"的培训课程，甚至还有人出过相关书籍。笔者在这里要谈的"管理者的修炼"又是什么呢？

笔者旨在谈跨境电商团队的管理。在竞争激烈、瞬息万变的互联网电商时代，什么决定了跨境电商企业的成败？当然是人才。一家企业的成败原因有很多，但是归根结底在于人才。尤其是近几年电商行业的蓬勃发展，导致了电商人才的严重短缺。因此，对跨境电商企业来说，人才的选、育、用都特别重要，选人、育人、用人也将成为管理者必须修炼的三项重要内容。本节重点介绍如何选人与育人。

8.2.1 选人——招聘优秀的电商人才

21世纪什么最贵？企业家的回答一定是人才。对于跨境电商企业而言，找到适合的人才至关重要。有句话说，选择大于努力，选对人与培养人，选对人的企业发展速度一定会更快。笔者总结自己多年的跨境电商团队管理经验，将从人才需求、人才招聘、人才甄选和人才录用4个方面来阐述如何找到合适并且优秀的电商人才。

1. 人才需求：跨境电商企业需要什么样的人才

企业招人首先要弄清楚自身的人才招聘需求，因需设岗，以岗定人。然而，近几年跨境电商企业急剧增长造成人才严重短缺，很多企业都无法做到"因需设岗，以岗定人"，都是先把人拉过来，先有人而后才有岗位。这样做刚开始没有问题，久而久之，这样的人才架构一定会制约企业的发展。

跨境电商企业到底需要什么样的人才？让我们先来了解跨境电商卖家的销售模式有哪些。有在AliExpress、DHgate、eBay、Amazon、Lazada、Wish等第三方平台开店经营的，称之为网店型；有自建独立网站的，如LightinTheBox（兰亭集势）、DealeXtreme等，称之为网站型；有做进口电商的，如天猫国际、京东全球购、唯品会、蜜芽、洋码头等；更有前两种或者三种都有涉猎的，称之为全网卖货型。下面笔者结合自己的管理经验，总结出这几种销售模式下的几个关键岗位人才需求供大家参考。

1）网店型

- 运营管理人员：统筹产品货源、店铺运营推广、订单交易、物流发货、售后服务等环节的全能型管理类人才，如运营总监、运营经理、运营主管、店长等。

在跨境电商卖家中，很多都是老板在充当这一角色，原因在于这种类型的人才难觅，通常需要在某一个跨境电商主流平台、某一个产品行业有两年以上的沉淀和累积。这样的人，条件稍显成熟的，通常会选择自主创业，这也是大多由老板充当这一角色的原因。当然，如果企业找不到这类人才，则可以在内部培养，只是步伐会慢一点。

- 营销人员：熟悉某个跨境电商平台的规则和玩法，能独立负责店铺的选品、发布、营销、推广等工作，如营销专员、营销助理等。

这里的营销人员其实也是大家理解的店铺运营人员，只不过笔者认为，运营应该是一项集统筹、策划、管理于一体的工作，如前面所说的"运营管理人员"。我们不能把一个负责店铺产品发布、活动报名、营销推广等具体执行类工作的人员也称为"运营"，这样就会拉低市场"运营类人才"的人才标准和整体素质。笔者曾多次在"跨境电商团队管理"的培训课堂上强调，"运营"至少应该能担当起一家网店的店长，最好还能在某一细分领域有所沉淀和累积，熟悉该产品的供应渠道，从产品的供应、BOM 价格、生产工艺、交货期，到产品的卖点提炼、推广策划、销售市场、售后服务等，都能做到全然掌控；同时，还需熟悉平台规则和玩法，并懂一门外语。

- 销售客服人员：主要负责售前和售后沟通类工作、账号安全维护等。很多企业把这一岗位称为客服，笔者建议改为销售。因为客服的本质是销售，是将销售以服务的形式来呈现，让客户感觉他是在被服务，而不是在被推销。再者，客服总是被人理解成"整天都在跟纠纷打交道"，久而久之，也就没有了业绩意识，失去了销售的狼性。
- 采购&物流：网店型卖家可以根据各自的情况灵活安排采购，如网络采购、档口拿货、代发货等。对于"草根"创业者来说，采购和物流一般都是自己人，没有责任心的员工不仅缺乏成本控制意识，也会让客户的收货体验变得糟糕。当然，也有一些企业发货是纯海外仓，或者纯外包，那笔者也只能羡慕、嫉妒了。

- 视觉美工：主要负责产品拍照、图片处理、店铺装修等事宜。在互联网上做销售，视觉呈现非常重要。跨境电商企业需要的其实不只是一名美工，更应该是一名"视觉营销设计师"，既有修图功底，又懂互联网营销，但目前这样的人才是可遇而不可求的。所以，大多数公司由营销专员和美工两个岗位相互配合来做店铺的整体视觉呈现。与线下实体店铺相比，因为缺少了触觉、嗅觉、味觉等亲身体验，客户只能通过视觉呈现来感受产品的质量，因此，视觉呈现必须做到如实地将产品呈现在顾客面前，这就是所有网络平台对"如实描述"的权重考核要求都很高的原因。
- 小语种人才：如果要开拓一些小语种国家的市场，那就必须寻找合适的小语种人才。跨境电商比较抢手的小语种人才有俄语、德语、法语、西班牙语、葡萄牙语等。

2）网站型

网站型卖家一般有自己独立的网站，除上述人员外，一般还需要补充以下人才。

- 网站搭建类人才：如 PHP 程序员、网页设计人员等。"草根"团队建议从开源的 CMS 用起。前端、设计都可以不要，只要一名 PHP 程序员就够了，参考几家优秀的同行网站，来一份合体版，流量提高后再逐步优化。当然，如果公司原本没有视觉设计岗位，则需招聘一名网页设计人员。
- 网站推广人才：主要集中于 SEO、SEM、AdWords 操作、外媒 PR、外媒广告管理、SNS、Video Ad、Picture Ad、Comment Ad 等专业人员。这些岗位贵在专。如果需要他们自己写文案，那还得精通一门外语。当然，有很多公司是把推广和文案工作分开的。

3）全网卖货型

全网卖货型卖家由于是多平台、多渠道、多种模式一起运营，所以他们在产品和物流方面对人才一定会有更高的要求。除营销外，他们一定要做好供应链管理，所以还需重视以下两种人才。

- 供应链管理人员：统筹产品货源、供应商甄选、采购、物流、仓储等环节的管理型人才。
- 品类采购专员（产品专员）：在某一个产品行业有两年以上的沉淀和积累，熟悉该类产品的供应渠道、BOM 成本、生产流程、产品卖点提炼等。多平台、多渠道经营的企业通常会涉及多个品类，如服饰、消费电子、家居等，因此需要不同产品类目的产品专员来负责选品、供应商甄选、价格谈判、品质控制等事宜。

以上是对不同存在形式的跨境电商团队所需人才的概括，希望对跨境电商企业的经营者和 HR 能有所帮助。当然，每家企业对人才的需求都是不一样的，HR 要善于引导其他部门提出清晰、具体的人才需求申请，才会使得招聘工作事半功倍。

2. 人才招聘：招聘渠道&招聘广告文案

通过前面章节的学习，我们大致了解了跨境电商企业需要一些什么样的人才，下面我们来谈谈如何招聘到合适的人才。现如今，跨境电商人才的抢夺在各大高校校园招聘会上已是"腥风血雨"，大一点的企业都是直接跟高校签订人才输送协议，学生刚一进入实习期，就被成批次地送往这些协议企业。一些企业甚至直接派人进驻高校，对在校学生进行"圈养"，让他们一边学习一边操作店铺账号。尽管这样，仍满足不了跨境电商企业大量人才的需求。为了招到合适的人才，近年来，HR 也都绞尽了脑汁，主要体现在招聘渠道的多元化及招聘文案的个性化上。

1）招聘渠道

包括但不限于网络招聘、广告招聘（报纸、杂志、电视广播等）、现场招聘会、校园招聘、人才中介、猎头公司、推荐介绍等。

- 网络招聘：主流的人才招聘网站有前程无忧、智联招聘、中国人才热线、58 同城、赶集网、中华英才网、猎聘网、卓博人才等。除此以外，QQ、微信、微博、论坛、博客等社交网络平台也成了 HR 招聘和吸收人才的主流媒介。
- 广告招聘：指的是在报纸、行业杂志、电视广播等渠道投放招聘广告的方式，通常适用于比较大型的企业。

- 现场招聘会：指的是人才市场的现场招聘会。互联网的发展使得各大人才招聘市场完全没有了昔日"门庭若市"的景象，去人才市场现场招聘会的人员也都屈指可数，如果不是非常大型的专场招聘会，那么 HR 还是不用考虑这一渠道了。哪怕是工厂招工也不用去人才市场，还不如在工厂门口贴一则招聘广告来得更快、更实在。
- 校园招聘：前面提到校园招聘已成为跨境电商企业的人才抢夺战场，所以 HR 要引起重视，多搜集和网罗一些高校的招生办信息，找到具体的对接人，最好从毕业前一年的 6 月份就开始行动。
- 猎头中介：俗称挖人，此种方式适用于招聘企业高管人才。由于招聘的成本比较高，所以 HR 一定要把控好面试沟通和测评环节，以防招聘的人员无法融入。
- 推荐介绍：发动身边的人为公司推荐介绍人才。HR 可以考虑在企业内部设立"人才推荐奖"，发动内部人员及他们身边的人为公司推荐介绍人才。

综上所述，笔者认为，跨境电商企业 HR 的重点招聘渠道应该放在网络招聘、校园招聘和内部推荐上。

2）招聘广告文案

跨境电商企业的人员都很年轻，大多数是 90 后，追求新意和个性化。要想找到优秀的人才，HR 就要丢弃传统的方式，写出富有个性和新意的招聘文案，吸引眼球，并切中需求；既接地气，又有格调。下面整理了一些比较好的招聘广告文案供大家参考。

- H5 页面。现如今，H5 的炫酷页面屡屡刷爆朋友圈，各企业的 HR 也不甘落后，纷纷玩起了招聘 H5，只要够潮、够新鲜，总有一款能吸引志同道合的小伙伴！

案例一：LinkedIn 领英 2015 最酷职位。

最酷的职位给最酷的你——90 后喜欢的文案，如图 8-9 所示。

图 8-9

案例二：东华禅寺——我佛·纳士。

我佛的招聘文案都这么有新意、接地气，如图 8-10 和图 8-11 所示。有态度的产品运营，有驾驭力的文案策划，这不同样也是跨境电商企业需要的人才吗？

图 8-10

图 8-11

- 挑衅型。用挑衅型的语言来激发年轻人,特别是技术人才的注意,如"敢不敢"、"够不够"之类的词语,如图 8-12 所示。

图 8-12

- 诙谐型。现在的年轻人追求的是更开放的环境，招聘文案不能过于死板，幽默诙谐的语言更能吸引年轻人的眼球，如图 8-13 所示。当然，如果你的公司讲究高格调，那就不要采用这种形式了。

图 8-13

图 8-13（续）

- 梦想型。梦想还是要有的，万一实现了呢？因此，梦想也是最能打动人心、吸引优秀人才的，如图 8-14 所示。

图 8-14

图 8-14（续）

- 博眼球型。这类文案主要通过突出一些比较吸引人眼球的词语来赢得关注，如图 8-15 所示。

图 8-15

- 纯文案型。

参考模板：

你瞧我们忙得连一个像样的招聘广告都没人设计，就知道我们有多需要你了！文案伤不起的有木有啊，又当爹又当妈的，真是没法活了！

招了，我们全招了，我们实在是需要你呀！

招了，我们全招了，如果你符合下面的条件赶紧与我们联系！

会平面设计的！特出众的！有责任心的！能带领设计小组独立干活的！

不差钱就差人！！！我们是×××公司，简历请发至×××@sina.com。

天赋者，成就业绩！

……化工，诚招销售精英！

这是一家蓬勃发展、充满朝气的股份制企业！

如果你对下述问题的回答都是肯定的，请致电我们……

- 其他创意型，如图 8-16 所示。

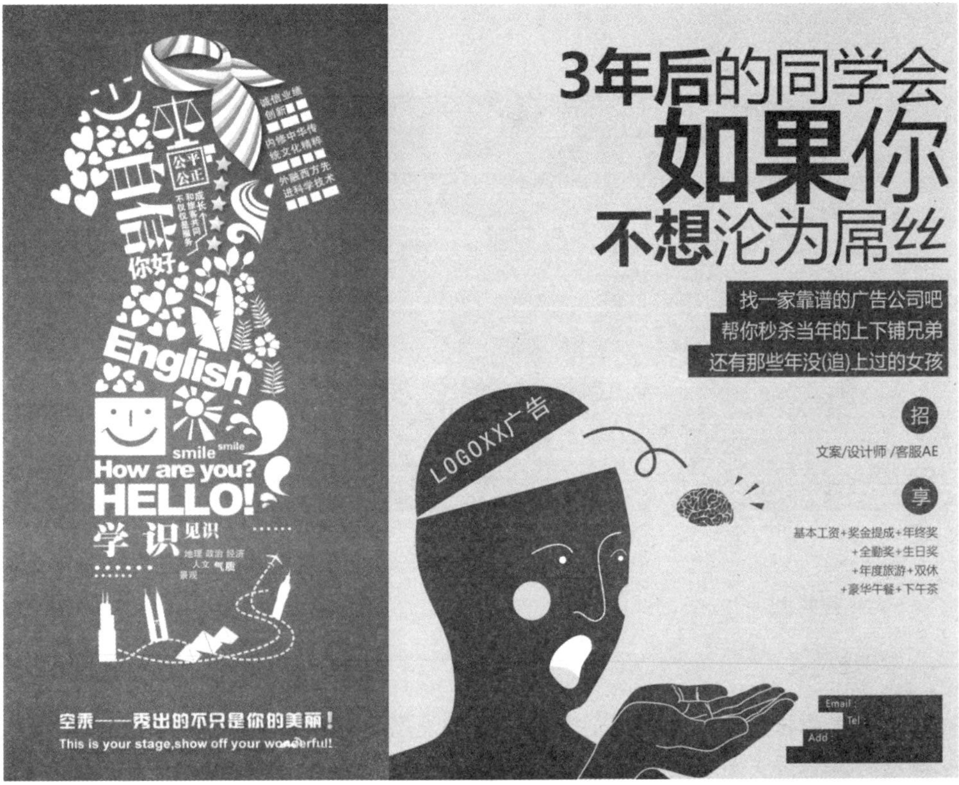

图 8-16

3. 人才甄选：简历筛选&面试识人

在招募不到足够多优秀人才的条件下，任何卓越的公司都无法确保收入的持续增长和基业长青。如果一家公司收入的增长速度总是快于招募精英人才的速度，那么公司的发展不仅会滞后，而且会陷入严重衰退。

帕卡德定律告知我们，企业衰退的关键预警信号是：关键岗位上正确人选所占的比重越来越小！因此，要想保持持续增长和基业长青，就必须在持续的招聘中不断地甄选到"适合"的优秀人才。之所以强调"适合"二字，是因为笔者在这里要告诉大家：人才甄选的标准关键就是适合，适合胜于优秀！

孟子曰："天时不如地利，地利不如人和。"企业的发展同样讲究天时、地利、人和。对于人和，笔者的解读就是企业的发展需求与人才的匹配度。企业在不同的发展阶段所吸收过来的人才是有所不同的，比如，在创业初期往往都是在朋友圈中吸收人才，这个时期很容易出现"高级人才低位使用"或者"低级人才高位使用"的现象。那么，怎样才能做到人才与岗位的正确匹配呢？

让我们先来了解一下人才胜任岗位的四大要素：

（1）价值观匹配。

（2）能力匹配。

（3）性格匹配。

（4）期望值匹配。

HR 在甄选人才时，一定要从以上 4 个维度来筛选和识别人才。接下来我们就从 HR 最常用的简历筛选和面试识人这两个方面来谈谈如何为企业甄选到"适合"的人才。

1）简历筛选

要想招聘到适合的人才，HR 每天都要阅读大量的简历，筛选出各方面匹配度相对较好的人员，邀约面试。我们把这一环节的工作分解成如下 3 个步骤。

- 找准需求——人才匹配条件设置。

前面提到，HR 要善于引导其他部门填写"人员招聘需求申请表"，在这张表格中清楚地列举了我们的招聘需求，HR 只需在文字上稍加整理，把具体的岗位招聘需求通过各种招聘渠道发布出来，就可以坐等鱼儿上钩了！当然，有的时候因为选错了地、因为诱饵等各种原因，鱼儿不上钩或者上钩的鱼儿不是我们想要的，那 HR 也需要主动出击、主动搜索、遍撒渔网。大家都是做电商的，要想实现较高的转化率，首先就得有足够的曝光量和点击量，人才招聘也是如此。

笔者整理了一份"速卖通营销专员"的职位发布范例供大家参考。

参考模板：

速卖通营销专员职位发布信息

岗位名称：速卖通营销专员/速卖通营销助理。

收入参考：营销助理 3K～4K；营销专员 4K～6K；高级营销专员 5K～8K；营销主管 6K～10K+。

岗位工作内容：

1. 负责速卖通店铺的产品发布、图片管理、上下架工作。

2. 负责速卖通店铺的 Listing 优化、搜索排名优化等工作。

3. 负责速卖通平台数据收集、信息整理、汇总分析等工作。

4. 负责速卖通店铺的店铺活动、平台活动、直通车推广等工作。

5. 负责速卖通店铺的各项数据指标的监控，不断提升店铺的销售额。

6. 配合部门内其他人员如客服、美工、主管的工作。

岗位需求人才（注：人才匹配条件）：

1. 喜欢网络，善于通过网络搜集各类信息。

2. 逻辑思维强，善于运用表格等进行数据整理和分析。

3. 做事有计划，并能有条不紊地推进。

4. 行动快，执行力强，肯拼搏。

5. 有一定的英语基础，看好跨境电商，对汽车或汽车电子产品感兴趣。

6. 熟悉速卖通平台规则,有一年以上速卖通运营销售经验的优先考虑。

欢迎电子商务或计算机相关专业的应届毕业生应聘!

薪酬福利

薪资构成:岗位工资 3.5K~4.5K + 绩效工资 0.5K~1K + 提成奖金(销售额的 $x\%$ 起),具体面议。

其他福利:一个月入职培训,社保,出国交流机会,生日、节日、年终福利等。

公司信息

公司名称:

办公地址:

乘车指导:

联系人:

注:还可附上一些关于公司简介、公司优势、未来发展和梦想之类的文字。

- 快速过滤——善用关键词快速筛选。

无论是主动投递、主动搜索还是他人推荐过来的简历,HR 都需要做出及时和快速的反应,过滤匹配度低的,向匹配度高的发出面试邀约并电话跟进。那么,如何快速筛选简历呢?

(1)期望值匹配:看求职者的期望薪资和求职意向(意向行业、意向岗位、意向地区等)与岗位的匹配度。如果我们提供的薪资无法满足求职者的期望,甚至半年内都无望实现,则基本不用再考虑。

(2)能力匹配:看求职者的学历、专业、培训经历、英语和计算机技能及工作经验。匹配项越多则越有可能,反之则越不可能。

(3)地域匹配:如果公司不提供住宿,则要进一步沟通了解一下求职者的意向地区范围,建议车程不超过 45 分钟(不堵车的情况下)。如果超出范围且对方也没有搬迁的意愿,则基本不用考虑。

（4）其他要求匹配：如对年龄、性别、户籍地、婚姻状况、生育状况、可到岗时间等是否有要求。除了个别岗位的特殊性，这主要看其上司是否有特殊要求，如有些老板对某些地区的人有偏见、有些老板喜欢雇佣男性等。

- 诚心邀约——让人无法抗拒的"约会"。

简历匹配度还算可以的，HR需要通过电话、QQ、微信、邮件等方式发起攻势，主动"约会"对方。电话沟通主要用于确认对方是否还在"待业"状态，以及对简历信息的核对和补充；邮件主要用于发送"邀约"；QQ、微信则偏重于彼此的进一步了解和后期跟进。

参考模板：

电话沟通话术

问：您好！我是××公司的人事招聘助理××，在××网站上查收到您的简历，想确认一下您是否还在找工作？

答：……

问：我们公司现招聘××（岗位），上班地点在××（地点），请问这个地址是否在您考虑的范围内？

答：……

问：如果还有其他需要确认的……

答：……

问：感谢您的信息确认，随后我会发送面试邀请函到您简历上的邮箱××，请问这个邮箱您方便查收吗？

答：……

问：如果您看完邮件对我们提供的岗位感兴趣，请问您是明天还是后天方便来我司面试？

答：……

结束语：再次感谢您的核对确认！我是××公司的××，回头请您注意查收邮件，上面会有您想要了解的相关招聘信息。如果您看完邮件还有疑问，则可以通过电话或者 QQ 与我们联系。

2）面试识人

大多数企业的面试会分笔试和面谈两部分进行。笔试如果选择测试求职者的能力，就很难做到试题统一，会因岗位的不同而有所不同。所以，笔者在这里建议把笔试做成性格测试，HR 可以收集一些测试性格、思维和执行力的题目，做成一套简单的性格测试题。因为前面我们提到员工胜任的四大要素，其中一个就是性格匹配。性格天注定，企业想通过培训去改变一个人的性格几乎是不可能的。所以，我们会把一个人的性格看作他的职业天赋，性格匹配度越高，求职者进入公司后的成长速度就越快。

面谈一般放在笔试之后，求职者在接受笔试的同时，HR 有宽裕的时间准备好简历提交并通知对应的部门主管。面谈环节最重要的就是如何发问及面试问话的技巧。

（1）面试问话的 6 个维度：

- 职业兴奋度。
- 责任担当力。
- 感悟总结力。
- 解决问题力。
- 价值观吻合度。
- 期望值吻合度。

（2）面试 21 问。针对面试问话的 6 个维度，笔者结合自己的实践和前人的经验，总结了 21 个通用的问题。只要你能灵活自如地运用这"面试 21 问"，一定可以寻觅到适合的人才。

A. 候选人的职业兴奋点（持续兴奋、脱口而出、两眼有光的）。

- 你做什么事情会有无比充实、特别兴奋的感觉？
- 你身边的同事和朋友最看重和欣赏你哪一点？

- 你最厌恶做什么样的事情？
- 你做什么事情能一气呵成、特别顺畅？
- 你学习什么东西是无师自通、一学就会的？
- 你做什么事情容易忘记时间？
- 你认为自己最能够在哪一点上去帮助别人？
- 你希望成为朋友心目中怎样的人？
- 在100个人里面，你可以排在第一位的是什么？（百里挑一）

B. 候选人的责任担当力。

- 你对上一份工作自己的岗位胜任能力如何评估？你给自己打多少分（百分制）？
- 为什么认为自己可以取得这样的分数或成就？
- 跟满分之间的差距在哪里？
- 造成差距的主要原因有哪些？

C. 候选人的感悟总结力。

- 你在上一份工作中最大的收获是什么？
- 你对上一份工作最大的感受是什么？
- 你认为上一份工作中值得总结的经验教训有哪些？
- 你是如何理解你上一份工作的岗位核心价值的？

D. 候选人的解决问题力。

S——问困难；T——问想法；A——问行动；R——问结果。

- 你在工作中遇到过的最大困难或者压力是什么？
- 你是如何看待这些问题的？
- 面对这些问题你具体做了些什么？你是如何做的？
- 你感觉做了这些工作后的效果如何？为什么？

（3）候选人的期望值。

通常，在开始以上列举的21问前，建议面试官先做一下自我介绍，跟面试者简单寒暄几句，消除其戒备和紧张心理，再探询其期望值。

- 你抵达后,对公司的第一印象如何?
- 你之前应聘成功的最理想的工作和收入是什么?为什么没有去?如果对方说没有,就直接问其职位定位和期望收入。
- 请你用3分钟的时间做一下自我介绍(如果需要测试英语,就让其做英语的自我介绍)。

如果求职者对公司的印象不好,并且期望值过高,就挑几个关键问题了解一下,然后快速结束。

建议面试由 HR 和部门主管一起进行,HR 要事先准备一张面试评分记录表(见图 8-17),面试期间注意观察面试者的外在状态,并在面试评分记录表中进行记录。如果部门主管和面试者彼此都有好感和意愿,则 HR 还需通知总经理进行终试。总经理在终试环节要重点介绍公司的优势和愿景。

XXX公司
面试评分记录表

面试人:						面试岗位:					
面试评分											
A外在形象评估						B内在特质评估					
	1	2	3	4	5		1	2	3	4	5
1.眼神专注						1.职业兴趣					
2.诚信自然						2.责任担当					
3.声音音调						3.感悟总结					
4.肢体动作						4.解决问题					
5.标杆吻合						5.能力测评					
人事部意见											
部门面试官意见											

图 8-17 面试评分记录表

最后需要提醒企业老板的是,关键岗位人才的甄选一定要亲自参与面试。那么,什么样的人能够胜任企业的关键岗位,是企业需要寻找的合适人选?

(1)与公司价值观相吻合的人。很多企业都会打造自己的企业文化,形成自己的核心价值观,候选人只有与公司价值观相吻合,才能够融入公司并跟随公司一起长远发展。如果是与公司价值观不符的人,则会腹背受敌,很难融入。

(2)具有自我管理能力的人。如果老板需要时刻盯着员工,那么其招聘员工的心态就有问题。具有自我管理能力的人根本不用花费大量的时间来"激励"或"管理",他们的工作效率必然很高,懂得自我驱动,自律且主动追求完美,因为这就是他们内在基因的一部分。

(3)敢于承担责任的人。合适的人知道他们并不仅仅要完成工作,而要敢于承担责任。他们有强烈的荣誉感,深悉工作任务和真正责任之间的区别。他们勇于说出"我是最终负责任的人"。

(4)能够遵守承诺的人。自律的人同样会把承诺看得很神圣,他们不会轻易做出承诺,但一旦承诺,就会毫无抱怨地去履行。

(5)对工作充满激情的人。合适的人是爱一行才干一行的人,对工作有着浓厚的兴趣和专注度,因为他们身上总是有着坚韧不拔的勇气,以及对工作的极大热情,是能够投入到工作中并能享受到快乐的人。

(6)有"功成而不居"的大将风范。合适的人从不独自邀功,而是懂得把功劳归于团队和其他因素。相反,在遇到困难和挫折时,他们也不会把责任推给外界环境或推到别人身上。

4. 人才录用:人才测评&人才录用

1)人才测评

如果你对人才测评有所了解,那么对于公司的关键岗位人才,在面试完成后可以增加"测评"环节。测评能帮助你更准确地了解候选人的职业兴趣、职业优势、职业风格和职业动机。

- 职业兴趣:了解候选人的喜好,即喜欢什么、擅长什么、具备什么、渴望什么。我们需要的是"爱一行干一行"的人才。
- 职业优势:优势的核心是才干,是个人所展现的自发而持久的并能产生效益的思维、感觉和行为模式;是贯穿其一生并且无法传授、培训或强求的主题;它所体现的是你的为人之本,而不是你的后天知识。前人把人的才干分为思维才干、执行才干、关系才干、影响才干四大类，每个人的优势才干都不一样，有些人的才干相对平衡，有些人会在某一两方面相对突出。对于具体的岗位来说，所需的才干是不一样的。比如，电商营销推广类的工作，我们需要的是"思维+执行"型的人才；大客户销售和客服类的工作，则需有一定关系才干的人才。

- 职业风格：从态度倾向［Extraversion（外向）/ Introversion（内向）］、接受信息［Sensing（感觉）/ Intuition（直觉）］、处理信息［Thinking（思维）/ Feeling（情感）］，行动方式［Judging（判断）/Perceiving（感知）］这4个维度来考察个人的偏好，从而了解候选人的职业风格。一般习惯用英文单词的首字母来表示一个人的职业风格。统计数据显示，管理层人员中风格为 TJ 的人占比非常大，其中 ESTJ 和 ISTJ 风格的占比最大。

- 职业动机：从"(1)财富（薪金);(2)健康（安全);(3)享乐（假期);(4)工作（机会);(5)权力（官职);(6)创新（特殊);(7)情感（恩惠);(8)尊重（荣誉)"这8个维度来测评，取得分最高的3个维度来判断其职业动机。其中,(1)、(4)、(8)3项得分高的适合做管理,(1)、(5)、(8)3项得分高的适合做领导,(1)、(4)、(6)3项得分高的适合做设计、策划。

这里仅对测评进行简单的介绍，有兴趣的读者可以通过 www.renaren.com 网站了解更多。

2）人才录用

- 如何写录用通知？

面试测评合格的人才，建议先由老板或者部门主管电话沟通确认对方意愿，再由人事专员或者助理发送邮件正式邀请其加入。

参考模板：

邀请加入函

××，您好！

  感谢您应聘我司××岗位并顺利通过我司的面试评估，现诚邀您加入我们，一起发展！

岗位名称：外贸销售员

岗位薪资：试用期为×个月，试用期薪资为××，转正薪资为××。

绩效&奖金：

社保福利：

岗位晋升机会：

工作时间：

报到日期（带身份证、毕业证和 2 寸彩色近照一张）：

报到联系：

入职说明：

欢迎您的加入！

- 人才库的建立。

无论面试的结果如何，HR 都要做好人才的分类归档工作，比如建立 QQ/微信群，经常推送一些公司文化宣传或学习分享型的文章。对于一些工作能力强但现阶段还用不上的人才，更要在 QQ 和微信上做好备注，保持对他们的关注和必要的互动，未雨绸缪。

8.2.2 育人——培养企业的人才梯队

1. 新人培育：建立新人培训流程

一家企业的人才梯队培养体系一定要从新进员工开始做起。有很多跨境电商企业都没有专门的人事岗位，新人入职通常交给前台办理，然后由前台引荐给老员工，吩咐老员工负责工作上的带领和指导。老员工如果事务多，对新员工不闻不问，新员工就很难融入团队，也无法快速进入角色并胜任岗位。那么，新员工的入职培训应该如何做呢？

1）入职培训

- 欢迎仪式：很多企业都是员工一入职就进行规章制度的培训，这是不合理的，因为在制度层面罚比奖多，员工还没有正式上班就发现公司制度如此严格，一开始的心态就无法摆正，所以新员工的培训一定要从欢迎仪式开始做起。HR平时要注意尽可能地多收集一些"别开生面"的欢迎仪式个案，以备使用，最后不要忘了给新人加入的小团队留张合影。
- 团队拓展：跨境电商企业更讲团队合作，让新人快速融入团队、打破界限，最为行之有效的办法就是让他/她跟团队成员之间有自然而然的肢体接触。欢迎仪式之后，部门主管可以组织本组成员跟新人之间的破冰游戏，如信任背摔。
- 视频培训：通用型的培训内容尽量都做成视频，通过视频来进行教学。视频可以重复使用，这样就节省了很多时间成本。
- 每日总结&感悟：从入职的第一天起就要培养新人的感悟总结能力，让他们每天以最简洁的言语把当日的工作学习内容和感受以邮件的形式发送给上两级领导，同时抄送给人事专员。这样，上级领导也能随时了解到他们的学习进度和个人思想，如果出现偏差则可以及时做出调整。这项工作一般会持续一个月，因为一个习惯的培养需要21天，到第二个月再改成跟其他部门同事一样的正常汇报形式。

2）产品培训

第一天的入职培训结束后，紧接着会安排产品培训。无论是贸易公司还是工厂，几乎所有岗位都离不开产品培训，尤其是与营销、推广、产品相关的岗位，更要对产品有全面深入的了解。不仅要看要背，更要摸要玩，要有"不怕你玩坏，就怕你不玩"的心态。如果有条件，则最好能安排去车间实地见习，了解产品的生产工艺和流程；没有条件去车间实习的，就安排去仓库测试打包。建议产品培训安排3~5个工作日，视产品的工艺复杂程度和种类多少而定。重要的是，产品培训结束后，一定要进行考核，因为没有考核的培训是不会达到理想效果的。所以，新人第一周培训的重心应放在产品上，要经历为期一周的脱产培训。

3）岗位培训

产品培训结束后，人事部就可以将新人转交给部门主管，让部门主管负责安排与业务工作相关的培训，但同样要做好培训记录表的登记填写。如果企业事先整理过岗位相关的培训课程表并录制了课件，则部门主管只需在本部门为新人找一名负责任的导师，由导师负责带领新人实习，新人自己做好培训记录，人事部注意每周提醒主管安排阶段性考核即可。

4）轮岗/换岗培训

对于"空降兵"，或者内部人员的提拔晋升，企业还需安排轮岗培训，让他们到其他部门的其他相关岗位去实习一段时间，切身感受一下不同岗位的不易，再回到自己的岗位时，才能够正确理解自己的岗位价值，更懂得如何去体谅和配合他人。对于那些长期在一个岗位工作没有了冲劲的人员，企业也可安排换岗，让其进入换岗培训和实习期。如果培训中当事人觉得不合适，则可以继续退回到原有岗位。

2. 培训师培育：建立内部培训师体系

一家企业真正强大的是它的内部造血系统！为了充分利用公司内部的培训资源，强化对公司员工的岗位胜任能力培训，完善公司的培训体系，营造良好的学习分享氛围，就必须建立一支充分结合公司业务工作实际和员工培训需求的内部培训师队伍。

1）内部培训师的选聘

内部培训师的选拔可以是多样的，如毛遂自荐、同事推举、上司指定等。如果公司规模大、人员多，则可以组织竞选，让各小组选派人员参加，择优聘用为内部培训师，现场给优秀者颁发聘书。内部培训师的聘用时间一般为一年，聘用期满后由人事部根据内部培训师的年度考核结果来决定是否续聘。如果公司人员很少，则可以要求所有员工定期（比如每个季度一次）对本岗位工作进行经验总结，做成文档或 PPT 的形式，然后进行内部分享式培训，由其他同事进行评分反馈，反馈好的再修改完善课件并录制成视频，成为公司的培训教程，公司给付一定的课程津贴。

2）内部培训师的职责

成为内部培训师后，人事部要规范公司内部培训师的工作职责。

（1）课件开发：内部培训师在聘期内需与本部门领导积极沟通，制订年度课程开发计划并按照计划开发课件。

（2）课程录制：课件开发好后，根据工作需要完成对课程的视频录制。

（3）现场培训：在安排好本职工作的前提下，积极配合人事部的安排展开相应的培训，必要时还需对供应商、经销商或其他利益共同体进行相关培训。

（4）考勤记录：负责对每次培训的学员进行考核，配合人事部做好培训签到确认记录。

（5）考卷开发：负责开发针对自己课件的考卷，每次授课后配合人事部组织学员考试并协助评分工作。

（6）课件更新与完善：根据授课情况、学员反馈及实际变化等，对课程内容进行及时的更新和完善。

（7）自我提升：不断提升自己的授课水准，使课程更为生动有趣，并能被很好地吸收。

（8）其他事项：配合人事部和公司其他与培训相关的事项。

3）内部培训师的考核

内部培训师的考核通常实行年度考核制，考核的KPI指标如下。

- 开发课件数量：不计审核不通过的课件。所有课件开发出来后都要交由上级审查，审查合格后再由人事部安排试讲，试讲合格后才能计数并享受课酬。
- 录制视频数量：视频课件同样需要按上述流程先审核和试讲。录制前，必须先学习如何录制视频；录制中，要求保持周边环境的安静，尽量做到一气呵成；录制后，交由视频专员进行剪辑编辑。要求每段视频的时长控制在25~30分钟。如果课程内容太多，则需要分集录制，如上、下两集，上、中、下三集。

- 累计培训时长：每次培训都需报备人事部做好记录和监管，由人事部统计好各位讲师的培训时长，每月核对一次数据。
- 荣誉授课时长：荣誉授课指的是在商会、协会内的公益分享型培训，同样每次需要报备人事部做好记录。
- 满意度评分：由人事部负责统计每次培训后的评分反馈表并做好汇总记录。

考核结果为优秀的内部培训师，可以获得晋级，并评选为"年度优秀内部培训师"，给予一定的精神和物质鼓励；考核结果为良好的，继续聘用为下一年度的内部培训师，且视情况决定是否晋级；考核结果为差的内部培训师，将被淘汰出内部培训师队伍。对于内部培训师的晋级，公司还可以制定一个内部培训师晋级考核标准。

4）内部培训师的激励

为了使内部培训师积极开发课件、积极授课，企业需要对各级别的内部培训师进行相应的激励，发放一定的课程开发和培训津贴。培训津贴要及时发放，培训当天由人事部按公司财务流程提交领款申请，以现金的形式及时发放；视频课程则在录制完成经审批合格后发放津贴。对于年度优秀内部培训师和年度优秀课件，还可给予一定的精神和物质奖励，并具有优先晋级权。

3. 接班人培育：梳理工作指导流程

1）岗位接班人意识

在新人入职的第一天就需要告知他们，未来他们是有可能获得换岗或者晋升的机会的。因此，从进入公司的第一天起，就要做好培养"岗位接班人"的准备。换句话说，也就是要求新人学会记录和总结他们在工作中遇到的所有问题及解决问题的最终方法，甚至可以要求他们每3个月对自己的岗位工作做一个总结性的培训课件。如果他们的课件能通过审核并成功征用为新人培训教材，那么他们才有做部门"新人导师"的资格，因为换岗、调岗或者晋升的前提是他们必须在本部门内培养出一个新人成功接班。所以，善于总结工作成为内部培训师式员工职业发展道路上的第一步。

2）接班人培育之"葵花宝典"

员工进入公司后，要想求得发展，首先就得把自己从徒弟的角色变成师父的角色。要想成为一名合格的师父,就得广学才艺,在前人的基础上,通过自己的勤学苦练,摸爬滚打出一套新的"葵花宝典",这套"葵花宝典"就是我们的岗位工作指导说明书。

3)接班人培育之"破解秘籍"

要想修得"霸主"之位,仅有一本"葵花宝典"还不够,还需要一本见招拆招、能破解各派武功招数的"破解秘籍"。因此,我们需要记录好日常工作中所遇到的、以后其他新人也可能遇到的各类问题,以及这些问题的破解之术。这样,你的"霸主"地位就指日可待了!

企业回归到最简单的两个维度就是经营和管理。但凡天下事物皆分阴阳。阴是管理,对内,以员工为中心;阳是经营,对外,以用户为中心,合在一起叫企业。在所有的企业中,都有经营者文化和管理者文化两股力量在暗战。管理者以财务和人力资源为代表,经营者往往以产品开发和销售为代表。哪拨人最有可能赢得战争的胜利?不是经营者,而是管理者。

《领导者的七次微笑》是一本很有意思的书,虽然这本已经上市多年,但其对今天想要创业的人而言仍非常受用。作者劳伦斯·米勒把公司从初创、成长、发展、扩张、成熟、衰退到结束的全过程分为7个阶段,而领导者在每个阶段扮演着不同的角色。

一开始,公司刚成立时,领导者必须是一个"先知",见人所未见,闻人所未闻,提出一套有吸引力的愿景,号召众人追随,如同《出埃及记》里的摩西,允诺他的同胞会带领他们找到"流着牛奶与蜜"的迦南应许之地。用最直白的话来说,什么是领导者,就是有人愿意跟随。

到了第二阶段,公司开始正式运作,领导者必须转变为"野蛮人",带领众人冲锋陷阵、攻城略地。同时,他的意志力和判断力都必须强韧,能坚持到底,抱着"虽千万人吾往矣"的精神。"野蛮人"也表现在公司决策上,此时权力必须集中,用独裁争取效率,资源和力量才会集中。

到了第三阶段,也就是公司打开局面,在市场上占有一席之地后,"野蛮人"要转变为"制度建构者",将原本的游击队改制为正规军,从穿草鞋改为穿皮鞋,在解决今天的温饱问题后,开始规划明天该怎么过。

到了第四阶段和第五阶段，分别是建立管理架构和行政体系，此时公司失去初期的弹性，转靠系统和流程来运作。

到了第六阶段，随着弹性越来越小，系统和流程的力量越来越强，领导者也成了"贵族"，把自己和基层员工以及市场上的一线客户隔开，听取意见的来源是公司的高管，而不是基层员工。

进入第七阶段，除非内部来一次大手术，对结构和组织进行调整，回到创业初期的状态，否则公司只能随时间逐渐老去，终至结束。

米勒的观察很到位，所有公司都会经历这些过程，公司也有生命周期，而领导者能否顺利自我调整，是他在每一阶段能否微笑并笑到最后的关键；否则公司极有可能在中间阶段提前退出，换成它的竞争对手在偷笑。

8.3 管理的团队文化

跨境电商团队在国内大部分企业中通常是一个部门或一家贸易公司，大至几百上千人，中至几十上百人，小至十几人，微至几人。不同规模的团队，其文化风格也有相似之处。通过笔者的观察，目前大型团队更喜欢运用"军队文化"；中型团队更喜欢运用"学校文化"；小型团队则更喜欢运用"家庭文化"；而对于只有几人的微型团队，运用"师徒文化"则是最普遍的。

笔者也观察到，就各家企业实际的团队文化现状而言，团队文化往往就是老板的管理文化。需提醒各位管理者，虽然每个团队都会日益形成，并不断强化成一种属于自己团队的文化（这在我们团队里被称为"味道"），然而，不同的场景、不同的企业规模是可以灵活运用不同文化中的优势部分并避开其劣势部分的。下面我们就几种常见的跨境电商团队文化进行分析。

8.3.1 军队文化

1. 我看军队文化

军队文化的管理精髓可以体现在所有的团队中，尤为在 50 人以上，特别是

100人以上的电商团队中，更受欢迎。笔者认为，小型团队更灵活、应变能力更强，而中型到大型团队则会面临团队层级更多、沟通链条更长的问题，因此更需要一些既定的"游戏规则"来引导团队按着5W1H（What、When、Why、Who、Where、How）的原则行事和沟通，而不是大小事宜均以管理者的"金句"为准。

军队文化更在意"制度"，整个团队就像银河系里的行星，部门内部围绕"游戏规则"自转，任谁越过底线都有可能遭受惩罚，甚至被淘汰。整个团队的人事晋升也是有迹可循的，好比在战场上，团长倒下了，营长就得立即顶上，这也是崇尚军队文化的管理者口中常说"原则"、"规则"、"准则"、"规矩"的原因。

2. 军队文化运用的注意事项

随着近几年跨境电商的迅速崛起，很多跨境电商团队也在经历快速地从微型团队发展到小型、中型团队的过程。笔者认为，"快"的另一面就潜伏着"变"这个因素，体现在团队中则是"凝聚力不够"和"不稳定"。根据笔者的观察，目前大部分管理者将这个不稳定性归咎于团队成员的不稳定。当前大部分跨境电商团队成员的构成均以90后为主，因此，90后没少背负"不负责任"、"没担当"、"太有个性"、"不懂感恩"这样莫须有的"罪名"。在笔者看来，这一代人成长的生活环境、教育环境与70后、80后有较大的差异性，就更别提70后之前的"长辈"了。90后更有创造力，更有标新立异的思维和见解，更崇尚快乐和自由，因此他们更不喜欢烦琐的流程和会束缚他们创造力的制度。这个年代的人在工作中的满足感更多地来源于"成就感"和"被认同感"，而团队共同努力获得成就则会更具价值。因此，笔者认为，90后的管理更适于让其所在的团队去影响和渲染，而不是管理者直接对其个人进行管理。

也正因为这个年代的人成了当前跨境电商团队的主流成员，因而也成了"制度"和"规矩"的搅局者。笔者在此提醒各位管理者，对于这批生力军，必须将军队文化的弊端和家庭文化（下述）的优势进行有效结合，才会更有利于凝聚和稳定团队，以顺应时代的快速发展需要。

3. 阿里巴巴"政委制"给我的启发

笔者是阿里巴巴速卖通大学的讲师，笔者所在的企业也是阿里巴巴的合作伙伴，笔者本人也对阿里巴巴的文化非常认可，因此在笔者的团队身上也有浓烈的

"阿里味"。在管理上，阿里巴巴的"政委制"对我们团队的影响很大。下面以我们电商部和培训部的"政委"精神运用为例，便于大家理解。

在这两个部门里，我安排了两个部门大政委，电商部的陈总监从其踏上工作岗位开始就是我的下属，也是我辞职创业的第一位员工（我视其为合作伙伴），培训部的夏总监则是我创业招聘的第一位员工，论一线实战经验和业务运作能力，他俩最合适，因此他俩交叉做对方部门的政委。有关这两个部门的人力资源管理方面的问题，他们都需要共同关注、商讨并向我提供建议。

在这两个部门内部，我还安排了两个小政委，这两个小政委均是公司的基层人员，而且是新员工，截稿时任电商助理岗，分别为余助理和李助理，以利于员工之间"无障碍"沟通，去除人员管理上的"关注死角"。

在这两个小政委的上面，我安排了不同部门（培训部）的陈主管统筹协调这两个小政委的工作，而且陈主管是一个非常感性的人，更能关注到理性管理者关注不到的问题。

这样一来，上、中、下均有政委角色的人在关注这个团队的文化氛围。两个部门政委更多地关注员工的"心态"和"工作状态"，两个小政委关注的重点则是基层员工的"状态"和"心情"。但实际上政委这个角色在我们团队中只是兼任的岗位，报答他们的更多的是精神文化层面的认可，却比物质激励更有效。而对于团队管理而言，首先避开了管理者的独裁，夯实了群众基础，也增强了两个部门的凝聚力；其次，两个部门员工的"工作情绪"问题，甚至个别员工带到工作场合的"生活情绪"问题也能够得到及时的沟通和疏导、告诫和处理，避免了直接管理者在管理上的"硬着陆"；最后，整个团队的使命、愿景、价值观也在他们二人的通力合作下潜移默化地传递给了两个部分，达到了领导者所要的倡导、贯彻和诠释的效果。

4. 军队文化运用的案例分享

为了便于广大读者理解，笔者下面分享一个发生在我们公司的实际案例。2016年7月，电商部和培训部新招了约20名员工，通过一个月的学习和心态的成长，电商部陈总监在8月下旬提议召开9月份业务启动会议，开始让团队新人接受业绩压力的挑战。在与培训部夏总监（任电商部大政委）商量后，二人决定两个部门同步召开，同时邀请后勤部门列席参会。继而他们开始填充会议内容，会议前两个环节由我们的中政委——培训部陈主管主持：第一个环节是各个师父（师徒文化会在"学校文化"中的"导师制"内容中详述）汇报其徒弟的学习和成长情况，以及下一阶段的培养计划；第二个环节是各主管汇报业务发展和团队业绩完成情况，以及下一阶段的必达目标、期望目标、具体行动计划和发展措施，并高调地对其中表现突出的个人和团队进行嘉奖，更多的是精神嘉奖；第三个环节则邀请一位善于军队文化管理的内贸导师——"花木兰"主持，观看《亮剑》中的"骑兵团"片段；第四个环节由两位总监带领各自的部门上台展示他们的决心和信心，公布他们设定的奖惩方案，并分别在"军令状"上庄严地写下各个团队的目标，全体成员签名背书，公司的管理者还借势增加了两个部门的奖罚注码，原则上是奖多罚少，而我作为这两个部门的直接管理者，若两个部门都完成了目标就全部给予奖励，若两个部门都没完成则加倍处罚自己。结果，国庆假期回来后，我跟团队一起做复盘，召开经营分析会议，两个部门的完成率都达到80%以上（如果自上而下定目标，则能达到60%就不错了），但都未达到100%，大家都践行了自己的承诺。

通过这个案例，笔者想说明以下几点：

（1）在军队文化中，主张分工明确、各司其职，有系统、有组织、按计划行事。在这个案例中，几位政委合作分工推进了整件事情，从提出设想、取得认可、修正并制定议程、监控过程、寻求协助、平行沟通、下行沟通、上行沟通，直至检测结果，在整个过程中我只参与参会时间和会议流程的确认问题，其他的基本上都不需要我操心，他们各自清楚应该怎么做，这就是军队文化的魅力。

（2）在军队文化中，有责任、有担当，言出必行，愿赌服输。在这个案例中，涌现出两名优秀个人，其中一位吴主管带领的团队投入度非常高，值得表扬，从总体完成情况来看，其实已经超出了我的期望值。但是，目标是自下而上制定的，而且也并不是完全不合理的，我没有进行干预，但是呈现结果的时候确实就是没完成。没完成就是没完成，没有任何理由。奖罚机制也是自下而上制定的，也并不离谱，我也没有干预，就照着规则大家一起受罚，团队成员全部受罚，而且我是团队中受罚最重的。通过这样一个事例，传递给团队成员的信息就是大家都要为这个团队负责、一荣俱荣、一损俱损，说过的话要负责，也必须算数，这就是军队文化中的责任和担当。

（3）在军队文化中，通常自上而下地分解目标、执行命令，但并不适于我们的团队，所以我们规避了这一点，结合团队特征进行了调整。在这个案例中，我们的目标形成是自下而上的，正如我在上文中提及的 90 后团队的特点，大部分人都比较自信，大家也愿意为自己的团队去争取荣耀，也怕丢面子，那么自己在定目标时通常也不会太过于保守，但是团队中自然会有聪明人提醒大家别定太高给自己挖坑，定得低了又怕被人瞧不起，这样一来，这个目标就不至于太离谱。再者，自己制定的目标怨不得别人，没有退路，为了团队，大家努力冲吧，所以 9 月份大部分人都是超过 22:00 离开办公室的。所以，无论是从过程还是从结果来看，这样的目标制定和推进过程、结果检验都会比纯粹的自上而下更有效果。

（4）在军队文化中，政委的角色很关键。在这次活动中，三层政委各司其职。大政委既是自己部门的总监，也是兄弟部门的政委，因此在公布目标和奖惩措施时，两个部门之间也有微妙的竞争氛围，大家相互喊话示威，要比对方部门的业绩完成率更高，但是也不会伤害感情，从而达到了激励的目的。中层政委协助筹备和主持会议，基于其感性的特点，这两场会议有些环节很轻松、很欢乐，有些环节很沉重、很励志。两个小政委更了解大部分参会人员的喜好，他们可以在会前顺畅地表达基层的设想和意见，尤其是在先进表彰环节和奖惩内容设置方面，充分发挥了作用，让两场会议契合大家的心理，达到了管理者想要的效果。

8.3.2 学校文化

我们先来做几个设想。如果你入职了一家小型电商公司，第一天，老板把你叫到他办公室跟你谈了两个小时的话，核心思想是告诫你要好好学习、天天向上，不学习的话会如何如何，好好学习的话就能怎样怎样，你当时只顾点头，设想一下两个月以后你的学习精神和动力跟老板的这番谈话有多大关系？

如果你入职的这家公司是一家大型的电商公司，机制成熟，管理规范，入职时人事就会给你一堆资料，让你了解公司的各项管理制度并熟悉业务，甚至通过考核来决定你是否能通过试用期,通过了试用期还会经常组织考试,考试成绩将影响你的绩效得分,影响你的收入和前途,入职半年以后你会怎样?

对于第一种情况,大部分人要么觉得老板真啰唆,要么觉得老板这种说教式的培养方式并不适合自己,自己学习成长是自己的事情,喜欢而且做得开心自然会学,跟老板"苦口婆心"的培养方式没有太大关系;而于老板而言,自己那么用心栽培员工,员工却可能没往自己希望的方向去努力学习和成长,也会觉得失望。对于第二种情况,一开始还可以接受,正规总是好的,但是时间一长,无论是应试者还是考官往往会疲于应付,最终没能达到管理者设计这个学习、考核机制的目的。

因此,我们团队比较崇尚"商学一体"的学校文化。比方,在团队内部,我们称呼彼此为"同学",称呼上级为"老板",如此简单的一个习惯,却起到了发酵作用。

新同事入职,如何让其他同事记住自己的姓名、自己如何记住大家的姓名和职位是很苦恼的事情,否则见面时叫不出对方名字是很尴尬的。但是我们公司没有这样的苦恼,能记住姓就记住姓,其次记对方的"花名",再不然直接叫"唉,这位同学……",这样一来,彼此之间的距离一下子就拉近了。大家相互之间的隔阂小了,新人请教问题时自然也就大胆多了,大家都是同学,没有那么多顾忌。

另外,"同学"这个词在潜意识当中就含有"加强学习"、"共同学习"和"相互学习"的味道,这样一来,白天大家坐在一起办公,晚上大家还可以坐在一起交流和学习。其他同学经常吃完晚饭还回办公室学习和加班,自己也不太好意思经常不出现在办公室里。同时,为了使这种学习的氛围能够持久,我们也制定了一些机制,比如由新同学轮流坐庄的"星之火"学习分享会,由同学们自行组织,轮流给其他同学分享自己的学习和成长收获,场景不限,自由发挥,这种分享会我一般不参加,以免新同学觉得拘束;对于"老板",我们会组织"星燎原"培训分享会,多以圆桌分享会的形式或运用世界咖啡式的促动技巧让大家爆发小宇宙,培训类型则更多的是管理技能培训和 TTT(Train the Trainer to Train)培训。

但是,众所周知,企业并不是学校,大家既要学习,也要创造效益,而对于老板而言,学习是为了更好地为企业创造效益。既然如此,我们何不把管理者都称呼为"老板",让他们也在潜意识里增加一些作为老板需要考虑的因素,时间一长,大部分管理者都会"拉高一层要求自己",也就明白老板的思维方式了。

因此,我们公司有很多位"老板",通过一个简单的称呼上的变化,管理者掌握了成本控制、风险控制、资金把控、公司形象维护等思维意识,对外洽谈时往往也能独当一面,思维格局更大了,胸怀也更宽广了。这也是"商学一体"的一个妙处。

8.3.3 家庭文化

如果你是一支15人以下小团队的负责人,我觉得家庭文化若运用得好,则对团队的巩固和壮大将大有裨益。笔者也是家庭文化比较忠诚的守护者,因为正是这种文化让我的团队从两人开始逐渐壮大。

你的员工首先是人,人是情感非常细腻的高级动物,所有你的任何微不足道但是真心实意为对方着想的举措,对方都是能感受到的,这个磁场的力量非常强大,会在不知不觉中拉近你们的距离、巩固你们的情感。因此,从创业至今,我都坚持真诚、用心、不求回报地对待我的核心团队。我不敢说我会把他们都当家人一样对待,但在有需要的时候,我就会把自己当成他们的家人。如此一来,在特殊的时候,他们自然也会伸出援手。

后来公司发展壮大,经历了两次搬迁,初创团队的成员始终不离不弃。这些都是家人,平日里大家开心工作、快乐生活,工作繁忙时,大家都毫无怨言。

同样,我也会用心地对待他们,我鼓励他们带着家人、朋友来公司参观,或者让他们拍摄相关的照片、视频传给家人,以便家人了解他们的工作内容、工作现状,从而对他们的工作状况和工作环境更加放心……

借此,感恩团队成员也把我当家人对待,我经常为之感动。也借此希望各个小微型电商团队的负责人用心对待自己的团队,你若投之以桃,那对方定会报之以李。

团队管理没有绝对的方法可循,每支团队的特征都不一样,因此管理的方式、方法很难做到标准化。笔者希望通过自身团队的案例,让读者从中获取些许启发。愿各位负责人都能拥有一支攻无不克、牢不可破、战无不胜、骁勇善战的团队。

8.4 团队管理

8.4.1 心态管理

1. 良好心态的建立：信念

- 在团队管理中经常会遇到这样的问题。
- 在创业公司中，员工朝九晚五、朝三暮四，身在曹营心在汉。
- 做事眼高手低，总觉得别人公司比自己公司好。
- 一边做着手头的工作，一边做私活。
- 从不加班，经常抱怨工作难度大。
- 销售没有激情，而且激情无法持久。
- 花大功夫培养出来的员工，翅膀硬了就跳槽。
- 公司的事是老板的事，不是我的事。

……

员工到底是管还是不管？如何管？如何让他们能够激情不断、死心塌地地跟着团队、跟着公司，凡事自动自发？特别是对于跨境电商团队管理工作，跨境形势风云变幻，团队管理必须更加灵活机动。而此时如果能做到统一团队的信念，则显得非常重要。所以，成就任何一件大事，必须从改变信念、树立良好的心态开始。

信任、信心、信念、信仰——这就是团队建设的由始至终。从面试进入公司互相产生的第一份信任开始，员工与团队就有了密不可分的关系；而员工又在不断的团建和合作中对团队及公司的未来产生了坚定不移的信心；再经过时间的洗礼、企业文化的熏陶，拥有了统一的信念。而团队中无数份统一的信念就是我们一直想要的团队信仰、企业文化的精髓。

信念就像一个窗口，从相信开始。越相信，成功的可能性就会越大。员工的能力是跟着方向走的，而这个方向就是他的信念。左右信念就是左右能力。所以，在团队管理工作中，不能让员工自废武功，他们本身是有武功的，但是如果他们认为自己没有武功，就等于自废武功了。

信念产生之后，我们该如何管理心态呢？

公司很好，团队很好，文化也不错，可是在实际工作中总会有这样的员工，他们的口头禅总是：

"这个不是我的问题。"

"都怪你。"

"就是你害了我。"

"你骗了我。"

"这是你该完成的，不是我该完成的。"

……

也会有这样的员工，他们会说：

"这是我应该做的。"

"这件事我负责。"

"这是我没有做好。"

"都是我的问题。"

……

同一件事，别人看没有问题，为什么有些人看总有问题？这些问题究竟是谁的问题？归根结底，其实都是自己的问题。

肯为问题负责任的人一定会给自己带来利益，不单单是成长。所以，团队中发现问题并能解决问题的人一定不普通。你为这个问题承担责任，你获得的利益就越大，这个利益有可能是直接的、马上可以看得到的，也有可能是间接的，如成长。

所以，责任者心态是我们在团队管理中必须大力提倡的。责任者心态，焦点经常落在别人身上，从表面来看是在为别人负责任，但实际上是在为自己负责任。

以这样的心态经营团队，一旦出现问题，都会从自我出发，会使得团队越做越大，且聚集更多的人跟随。

2. 意识与潜意识

这是一个很有意思的话题，按道理应该放在第一点来写，因为信念也是潜意识的一部分。

我们可以想象一座冰山，意识就像浮出水面的那一部分，而潜意识就是那深不可测的水平面以下。

我们每个人从小到大所经历的一切并不完全会随着时间的流逝而消失，而是会日积月累地沉淀到我们的潜意识中，一旦遇到合适的时机，就会"不由自主"地表现出来。

那么，研究意识和潜意识对我们的团队管理又有什么帮助呢？千万不要小看上面讲到的"不由自主"，因为每一份"不由自主"背后的原理都是我们潜意识中的需求在作怪。

每个人都会有需求，而团队管理的精髓就在于抓住团队中每个人的需求。因此，最大限度地满足员工的需求理所当然地成为团队管理的核心。

但是，我们在实际的团队管理中还会遇到这样的问题：单纯地认为需求就是给足钱。在人才泡沫充斥的当下，经常会有"高薪低能"的情况出现。管理者会说，我已经给出非常高的薪水，为什么还是找不到合适的人才，或者好不容易找到了也做不长久？其实，除了物质层面的需求，我们不可忽略的是精神层面的需求。

3. 个人价值观与企业价值观

认识人、了解人，就是要弄清楚他的信念和价值观是什么，从而充分利用他的能力去提升整个团队的执行力。而当我们真正地理顺了人性后，并不是要掌控团队中的每一分子，而是要用他喜欢的方式去达到团队想要达到的高度。

所有人的价值观都是相似的，只是程度不同而已，我们能成为什么样的人都是基本价值观的产物。每个人的价值观会因文化、环境、背景的不同而各有偏差，但个人价值观一定要服从企业价值观。企业生成的核心价值观是核心的核心，必须使员工与其核心价值观统一。当有员工违反企业核心价值观时,就是能力再强也不要留,否则企业的价值观就会形同虚设。

可能有人会说,上面讲的大道理我们都懂,但是我们的团队小,谈价值观为时尚早。其实不然。信仰和价值观的缺失是导致一支团队和一家企业不可控的原因之一,不关乎企业的大小。企业的价值观之一就是老板的价值观,而价值观的形成就是老板想出来的、老板说出来的、老板做出来的和员工跟着做出来的。找到员工的价值观,加以引导,使其融入企业的价值观,企业才会更有活力。

而企业文化可以更简单地理解为真正深入人心的东西,是能被传承的、独一无二的、属于自己团队的那份"感觉"。

简单地理解,信念就是无论做什么事情都必须给出的理由,价值观就是团队该不该去做那件事情。而正是信念、价值观左右了员工能力使用的方向。这样一来,管理就变得十分简单,那就是管好员工的信念和价值观。

如果想要让团队动力强、效率高,那就树立正确的价值观,让团队成员努力养成;坚定信念,让团队坚信只有在公司的平台上才能满足他们的需要;同时,提升团队的能力,有更多的方法促进业绩增长。

8.4.2 时间管理

评定一支团队是否高效,我们往往要看这支团队是否能够高效地利用时间。

而要结果就得抓过程。没有业绩,光有梦想,是没有用的。而要得到一个好的结果,就必须有一个高效的目标管理,这在 8.4.3 节中会讲到。

但是我们首先要弄清楚以下几个问题:

- 我们的目标是什么?
- 谁来完成这个目标?
- 什么时候可以完成?
- 怎么完成?
- 如何保证可以完成?

- 是否达成了既定的目标?
- 如何对待完成的情况?

在下目标、定计划、管过程、交结果、给说法的全过程中,制订周密的计划并且安排计划执行就显得格外重要。

明确目标计划是自下而上和自上而下的双向沟通、充分博弈的过程。以销售计划为例,内容要科学、计划要数据化、营销策略要分轻重缓急。一般我们这样认为:

全年业绩完成情况	预　　计
上半年业绩完成程度≥40%	全年任务完成的概率大
上半年业绩完成程度≥30%~40%	全年任务完成的可能性较大
上半年业绩完成程度≥20%~30%	全年任务完成的风险性大
上半年业绩完成程度<20%	很难完成全年任务

确定目标后,我们需要做到严格检查和评估。如果管理者想强调什么就检查什么,不检查就等于不重视。工作检查最好的抓手就是周度及月度工作进度表,对每周及每月的工作做出分析及总结:

- 数据化地展示出同比和环比数字。
- 精确的竞争对手分析。
- 销售经验及总结教训。
- 下阶段完成目标的方法。
- 个人规划。
- 需要公司支持的事项等。

这样,管理者就可以清楚地知道每个团队成员手头的工作情况,了解他们的工作日程及时效,可及时地帮助修正目标完成过程中比较薄弱的关键环节,并且可以积累经验、改善过程管理并及时地做到团队共享。

8.4.3 目标管理

1. 个人小目标，团队大目标

如果说前面讲的都是战略层面，那么从目标管理开始，我们会偏向于战术层面。个人服从团队，从大局出发，不论是对管理者还是被管理者来说，都是极大的挑战。这个话题其实也不矛盾，因为大家好才是真的好。

而制定目标不单单是管理者的责任，更多的是让员工明确自己的需求和愿望，赋予员工自己设定目标和行动方案的能力，让整个团队都能自动自发，以集体荣誉为傲，并能使员工在目标制定及实现的过程中体现出自己的价值，获得属于自己的回报。这是一个良性的循环，任何一个环节都不能出问题，从最初的起心动念，到中间的执行跟进，到最后的功德圆满。

2. 如何制定目标

因为要制定属于自己的、愿意投入精力的目标，团队自然会备受鼓舞并且采取积极的行动，也就是自动自发。

那么，如何才能制定出属于自己并愿意投入全部精力的目标呢？

首先，团队的目标必须具体，切勿模棱两可，而且需要有明确的完成时间。

其次，团队的目标不仅仅是必须实现的，而且要有足够的挑战性。这样，为了实现这一目标，就需要团队奋力拼搏。

最后，在为团队目标奋斗的过程中，能够使整个团队获得成长和进步。这是至关重要的。每一次目标完成的过程都是一次对团队的洗礼，会使整个团队的关系更加紧密。

在这个过程中，管理者对团队的心理引导是非常重要的。因为团队目标的达成不仅仅是为团队好、为公司好、为老板好，更多的是团队的每分子会在实现目标的过程中受益。员工会在目标达成的过程中收获什么样的成果、得到什么样的利益，目标实现后会体验到什么样的满足感，作为管理者都要一一描述给团队中的每一位成员。这样，只要每个人都拥有了自己的目标，并全身心地投入，就能在实践过程中得到最大限度的成长。对于目标的自主性越强、投入越多，越能取得更伟大的成就。

8.4.4 沟通管理

有这样一则小故事：一位顾客在饭店吃饭，对服务员说"这汤没法喝"，服务员一头雾水，说"您稍等，我去找经理来"。经理一来，顾客又说"这汤没法喝"，经理又一头雾水，说"您稍等，我去找厨师来"。厨师来了，这位顾客还是说"这汤没法喝"，厨师就问"为什么没法喝"，顾客说道："没给我勺子，我怎么喝？"

在团队管理中，很多时候看起来非常复杂的问题，其实差的只是一把勺子，而这把勺子指的就是有效的沟通。如果我们不知道问题所在，不去想对方到底想要什么，而只是按自己的理解去判断对方的意图，那么结果一定会导致矛盾和分歧。而在沟通中常常喋喋不休的人基本都不是高手。语言不是越多越有效，口才不是会说，而是说到心坎里。

而沟通的目的就是吸引对方接受自己。也就是说，最终的目的是要让对方产生行动。作为管理者，要多想一想，是不是很多时候我们只停留在按自己的想法去说的层面？

其实，这也是有方法的。

首先，要吸引对方的注意力。

其次，要引起对方的兴趣。

再次，要让对方通过注意力和兴趣对我们产生信任。

再其次，要让他产生渴望，要让他想成为像你这样的人。沟通不是自以为是的表白，而是要让对方产生行动。

最后，只剩下行动了。

8.4.5 会议管理

1. 会议的功能和目的

我们经常通过各种渠道学习到"别人家"开会的方法，特别是一些优秀的销售公司,一进入会场就会让人激情澎湃,恨不得马上回到自己公司召集所有人开个这样的会。但是激动过后呢?

突破传统营销,我们如何打造高效的跨境电商团队?高喊口号有没有真正深入人心?各种激励、拓展是否能达到效果?如何通过精心策划的会议抓住一支团队的思路和灵魂,使团队的每个成员自动自发?

说到底,上面一连串的问号不就是我们召开团队会议的目标吗?每支团队都有自己独特的DNA与核心竞争力。如果弃核心竞争力不顾,盲目跟从别人学习,就会直接失去自己的优势。

2. 会议的类型

如果我们把团队管理比作一场攻坚战,那么我们在这场战役中的会议部署就既需要战略又需要战术了。我们可以分三个阶段将会议归类:战前、战中、战后。

首先,战前会议,比如,我们每天的激励早会、每个月的业务动员大会、每个季度的销售启动誓师大会等。

战前,顾名思义,原则上一般都是调整士气、激励团队。没有任何一位管理者愿意看到自己的团队怨声载道、乌云密布。乐观开朗、阳光积极的团队精神是可以通过战前会议调动起来的。

其次,战中会议,如我们的计划早会、每日的夕会,以及战中调整的业务专题会等。

如果说早会是为了让我们的团队更有激情,充满斗志地去迎接挑战,那么夕会就是一次非常好的承接会议。承接什么呢?承接一天下来我们的团队成员所遭受的挫败、委屈、愤怒、不解。夕会无须大范围召开,可以是部门性的小会议,或者针对每位员工的谈话,及时地调整他们的情绪,帮助员工梳理并总结一天的工作。

最后,战后会议,比如,我们的年中销售总结会、周例会、月度/季度会议、年会等。

除了以上定期举办的各类会议,"梦想会议"也是值得一试的。需要找机会让团队全体成员谈论自己的理想，效果也不错，旨在让员工脱离平常的工作空间，以更宽广的视野思考。我们可以找咖啡厅、户外公园或者优雅的饭店，总之就是离开我们既定的工作环境，到一个开放的、有利于分享的环境中去。每位成员都可以根据以往的工作结果，针对自己负责的工作制定接下来的目标；要让每位成员愉快地分享个人的目标，然后收集起来，纳入团队的大目标中。这样全体成员就会拥有共同的认知，行动方向也会更加一致。

8.4.6 90后新生代员工管理

1. 90后新生代员工分析

我们发现，团队中的90后越来越多，俨然已经形成了中坚力量，甚至部分90后已经成长为公司的中高层。对跨境电商团队来说，90后员工根本就不是什么新鲜事，因为很多老板、团队负责人就是90后。

我们对90后有很多误解。在网络迅速发展的今天，他们获取信息的速度是惊人的。他们很现实、很任性、特立独行、叛逆、一心多用……但是同时，他们也聪明、自信、接受新知识的能力强，并且很多人都有一技之长。

作为员工，90后非常积极主动，乐意接受新任务，而且愿意分享自己的见解。但是会对不尊重他们意见、缺乏创新特点的古板管理者非常不屑；他们会在任何地方很容易地建立起各种新的非正式组织，他们是活跃的沙龙主义者与志愿者，但是他们对于格调一致的组织生活尤其是例行公事的组织生活与团队传统活动敬而远之；他们觉得自己已经是成年人，特别反感倚老卖老的管理者，他们觉得谁也没有资格做教训他的权威。

作为管理者，90后擅长动员，喜欢沟通，善于放权，善于提供发言机会，比较愿意商量，比较无为而治，愿意给不同意见者以尝试机会，即使对极端的异议也不会觉得自己被冒犯，因为他们比较有协调能力。

2. 人性在管理中的应用

有这样一则小故事：寺庙里有7个小和尚，每天为分粥的事闹得不可开交，因为粥总是分不均匀，总有人不够吃。所以每周下来，他们只有一天才能吃饱肚子，那一天就是轮到自己分粥的日子。小和尚们就互相抱怨、互相指责，最后请老和尚来定夺到底由谁来分粥更公平一些。老和尚慢悠悠地说："谁分粥都可以，不过分粥的人要等其他人都拿完，自己最后拿。"从此以后，不论是谁分粥，7份粥都一样多，大家再也不会互相埋怨了。

老和尚的方法很简单，但十分奏效，因为他了解人性。

粥由谁来分其实并不重要，因为谁来分都会遇到相同的问题。每个人都是趋利避害的，都有私心，这和道德观没有什么关系。每个人的潜意识行为都会做最有利于自己的事情。就像在团队管理中，一些特殊的岗位比较容易出现腐败问题。如果有员工触红线，管理者就把他定义为品德败坏，然后开除重新招聘，再换一个新人，后来发现还是会出现同样的问题……其实，我们不妨效仿一下老和尚的做法，不是挑战人性而是利用人性，从而得到自己想要的结果。换句通俗的话讲，就是用员工喜欢的方式去达到我们想要的目的。

3. 如何经营90后

90后天生是多线程的。他们可以做到一边在微信群里抢红包，一边听你布置工作，还能清楚地记住你讲的所有话，并把事情干得漂漂亮亮。

而管理对于他们来讲，更多地理解为他们喜欢和你共事。

所以，经营90后就变得非常简单，那就是：如何成为一个被他们所喜欢的人？

首先，你必须是一个非常好的倾听者。

善于表达的人其实并不多。我们不能像要求自己一样要求我们的团队成员，因为他们并不是我们自己。我们要时刻做到的一件事就是，理解他们为什么没办法理解我们。这句话虽然拗口，但却是真理。

有这样一名员工，刚刚大学毕业，实习期来到公司，面试的时候非常沉着、稳重、积极，而且相当聪明，专业方面表现得非常出色，是一棵难得的好苗子。但就是这样一个看起来一点问题都没有的孩子，在高强度的职前培训中掉了链子。两天的培训全然融入不了，每一次体验活动都躲得远远的，没有一丝的参与感。

公司的职前培训采用的是淘汰制，这就意味着培训结束后必须有人离开。理所当然的，她便是其中之一。老板亲自面试，开门见山地询问其状态问题，她声泪俱下地讲述了成长环境和培训期间家中发生的变故。老板是一个非常好的倾听者，虽然和新员工只有两面之缘，但他还是愿意根据自己的判断给予新员工机会，而这位员工也逐渐成长为团队中的业务骨干。试想，如果当初没有老板心平气和地坐下来倾听，就不会有现在这种双赢的局面。

倾听不单单是听对方讲，其实更多的是一个心理引导的过程。而这种引导并不是针对他们的问题和困扰给出简单的答复，相反，是需要我们理解对方讲的话，并帮助其找到答案。所以，此时往往多听、少说、多思考就显得非常重要。

其次，你必须对不同的人采用不同的方法。

初建团队的时候，很多管理者最喜欢做的事情就是用自己的逻辑要求团队，拼命地把团队中的每位成员变成心目中的样子：干练、精明、灵活，并能迅速地完成业绩目标。但是实际上，他们每个人都有自己的优点和缺点。所以，善于发现并强化每个人的长处，并且把每个人的优点结合在一起，让他们共同行动，就可以成长为一支各有所长、无坚不摧的团队。

识人、用人的能力是每位团队管理者都必须具备的。而每个人都有不同的能力，如何有效地协调应用，是一门大学问。有这样一家公司，有位老业务员的听力越来越差，他非常担心因为自己的听力问题而耽误了销售时机，而这位老板却安抚道："我们不会炒掉你，放心吧，我会让人事把你调到投诉中心。"

在我们的团队管理中经常会遇到类似的问题，实际上每位员工的优缺点是不同的，每个人都有自己擅长的领域，如果我们能够识人而用，那么团队一定会爆发出惊人的战斗力。比如，一些员工虽然话不多，但头脑灵活；虽然销售业绩不佳，但总会提出新颖的营销点子，如果把他安排到市场策划部门，说不定就会变成公司的营销军师。所以，没有不好的员工，只是我们没有量才而用而已。

再次，你必须是一个学习能力强的人。

学习并不是为了学而学，而是学了之后能用。先学习别人的，然后再灵活应用。

一位优秀的管理者一定要有向比你更优秀的人学习的心态，永远放低姿态，保持空杯心态。同时要在团队建设过程中树立起真正让团队记住的、具有传奇色彩的榜样。而这个让整个团队学习的榜样不是优秀的人做了优秀的事，而是普通一员做了优秀的事。挖掘出普通员工不普通的品德，加以放大，树立起榜样的力量。

最后，你必须是一个会说话的人。

团队的"团"字就是"口+才"，团队的"队"字就是"耳+人"。以此取意，就是一个有口才的人对着一个有耳朵的人讲话，是不是非常形象地诠释出团队管理的奥秘？其实，光讲话还不行，讲对方喜欢听的话才有意义。因为口才好不等于会说话，好的口才意味着知道该说什么不该说什么、对什么人说什么话，而且有时候闭口不言也是一种智慧。那种一开口讲话就让员工喜欢的方法往往是与技巧无关的。

所有的管理者都必须是有梦想、有追求的人。也就是说，所有的领导者都必须是梦想家和造梦者。而团队管理的过程就是信心传递的过程、状态感染的过程、决心推动的过程和能量震撼的过程。

灵性管理并不是让每位管理者吃斋念佛，而是要高度统一团队的思想，打造出适合自身发展的优质团队。首先，每位管理者都要关注到自己的言行举止，言传不如身教、刚正不阿、身体力行、事事做出表率，平衡好个人与团队的利益关系，多站在团队的角度思考并解决问题。其次，要做好团队培训，把公司所提倡的信念、价值观放入培训方案中，统一思想、统一行动。最后，注重宣传。培训是宣传的一种，但宣传不单单是培训。要把企业文化导入整个团队管理的过程中，做一个真正的"三分天下"的领导者：分享智慧、分配利益、分担责任。

8.5 管理工具

8.5.1 订单类工具

1. 订单工具简介

有效解决卖家订单处理效率低、速度慢，实现多店铺订单的快速下载、各种标签及拣货单自定义、打单包货、标记发货上传跟踪号、处理站内信、线上发货、发送邮件及留言、评价、未付款催款及各种数据统计等功能。

2．订单工具的作用

- 订单批量自动审核。
- 订单批量发货。
- 订单留言、备注、站内信统一处理。

电商行业经常会涉及多平台、多店铺的处理。通常一家公司会在平台上开设多家店铺来扩大经营面、增加营业额。但是所有的采购和库存都是统一管理的，这就需要用专业的 ERP 系统来管理店铺。

首先需要选择合适的 ERP 软件，注册账号，并将速卖通账号绑定到 ERP 系统。一般绑定店铺都是通过 API 绑定授权的。

注意：

（1）使用主账号进行绑定，以便下载该店铺的所有订单。

（2）需要输入速卖通账号的登录名和密码。授权页面由速卖通官方提供，不必担心账号密码的安全问题。

（3）为保证店铺安全，速卖通一般为 ERP 访问店铺的授权只有半年时间，超过半年需要重新授权。

其次，绑定好店铺之后，就可以将不同店铺的订单下载到 ERP 系统来进行处理了。一般来说，速卖通平台上的订单状态分为待付款、风控中、待发货、待收货、资金处理中、已结束、申请取消、部分发货、纠纷中等多种状态，我们可以根据需要选择不同状态的订单下载到系统中。比如，可以下载处于代付款状态的订单，对客户进行批量自动催付；将所有的纠纷订单统一汇总来处理，分析产生退款纠纷的原因。如果退款原因是产品质量问题，就需要着重管控该产品的品质；如果是物流问题，就需要考虑更换其他的物流渠道，等等。下面我们重点讨论处于待发货状态的订单。

对于订单处理的流程，我们可以参考图 8-18。

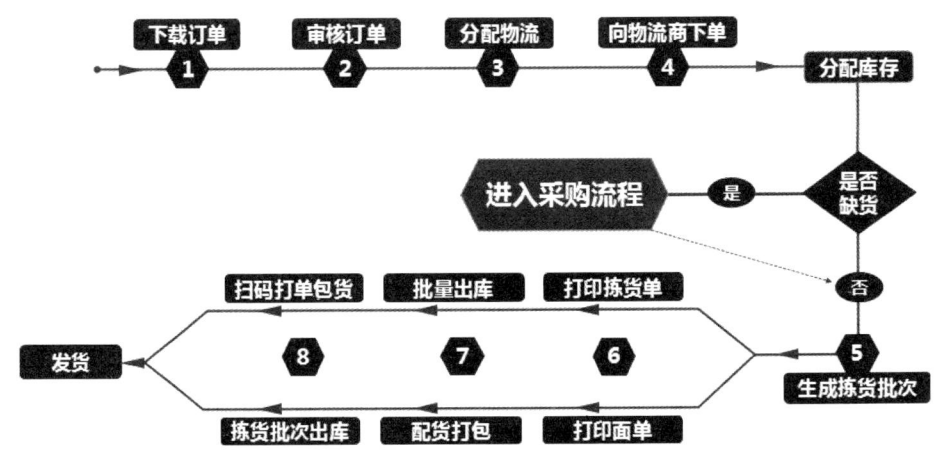

图 8-18

我们在这里主要讲 1~4 步。

一般来说，处于待发货状态的订单是需要我们进行采购备货、拣货打包、预报物流、发货等一系列处理的。现在大多数 ERP 软件都能通过设置订单的自动处理规则，让符合条件的订单自动被审核通过，自动分配仓库并锁定仓库库存，自动分配好物流配送渠道，最后再自动向物流公司下单并返回跟踪号。在进行实际发货操作之后，自动进行包裹的称重、拍照，将单号上传到平台后台发货，并在发货之后自动发送发货通知给客户。这一系列的订单操作都是通过 ERP 系统批量自动完成的，不仅大大地节省了人力成本和时间成本，而且有效地降低了出错率，减少了纠纷。

对于有留言、备注、站内信的订单，可以通过在 ERP 系统中筛选出来进行统一处理，处理之后再进行订单审核，让订单流转到打包备货等环节，避免因处理遗漏而造成不必要的纠纷。

另外，使用 ERP 系统能够统一处理可合并的订单。对于同一店铺、同一收货人和收货地址的订单，我们可以合并订单进行发货，避免买家反复签收包裹，更重要的是能够有效地节省运费成本，如图 8-19 所示。要知道，在跨境电商行业中，运费在产品成本中占据很大的比重。

第 8 章　跨境电商团队管理

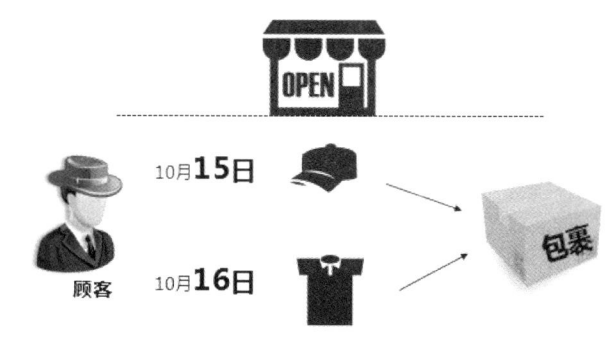

图 8-19

合并订单发货的原理如图 8-20 所示。

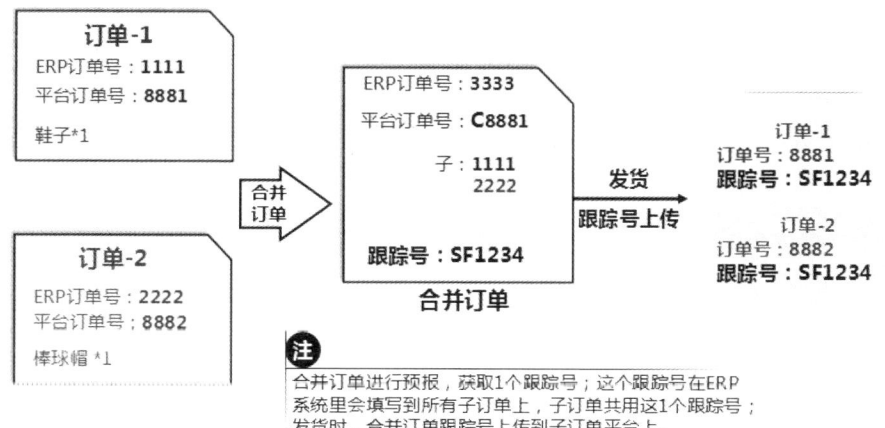

图 8-20

8.5.2　物流类工具

1．物流推荐

- 根据最短时效。

- 根据最低价格。
- 特殊产品推荐可用物流（带电、带磁、液体、粉末等）。

在产品价格日益透明的市场环境下，通过降低产品采购成本或者提高产品售价来提高利润的空间已经越来越小了。在跨境贸易中，物流成本在产品成本中占据很大的比重，对于一些低货值的产品，物流费用高于商品价值的比比皆是。如何降低物流成本一直是各大卖家关注的问题。现在物流渠道越来越多，如何为订单选择合适的物流渠道、如何考核物流渠道的效果，是急需解决的问题。庞大的数据量如果需要人工去统计分析，则基本不可能完成。ERP 系统却能通过录入物流公司报价之后，根据筛选条件，自动推荐最优的物流渠道。

2．物流公司对账

现如今物流公司众多，如何选择一家诚信可靠的物流公司合作？各家物流公司每天都在喊着打折降价，一些低于市场行情的报价是否真的能为卖家省钱？这些问题一直困扰着很多卖家，相信物流公司对账功能能够解决这类问题。

一般来说，一笔订单的重量会有 4 种：预估重量、报关重量、实际重量、结算重量。

预估重量是我们在录入产品信息时填写的重量；实际重量是订单包裹打包之后仓库称重的重量；结算重量是与物流公司结算时物流公司提供的结算重量。当实际重量与预估重量相差过大的时候，可以提示预警，及时检查包裹是否包错了货物。

物流费用是根据包裹重量来结算的。如果包裹实际重量与结算重量相差过大，就需要与物流公司确认。ERP 系统能通过自行设置的可接受的差异值，自动筛选出结算重量与实际重量误差大于该差异值的订单。目前这一功能为很多大卖家解决了与物流公司对账难的问题，受到广大卖家的好评。

3．物流跟踪查询

物流跟踪查询工具主要用于查询国际物流的转运情况，如 17track 等工具，比较简单，就不再赘述了。

4．自动延时收货

对于已发货的订单，如果有跟踪转运信息，则能够直接通过 ERP 系统抓取物流的转运情况，对于即将收货超时但是物流信息显示还未妥投的订单，会自动延长收货时间，如图 8-21 所示。

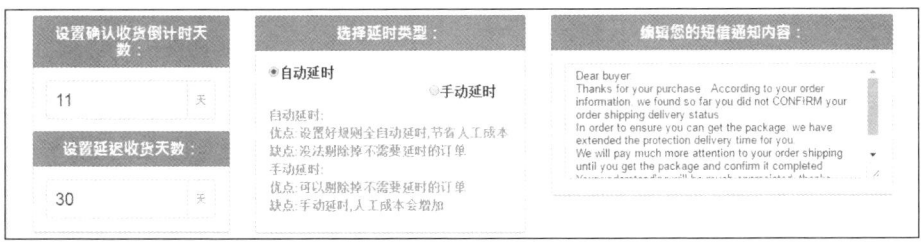

图 8-21

8.5.3 商品类工具的作用

现在市面上的商品类工具非常多，目前已和速卖通对接的应用工具可在 fuwu.aliexpress.com 网站上查询。这类工具一般都支持商品的采集、刊登、店铺数据的搬家等功能，能方便、快捷地将产品上架到店铺中。

1. 多平台数据采集

如果是做其他平台（eBay、敦煌、淘宝、天猫等）的卖家，想快速加入速卖通这个大家庭，数据采集功能就可以提供最便捷的通道，轻松地将产品信息搬到速卖通平台上。可多平台采集产品信息，自动下载图片；一次采集，多次上传，轻松、高效。

2. 产品刊登

产品支持采集上架、手工上架、店铺间产品复制迁移、产品图片美化、编辑产品信息、标题/标签一键翻译，方便、高效。

3. 商品信息批量修改

批量设置运输时间、数量、运费、标签价格，批量修改标题和增加标签，批量修改产品名称、关键词、计量单位、销售方式、价格信息、交货时间、商家编码、产品简述、产品描述、包装重量、包装尺寸、运费模板、产品分组、有效期等。单击按钮即可轻松优化产品信息，更好地配合产品数据优化。效率高，速度快，可减少重复劳动。

4. 商品 SKU 规范管理

SKU 规范管理一直是很多卖家在店铺运营初期所忽视的问题，当订单越来越多、产品种类越来越丰富的时候，SKU 不规范带来的各种库存信息不准确、采购数量不准确、财务结算不准确、订单发错货等问题就会层出不穷。这时候再来想规范 SKU，工作量就会翻番。

要实现 SKU 规范管理，需要先弄清楚两个概念：什么是商品？什么是产品？简单来说，在店铺里销售的是商品，而在仓库里存放的是产品，如图 8-22 所示。

图 8-22

另外，不同的平台，同一款商品的 SKU 设置可能不同。但是在我们管理采购、仓储及财务的时候，就需要为它们设置统一的产品 SKU 来进行管理，如图 8-23 所示。

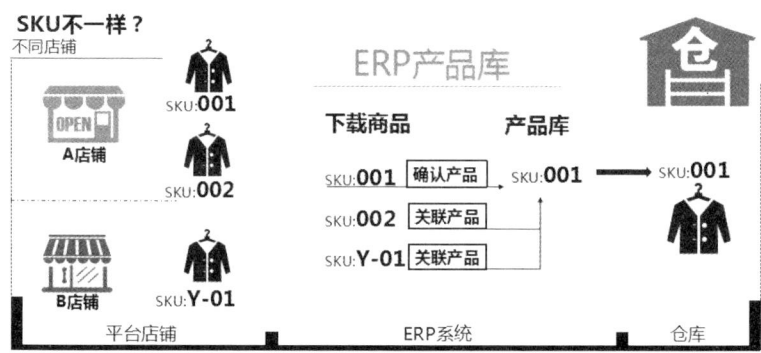

图 8-23

通过这些小工具就可以设置相应规则,生成规律的 SKU,极大地提高产品管理效率。

8.5.4 营销类工具

1. 订单自动催付、揽收、催评

速卖通卖家经常会发现很多客户在拍下商品后不付款、收到货物不主动确认收货,以及收货后不进行评价的情况,在订单量数以千万计的情况下,订单自动催付、催收、催评小工具成为很多卖家的好帮手。

订单催付:针对拍下后还未付款的订单给客户发送邮件。通过此功能,可以给下单后某个时间范围内还没有付款的客户发送邮件,提醒付款,能够大大地提高订单付款率。

货物催收:针对发货后还未确认收货的订单给客户发送邮件。通过此功能,可以给发货后超过一定时间还没有确认收货的订单的客户发送邮件,提示他跟踪订单。

自动好评:针对确认收货未好评的订单,通过此功能,会按照卖家设置的规则自动发送好评语,数以千计的订单全部可以自动好评,再也不需要客服以人工方式对订单进行一笔一笔的好评。

2. 订单自动发货通知

为了提升用户体验,在发货之后立即给客户发送留言或者邮件,告知客户订单的处理进展情况,增加客户满意度。

3. 邮件营销

在大促活动、推新品等阶段,老客户邮件营销是很多卖家青睐的方式。通过给客户发放优惠券和新品推荐链接的方式,告知老客户店内的近期新动向,以此来提升客户的复购率,提高店铺的营业额。

8.5.5 图片类工具

跨境电商的图片通常采用间接的实拍图片，着重突出产品。从产品拍摄时的构图、灯光、角度等环节去把控，再经过后期的图片处理，使其满足消费者的视觉、心理要求，从而促进下单转化。网购与实体店铺购物不同的是，消费者无法通过除视觉之外的其他感觉来了解产品，如何吸引消费者对产品产生兴趣，如何让消费者完全了解产品，如何让消费者产生消费需求进而下单，这些都只能通过图片来实现。这就是我们所说的视觉营销，其目的是最大限度地促进产品与消费者之间的联系，最终实现销售（购买）。

8.5.6 ERP 工具

ERP（Enterprise Resource Planning）即企业资源计划。ERP 是由美国计算机技术咨询和评估集团（Gartner Group Inc.）提出的一种供应链的管理思想。企业资源计划是指建立在信息技术基础上，以系统化的管理思想，为企业决策层及员工提供决策运行手段的管理平台。

跨境电商的 ERP 管理软件在功能涵盖了上述的订单管理、物流管理、商品管理、营销管理、图片管理，并且提供了仓储管理、采购管理、财务管理等功能，为跨境电商提供了一套专业的解决方案，能更全面地帮助公司管理者来管理公司。

1. 跨境电商 ERP 的产生

随着经济全球化趋势和全球电子商务的高速发展，越来越多的人选择了跨境网购，网购平台的便捷性和良好的购物体验不断改变着人们的消费模式。目前，大多数电商平台或工具更多关注的是如何提升平台店铺流量和促进订单的转化率，而订单量的激增给跨境电商卖家提出了更高的要求：

（1）您的后勤能否支撑成千上万的订单？

（2）规模扩张，团队成员不断增多，您的团队管理能否高效地协调分工与合作？

（3）跨境电商从业者越来越多，您的核心竞争力在哪里？

针对以上问题和要求，如何以信息技术手段解决跨境电商的根本问题，以科学严谨的态度追求高效合理的跨境电商问题解决方案，不断提升企业核心竞争力？在各种需求的推动下，跨境电商 ERP 系统应运而生。

2. 跨境电商 ERP 系统能做什么

1）一套全自动化的订单处理系统

ERP 系统支持绑定多家店铺，所有店铺订单集中下载到 ERP 系统统一处理；自动分类不同属性的订单，如有留言订单、可合并订单、超重订单、站内信等；规范的订单处理流程：下载订单—审核订单—分配库存物流—配货拣货—打单包货—发货交运。从订单到包裹，通过 ERP 系统呈现一幅自动化流水线的包裹生产景象。

2）团队分工明确、环节紧密相连的协调系统

客服：负责店铺绑定、订单下载、订单审核、产品 SKU 管理、物流分配和发货跟踪号上传、客户关系维护等办公室 PC 端的流程操作；衔接其他各部门，有效完成订单在 ERP 系统中的正常发货操作，系统、完整地统计订单流水记录。

采购：订单未锁定库存或库存低于安全库存，系统自动提示采购；从采购需求、询价、优选供应商到采购单生成、审核、结算、入库等系列操作，系统全权分配，在保证订单及时发货的同时也维护了供应商信息、产品报价信息等采购信息安全。

仓库：准确统计经营产品品类和库存数量，支持多仓管理、海外仓管理、仓库货位条码管理、SKU 条码管理、手持设备管理；融入科学先进的仓库管理理念，能够快速完成产品上架、库存盘点、拣货出库和打包配货等仓库作业。

财务：系统自动获取速卖通平台放款等订单金额数据、采购财务数据、仓库出库数据；支持平台佣金设置、退款信息记录、运费导入操作和包装费用等收支明细全盘统计、精确订单利润结算；关于绩效考核，系统员工支持子账号按平台、店铺、SKU、订单、时间等多维度统计员工绩效、量化员工绩效，准确评估员工价值和岗位职责。

CRM：针对需要的客户，批量发送邮件、留言、评价；可运用替换符自定义设置模板格式，个性化、针对性地维护客情关系，提升客户购物体验和黏性；发货通知客户、活动通知预告、催付催收等功能的灵活运用能够助卖家打造吸引力十足的营销功能。

3. 如何选择一款适合自己公司的 ERP 系统

跨境电商在选择 ERP 系统时，价格已经不再是一个判断系统优劣的因素，而是需要关注系统的真正价值及开发团队的实力。人人都言，天下没有免费的午餐，而真正理解的却不多。没有免费的午餐不是说吃了免费的午餐要刷盘子，也不是说吃了免费的午餐嘴短，更不是说免费的午餐有毒药，而是告诉你就算免费的午餐也是需要时间和机会成本的。

1）是选择 ERP 系统还是选择一个小工具

首先需要明确自己的基本需求，是希望寻找一款完善的 ERP 系统来进行整个供应链的管理，还是只想找一个打单发货的工具？

如果你需要的只是一个简单的打单发货工具，那么可以直接绕开具备完善管理功能的 ERP 系统；而当你的需求是找到一款强大适用的 ERP 系统来管理自己的整个团队时，就需要一套完整的 ERP 系统。

之所以要区分开来，原因在于完善的 ERP 系统可以带来精简高效的管理效果。但 ERP 系统想要达到预期的管理效果，需要进行必要的基础数据整理与设置。而需要一个简单打单工具的卖家往往缺乏相关的基础数据，也缺乏整理相关数据进行规范化管理的意识，导致最终购买了一套完整的 ERP 系统却根本无法发挥作用。

2）系统是否具有良好的扩展性能

在选择 ERP 系统的时候，系统的扩展性能十分重要。主要体现在 4 个方面：

（1）对于多平台的接入兼容是否良好。具体而言，指的是是否兼容多个主流平台，如 eBay、Amazon、速卖通、Wish 等主流平台。一个系统应兼容多个平台，而不需要再单独开发一个 eBay 订单管理系统、Amazon 订单管理系统、速卖通订单管理系统和 Wish 订单管理系统。对于已经实现多平台经营的卖家而言这是必需的，而对于只是单平台经营的卖家也可以就此为多平台的经营做好系统准备。

（2）与平台之间的数据交互是否完善。既能从平台多账号调取订单信息，又能反馈发货信息到平台；既能从平台多账号获取站内信、留言，又能集中管理回复。

（3）对于第三方物流的接入是否完善。对于 API 完善的物流服务商可以进行高效的数据交互，自动获取准确的面单格式、物流跟踪号等；对于缺乏 API 的物流方式，如邮局直发的中国邮政挂号小包，内置准确的物流面单并且能够导入相应的跟踪号。

（4）对于跨境电商的周边服务接入是否完善，如对发货包裹的自动追踪查询。

3）系统是否能助力卖家成长

系统能否助力卖家成长是一个容易被卖家所忽视的问题。很多卖家在寻找一款系统的时候，往往更多地强调现在用 Excel 是怎么操作的，以前用货代系统是怎么操作的，而忽视了系统先进于其现有粗放管理的经验，忽视了系统是建立在先进成熟的管理思想和流程上的管理平台。各位卖家应该认真学习系统的管理逻辑和思维，进而提升团队的管理水平。

8.5.7 店铺装修工具

电子商务时代的来临及网购的发展，促使更多人将自己的梦想转变为开网店。开网店，首先得知道第一步该做什么。其实网店与实体店一样，有了自己的店铺后，首先要做的是店铺装修。

在这里我们要注意一个细节，即外国人和中国人的审美观念不一致，外国人讲究实在的东西，喜欢快速明朗、简单大方的网页结构，因而快速的导航设置、详细的产品参数、真实的产品图片对他们而言比较重要。基于这些前提，我们需要结合自身的产品特色和出口国家的网站风格去设定自己店铺的色调、产品的拍摄风格等。

在众多的产品和店铺中，如何迎合客户的消费心理、如何让客户去点击你的产品、如何增加客户在网店里的停留时间，甚至如何打造网店品牌形象，都离不开店铺装修。要知道，店面的形象与销售额是成正比的。

速卖通后台有店铺装修的模板市场，卖家可以根据自己产品的特点去挑选合适的模板进行简单装修。也有一些大型跨境电商企业有自己的设计团队，会专门针对自己企业的品牌来进行设计。电商不像实体店，所有产品只能通过图片及文字描述传达给客户，如何让自己的产品图片激发客户的购买欲将是产品的一大决定性因素，不容忽视。

电子工业出版社优秀跨境电商图书

阿里巴巴官方作品，速卖通宝典丛书（共8册）

跨境电商物流 阿里巴巴速卖通宝典
书号：978-7-121-27562-3
定价：49.00元

跨境电商客服 阿里巴巴速卖通宝典
书号：978-7-121-27620-0
定价：55.00元

跨境电商美工 阿里巴巴速卖通宝典
全彩印刷
书号：978-7-121-27679-8
定价：69.00元

跨境电商营销 阿里巴巴速卖通宝典
书号：978-7-121-27678-1
定价：78.00元

跨境电商数据化管理 阿里巴巴速卖通宝典
书号：978-7-121-27677-4
定价：49.00元

跨境电商SNS营销与商机 阿里巴巴速卖通宝典
书号：ISBN 978-7-121-32584-7
定价：89.80元

跨境电商运营与管理 阿里巴巴速卖通宝典
书号：ISBN 978-7-121-32582-3
定价：59.00元

跨境电商视觉呈现 阿里巴巴速卖通宝典
全彩印刷
书号：ISBN 978-7-121-32583-0
定价：59.00元

跨境电商图书兄弟篇

跨境电商基础、策略与实战
ISBN 978-7-121-28044-3
定价：59.00元
出版日期：2016年3月
阿里巴巴商学院 组织编写
柯丽敏 王怀周 编著
主要内容：进口出口外贸跨境电商教程，配有PPT课件。
跨境电商主流平台运营讲解！
出口外贸零售相关从业者阅读！

跨境电商多平台运营（第2版）——实战基础
ISBN 978-7-121-31412-4
定价：69.00元
出版日期：2017年6月
易传识网络科技 主编 丁晖 等编著
主要内容：速卖通、Amazon、eBay、Wish和Lazada五大平台运营攻略。
畅销教程全新升级，兼顾跨境电商从业者与院校学员，提供PPT支持。

跨境电商——阿里巴巴速卖通宝典（第2版）
ISBN 978-7-121-26388-0
定价：79.00元
出版日期：2015年7月
速卖通大学 编著
主要内容：阿里巴巴速卖通运营。
阿里巴巴官方跨境电商B2C权威力作！第2版全新升级！持续热销！

阿里巴巴国际站"百城千校·百万英才"
跨境电商人才认证配套教程

阿里巴巴（中国）网络技术有限公司 编著
ISBN 978-7-121-28729-9
适用于一切需要"从零开始"的跨境电商企业从业人员和院校学员！

教程与PPT咨询，请致电编辑：010-88254045